杨大春　张尧均　主编

梅洛-庞蒂文集
第 6 卷

辩证法的历险

杨大春　张尧均　译

Maurice Merleau-Ponty
Les aventures de la dialectique
Les Éditions Gallimard, 1955
本书根据伽利玛出版社 1955 年版译出

国家社会科学基金重大项目成果

总　　序

　　梅洛-庞蒂被称为"哲学家的哲学家"。他非常自然地接受了法国哲学主流传统,其哲学内在地包含了笛卡尔主义和反笛卡尔主义之间、观念主义与精神主义之间的张力;与此同时,他创造性地接受了现代德语哲学传统的影响,含混地将3H(黑格尔、胡塞尔和海德格尔)和3M(马克思、尼采和弗洛伊德三位怀疑大师)的思想综合在一起。这一哲学其实处于现代哲学与当代哲学转折点上,并因此在西方哲学的主流传统中占据着一个非常独特的位置。梅洛-庞蒂对以笛卡尔哲学和康德哲学为代表的早期现代哲学的批判反思、对以身体哲学或实存哲学为核心的后期现代哲学的理论贡献以及对以结构-后结构主义为理论支撑的当代哲学的重大启示,已经毫无争议地把他推入著名哲学家之列。

　　梅洛-庞蒂哲学在汉语学术界的翻译和研究起步比较晚,尽管在新千年以来取得了较大的进展,新生的研究力量也在不断壮大,但从总体上看仍然难以让人满意。笔者于2014年初提出的"梅洛-庞蒂著作集编译与研究"选题有幸获得国家社会科学基金重大招标项目资助,这里陆续出版的梅洛-庞蒂主要著作就是该重大项目在翻译方面的成果。收入本文集的译作既包括新译,也包括重译和修订。我们希望通过各种努力,为梅洛-庞蒂哲学以及法国哲学的深入研究提供相对可靠的文献。需要说明的是,由于梅洛-庞蒂著作在风格上的含混性，由于一些作品是在他死后经他人整理而成的，翻译难度是非常大的，我们欢迎相关专家和广大读者提出建设性和批评性的意见和建议。此外，由于这些译作是由10多位学者完成的，虽然课题组进行了一些沟通和协调，风格和术语选择上仍然不可能实现一致，这是需要学界和读者们谅解的。

  德国学术界在胡塞尔著作、海德格尔著作的整理和出版方面有序推进，成果显著。法国学术界对梅洛-庞蒂著作的整理和出版也取得了相当大的进展，但还没有形成统一规划，至少没有出版全集之类计划。因此，我们在推出《梅洛-庞蒂文集》中文版时不可能参照统一的法文版。《文集》中文版将陆续出版梅洛-庞蒂生前已经出版或死后经整理出版的著述18种，它们基本上反映了这位著名哲学家的思想全貌。梅洛-庞蒂于1961年突然英年早逝，留下了多达4000多页的手稿，它们大多是为他自己的研究和教学工作而作的准备，不是为读者写的，所以整理出版的难度非常大，从而进展缓慢。正因为如此，《文集》始终保持开放，在前述计划之外，未来将视情况翻译出版一些新整理出版的作品。

杨大春
2017年11月11日

中译者序

《辩证法的历险》是一部政治哲学作品，但它与罗尔斯[①]、诺齐克[②]等人的作品迥然不同。要真正读懂它，不仅要了解其作者的基本哲学思想，而且要熟悉20世纪法国知识分子的历史：必须重温"自由的冒险历程"，[③]尤其要了解"法国知识分子世纪"的"萨特时代"。[④]"知识分子"这个词"是1898年，即德雷福斯[⑤]事件期间开始使用的"，而"在整个20世纪，我们都看到文人和艺术家通过'知识分子'的角色，捍卫和平、自由与人权"。[⑥]法国知识分子世纪分成三个时代，巴雷斯[⑦]、纪德[⑧]和萨特[⑨]分别为其象征。萨

[①] 罗尔斯（J. B. Rawls，1921～2002），美国政治哲学家、伦理学家，代表作为《正义论》等。
[②] 诺齐克（R. Nozick，1938～2002），美国政治哲学家，代表作为《无政府、国家与乌托邦》等。
[③] 为法国新哲学家列维（B. H. Levy，1950～）著作《自由的冒险历程：法国知识分子历史之我见》的大标题，该书中译本见中央编译出版社2000年版。
[④] 法国历史学家维诺克（M. Winock，1937～）著有《法国知识分子的世纪》，分为三卷，分别是"巴雷斯时代"、"纪德时代"、"萨特时代"，此书中译本见江苏教育出版社2006年版。
[⑤] 德雷福斯（A. Dreyfus，1859～1935），法国军官，19世纪末期法国著名反犹太案件的主角。
[⑥] 维诺克：《法国知识分子的世纪：巴雷斯时代》，作者序，第1～2页。
[⑦] 巴雷斯（M. Barrès，1862～1923），法国作家。
[⑧] 纪德（A.Gide，1869～1951），法国作家。
[⑨] 萨特（J. P. Sartre，1905～1980），法国实存主义哲学家、作家。

Ⅳ 辩证法的历险

特时代太过复杂，以致那些始终热血沸腾，受够了静坐书斋的法国哲学家和作家，似乎也感到难以跟上快速变化的时代步伐。他们不仅要对自由主义、法西斯主义和共产主义等理论体系表明自己的立场，而且要在各种重大历史事件中检验这种立场。也就是说，面对第二次世界大战、阿尔及利亚民族解放运动、中东战争、朝鲜战争、两个对立世界之间的冷战、莫斯科审判、匈牙利事件等等重大事件，他们必须以某种方式介入其中，比如通过游行、签名、评论等方式来支持或谴责事件的某一方。对于生活在这个时代的哲学家来说，理论和实践之间不可能完全脱节，但要缝合它们的裂痕也的确非常困难。

梅洛-庞蒂在哲学上，尤其是在现象学哲学方面的贡献似乎大于萨特，但就政治生活和知识分子的历史命运而言，却不得不隶属于萨特时代。本来，梅洛-庞蒂在政治上较之于萨特是一个先觉者，在后者还完全沉溺于孤独的个人世界中时，他已经在关注这个时代及其重要的精神力量——共产主义理论与实践。但是，不管自觉还是不自觉，也不管是情愿还是不情愿，他都只能生活在时代旗手萨特的阴影之下。其实，这种情形对于左派的加缪[①]，右派的阿隆[②]也是一样。他们都曾经是萨特及其伴侣波伏瓦[③]的非同一般的朋友，但后来却与他俩反目成仇或形同路人。这些历史人物在政治上各持己见，在哲学上也颇多差异，他们谁对谁错，当时不那么容易分辨，后世则更难以较真。当然，即使接受"人死

---

① 加缪（A. Camus，1913～1960），法国作家、哲学家。
② 阿隆（R. Aron，1905～1983），法国社会学家、哲学家。
③ 波伏瓦（S. de Beauvoir，1908～1986），法国作家、哲学家。

了"、"作者死了"、"主体死了"之类的口号,我们也得承认,萨特至少作为一个符号或象征占据了时代舞台的中心:虽然在政治上"觉悟"较晚,起步缓慢,他却持久地占据着引领政治纷争的领袖地位。而梅洛-庞蒂呢?虽然早就有着强烈的历史意识和政治关怀,却很快淡出了这一领地——一位介入的哲学家兼政治评论家,最后被定格为所谓的"哲学家的哲学家"。

梅洛-庞蒂曾经表示,战前那些年,萨特是相当非政治的。他对政治不太感兴趣,没有政治立场,只有一些政治上的同情。他是一个认为死一个人与死成千上万人毫无区别的极端个人主义者。即便在战争期间、在作为战俘期间也是如此,只是在后来才觉察到了与他人关系的重要性,并因此在《存在与虚无》中涉及与他人(集体、组织)的关系问题后,才谈到了实存主义与人道主义的关系问题。由于生病而从战俘营中被释放后,他参与了一些抵抗活动,比如由他和梅洛-庞蒂等人组织了所谓的"社会主义和自由"抵抗运动,但很快就解散了。萨特的身份始终是作家,而他的任务永远是写作,有人表示:"战时他做的事和战前别无二致:写作。"[①] 正因为他在战争期间的这种并非十分积极的姿态,导致许多人对他在该时期的表现产生疑问:"在1940~1944年间,萨特表现如何?'不好',流言如此说……人们总是毫无顾忌地重复:萨特,如果他不懊悔错过的抵抗运动,就不会在他的介入理论里做那么多事情。"[②] 很显然,萨特不是以一个抵抗者的身份来赢得政

[①] 阿隆森:《加缪与萨特:一段传奇友谊及其崩解》,华东师范大学出版社,2005,第34页。

[②] 列维:《自由的冒险历程:法国知识分子历史之我见》,第210页。

治上的地位的。事情果真如此的话，如何解释他在战后所享有的那种崇高声誉呢？通常的解释是：他通过描写占领时期和后来的抵抗运动并对此进行解释来打动人们，并因此确立了自己的政治身份。这在很大程度上应该感谢加缪。在临近"解放"之际，"参与过不止一次政治斗争的政坛老将加缪带教几乎是新手的萨特"，他"要萨特写篇解放运动时期的纪实报告"，这"给萨特提供了千载难逢的机会……借着由此写成的文章，时年39岁、尚茫然不知怎么介入世界的哲学家兼作家，现在能够参与其中了——走上街头目击正在发生的事件，然后向普罗大众描述这些事件"。[①] 由于他是抵抗性的报纸《战斗报》公开发行后第一个荣获署名的作家，在解放后的那些年中，他在知识分子中的地位也就理所当然地如日中天。尽管波伏瓦后来表示那些文章是她而不是他们俩、更不是萨特本人的作品，这丝毫没有影响一个介入的高大知识分子形象的诞生。萨特逐步顶替了著名作家纪德的位置，"接班已经完成：自战争结束以来，让-保罗·萨特就统治着舆论舞台……纪德在长达30年里统治着法国文坛，他逝世的时候，萨特早已开始接班"。[②]

萨特更大的政治名声是通过在战后由他本人、波伏瓦和梅洛-庞蒂等创办的《现代》杂志实现的。在那个时代，法国知识分子主要面临的是共产主义与自由主义之争，一个主导的趋势是："共产主义拥有胜利的光环；斯大林受到敬佩，斯大林格勒铭刻在每

[①] 阿隆森：《加缪与萨特：一段传奇友谊及其崩解》，华东师范大学出版社，2005。

[②] 维诺克：《法国知识分子的世纪：萨特时代》，第7~8页。

个人的脑海里。于是，众多知识分子都站到了共产主义的大旗下，开始为党服务。"[①]《现代》持什么立场呢？"作为一份介入杂志，《现代》想成为社会的批判意识——在很多方面它也的确如此；它全盘反对反共产主义，但同时与共产党和苏联保持一定距离。"[②]梅洛-庞蒂和萨特都不是共产党人，像加缪一样，他们坚持一种投身左翼但不加入法共的态度。但他们三人的立场最初也是有差别的。加缪因其曾经是共产党人而拒绝反对共产主义，萨特则对共产党以及共产主义持批判态度，梅洛-庞蒂大体上采取的是为共产主义辩护的立场，自法国解放至1948年左右，情形大体上都是如此。他们的共同之处在于走第三条道路，试图在社会主义和自由主义之间进行协调，并为此创立了"革命民主联盟"。然而，这一运动最后以失败告终。在无法调和社会主义与自由主义的情况下，萨特逐步选择了共产主义：受梅洛-庞蒂的影响，他开始对共产主义持同情、对共产党人持善意的姿态。而此时的加缪则成了左派阵营中的反共人士，虽然没有成为自由主义者，但与作为右派的阿隆等人在许多问题上开始产生共鸣。他对共产主义提出严厉的批评，不仅把它视为政治上的敌人，而且视为文明的疾病。当此之时，经常出入萨特圈子的库斯勒[③]通过其《正午的黑暗》和《瑜伽修行者和政委》灌输反共思想，梅洛-庞蒂与库斯勒展开争论，极力为苏联辩护，而加缪则认同库斯勒的立场，最终把马克思与暴力、谋杀相等同。萨特基本上接受梅洛-庞蒂的立场，而逐步与加

---

① 维诺克：《法国知识分子的世纪：巴雷斯时代》，作者序，第2页。
② 阿隆森：《加缪与萨特：一段传奇友谊及其崩解》，第58页。
③ 库斯勒（A.Koestler，1905～1983），匈牙利裔英籍作家。

缪拉开距离。萨特虽然是《现代》的主编,但杂志的政治立场却通过梅洛-庞蒂表达出来:"梅洛-庞蒂是《现代》的政治编辑,萨特的政治导师。"①

在自由主义者以及左派阵营中的加缪等人对苏联的恐怖政策大加批判的时候,梅洛-庞蒂却为莫斯科审判以及其它暴力行为作辩护,认为这是在一个遭到资本主义世界全面包围、经济基础相对落后的国家中建设社会主义、共产主义所必经的迂回、曲折。当然,这并不是梅洛-庞蒂一以贯之的立场,因为后来出现了很大的改变。大体上说,他论及政治问题的主要作品是《人道主义与恐怖》(1948)、《辩证法的历险》(1955)和《符号》(1960),都围绕共产主义问题来对政治进行哲学反思。《人道主义与恐怖》的主要内容于1946~1947年发表在《现代》杂志中,它们在很大程度上是针对库斯勒的反共姿态的。尽管梅洛-庞蒂并不完全赞成苏联的许多作法,但他还是以共产主义同情者的姿态为苏联的恐怖政策作辩护,从马克思主义历史哲学的前景和共产主义实践的现实两个角度来表明其合理性,同时批判自由主义的人道主义原则的虚伪。但是,他很快就不再作这样的辩护,而是越来越公开地批判苏联的所作所为,并且深究其哲学根源,最终否定教条化的马克思主义历史哲学。这种转变在《人道主义与恐怖》出版后不久就形成了。这是被整合或收录到《辩证法的历险》及《符号》中的相关著述的共同立场。在"妄想狂的政治"(1948)一文中,梅洛-庞蒂表示,由于苏联现行的强制劳动制度、劳改营制度和警

---

① 阿隆森:《加缪与萨特:一段传奇友谊及其崩解》,第90页。

察制度,"从1917年的角度去看待它,变得越来越困难"。①他进而在"马克思主义和迷信"(1949)中写道:"共产主义从历史责任转变为赤裸裸的纪律,从自我批评转变为否定,从马克思主义转变为迷信。"②在"苏联和劳改营"(1950)中,他更明确地表示:"我们要说的是,当20个公民中就有1个被送入劳改营时,是不存在着社会主义的。"③当然,针对共产主义的批判姿态并没有使他完全倒向自由主义,他认同早期马克思以及西方马克思主义者在主体与客体、人与物之间实现综合的尝试,这其实是依据他本人的一贯哲学立场对马克思和卢卡奇④等人的思想进行含混的读解。

正当梅洛-庞蒂越来越对苏联及其共产主义实践持严厉的批判姿态,而且整个大趋势是反共产主义开始占据主导地位之时,萨特反其道而行之,开始了他与法共的亲密接触,与那些他曾经交战的共产党人握手言欢,这大体上始于1949年。萨特在一些言行中表达出了对共产主义的同情,他把共产党人视为同路人,共产党人则以同样的姿态看待他。当然,在根本的哲学立场上,甚至在根本的政治立场上,他并没有真正认同法共和共产主义。他用实存主义来改造马克思主义的尝试,显然是难以为正统马克思主义者所接受的。但是,由于萨特和梅洛-庞蒂日益走向对立面,后者也就逐步取代前者成为了正统马克思主义者攻击的对象。比如德桑蒂⑤就是一位猛烈的批判者。作为法国战后一代马克思主义哲

---

① 梅洛-庞蒂:《符号》,商务印书馆,2023年,第357页。
② 同上,第360页。
③ 同上,第361页。
④ 卢卡奇(G. Lukács,1885~1971),匈牙利著名的马克思主义哲学家和文学批评家。
⑤ 德桑蒂(J-T. Desanti,1914~2002),法国马克思主义哲学家。

学家的突出代表，这位梅洛-庞蒂曾经的学生对新黑格尔主义和现象学持强烈的批判立场，尤其批判它们各自在法国的主要代表伊波利特[①]和梅洛-庞蒂。就现象学而言，他重点批判的是梅洛-庞蒂而不是萨特，就是因为前者正迅速地走向激进的反共立场，而后者已经实现了与法国共产党的接近。在正式脱离共产党后，在能够更加自由地进行研究和批判后，德桑蒂认识到对一种学说不能外在地进行批判，不能够局限于断定它所包含的学说与马克思列宁主义不相容。[②] 更为有趣的是，这样一个曾经的极左派分子，后来也认为梅洛-庞蒂的《人道主义与恐怖》太左了。另外，勒福尔在为该书 1980 年重印本所写的序言中表示，如果不注意该书最初出版的时间，如果不把梅洛-庞蒂的分析置于紧跟着解放的那个时代的视域中，"我们可能会对如下一点感到惊讶：一位如此严格的思想家有时竟会如此轻信他所谓的'现实共产主义'，即统治苏联的共产主义，并且如此草率地忽略某些极权压迫的特征。"[③]

真正说来，萨特从来都没有成为一个马克思主义者，因为他的哲学"从深层上是与马克思主义态度的哲学观点相分离的"。[④] 但他对马克思主义有所同情也是顺理成章的事。萨特其实想引导《现代》杂志的马克思主义和共产主义读者，并按照他的看法来改变他们的思想、他们的哲学。梅洛-庞蒂也不是真正的马克思主义

[①] 伊波利特（J. Hyppolite，1907～1968），法国新黑格尔主义哲学家。

[②] Claude Lefort, *Introduction à la phénoménologie*, Éditions Garlimard, 1994, p. 20.

[③] Claude Lefort, « Introduction », in Merleau-Ponty, *Humanisme et terreur*, Éditions Garlimard, 1980, p. 11.

[④] Merleau-Ponty, *Parcours deux 1951～1961*, Éditions Verdier, p. 264.

者，他试图借助于韦伯①、黑格尔②的东西来展开马克思早期思想中的某些东西，并因此拒绝正统马克思主义或马克思列宁主义的实在论、自然主义倾向。在政治问题上，梅洛-庞蒂和萨特最初都持超然的姿态，后来则先后改变了立场，变得越来越关注具体和现实。从整体上看，梅洛-庞蒂的含混哲学姿态始终要求他对现实保持适度距离，而萨特的纯粹意识哲学却容易走向极端，最初是完全拉开与现实的距离，后来则完全取消这种距离。由于这种根本的分歧及其在具体事件上的表现，梅洛-庞蒂退出了《现代》编辑部，进入纯粹学术领域。萨特拒绝一切来自官方的荣誉，而梅洛-庞蒂则成了法兰西学院的教授。在"绝交信"中，梅洛-庞蒂表示，萨特离共产党太近，离现实太近，因此没有达到一定的哲学高度。萨特则认为，这样的观点无疑是说当今的哲学家不能采取政治姿态，他并且指责梅洛-庞蒂把哲学作为职业，其实不过是把哲学作为借口。在萨特眼里，无论梅洛-庞蒂、他本人还是雅斯贝尔斯③都不是哲学家，一个人只有在死后才成为哲学家，而后人只是把他归结为几本书而已。④这样看来，问题的关键是哲学的社会功能，梅洛-庞蒂在《哲学赞词》中略带超脱、有些含混的姿态不能够为萨特所接受。他试图把阐述自己的不同立场的文章发表在《现代》杂志上，但萨特拒绝提供这种便利，而这篇文章就是后来

---

① 韦伯（M. Weber，1864～1920），德国社会学家。
② 黑格尔（G. F. W. Hegel，1770～1831），德国观念主义哲学家。
③ 雅斯贝尔斯（K. Jaspers，1883～1969），德国实存主义哲学家，精神病理学家。
④ Merleau-Ponty, *Parcours deux 1951～1961*, pp. 136～137.

收入到《辩证法的历险》中的"萨特与极端布尔什维克主义"。按照梅洛-庞蒂的说法，在他本人离开《现代》杂志的时期，从来不是、永远也不会是共产党人的萨特"实际上采取了更接近于共产党人的立场"；这不是因为他认可苏联，而是因为，在反共产主义最为张狂的情况下，他认为其他人把俄罗斯当作恶的象征是错误的。但是，与共产党人的这一极度接近的时期，随着后来的一些事件，尤其是匈牙利事件而终止，他的杂志也因此开始"重新考虑斯大林主义和极权制度"。①

梅洛-庞蒂并没有远离政治，他尤其关注对政治进行哲学反思。哲学家不应该像喜剧家阿里斯托芬②笔下悬在半空中的苏格拉底③，但这不是说哲学家应该完全放弃超越的能力。哲学家虽然是在世的，但他不能完全受制于现实的羁绊。在1960年出版的论文集《符号》中，他试图探讨哲学与政治之间的关系，我们从中读到的是十篇哲学研究论文和十五篇更具现实意味的政论。他表示，哲学论文与政论初看起来非常有别，非常不相称，实际上却关系密切。在该书发表之后的一次访谈中，他这样说道："哲学与政治是相互关联的。因此，作为哲学家我反对空洞的观念，反对纯粹理想的客体，也反对只不过就是事物的方式。同样，在政治中，我憎恨与人的、具体的实在没有关系的口头上的自由主义。我反对恐怖，它把人变成为物。"④ 有些人从现实主义、从效果的角度看

---

① Merleau-Ponty, *Parcours deux 1951～1961*, p. 265.
② 阿里斯托芬（Aristophanes，约前446～前385），古希腊喜剧作家。
③ 苏格拉底（Socrates，前469～前399），古希腊哲学家。
④ Merleau-Ponty, *Parcours deux 1951～1961*, p. 303.

问题，另一些人则从道德主义、从原则角度看问题。梅洛-庞蒂接受韦伯的拒绝选择的立场："他不愿意牺牲信念伦理，他不是马基雅维利。但他也拒绝牺牲后果，没有后果，行动就失去了意义。"①从所有的方面都可以看出，梅洛-庞蒂始终要求克服二元对立，主张走第三条道路或试图寻找第三维度。

《辩证法的历险》由"知性的危机"、"'西方'马克思主义"、"《真理报》"、"行动中的辩证法"、"萨特与极端布尔什维克主义"五个部分，外加一"序"一"跋"构成。在"序"中，梅洛-庞蒂提出了理性政治与知性政治之间的关系问题，说明了它们在时代政治中的处境。在"知性的危机"中，他以韦伯为例表明了自由主义立场的变迁及其对理解马克思主义和辩证法所具有的意义。在"'西方'马克思主义"中，他以师承韦伯的马克思主义者卢卡奇为例来表明综合主客体的可能性，突出了卢卡奇对早期马克思的回归，也因此表明了早期马克思与晚期马克思、马克思主义与马克思列宁主义之间的差异甚至对立。需要注意的是，这里的"'西方'马克思主义"乃是通常所谓的"西方马克思主义"这一提法的最初表达。在"《真理报》"中，他重点探讨的是马克思主义在苏联的表现形式，即马克思列宁主义如何以所谓的实在论或自然主义来否定卢卡奇的综合性尝试。他试图表明，马克思列宁主义者虽然在口头上不愿意放弃辩证法，但辩证法无论如何不可能与实在论相调和，他们在理论上也因此是含糊不清的。在"行动中的辩证法"中，他以托洛茨基②及其命运来表明，理论上的含

---

① 梅洛-庞蒂：《人道主义与恐怖》，商务印书馆，2021年，第44页。
② 托洛茨基（L. Trotski，1879～1940），苏联政治家，斯大林时期的著名反对派，后被流放国外。

糊不清在现实上获得了极好的验证。他试图表明，托洛茨基的悲剧并不只是个人的悲剧，问题不只是出在他或其对手身上，马克思主义本身就蕴含了这种命运。在"萨特与极端布尔什维克主义"中，他探讨的是萨特的纯粹行动理论与极端布尔什维克主义的纯粹意志主义之间的合拍。从纯粹的虚无出发，在萨特那里，行动始终都是纯粹的创造；而在布尔什维克那里，最初坚持的是实在论和自然主义，但为了在落后国家建成社会主义，他们又完全倒向了主观意志主义，主张不惜一切地加速经济基础的建设。萨特的姿态就像这种极端布尔什维克主义一样，明显成了恐怖与暴力的思想根源。在"跋"中，梅洛-庞蒂表示，辩证法的各种历险是一些错误，但它又必须借助于这些历险来跨越这些错误本身。他本人最终的看法是，辩证法只存在于主客体综合之中，只存在于主体与主体的共在之中。可以说，《辩证法的历险》借助于共产主义问题这一例子，非常深刻地表达了梅洛-庞蒂关于社会、历史问题的持久思考。这并不是一部过时的政论著作，也不是一部抽象的哲学作品，而是一部具有一般意义，同时又包含处境意识的政治哲学作品。

  为方便读者，译者做了一些注释，书中凡涉及哲学家、心理学家、作家及政治人物的生平简介，均为译者所加，具体注释时不再专门说明。

初稿于 2008 年 7 月
修订稿于 2019 年 11 月

杨大春

目　录

序 ·· 1
第一章　知性的危机 ·· 8
第二章　"西方"马克思主义 ·· 35
第三章　《真理报》 ··· 71
第四章　行动中的辩证法 ·· 89
第五章　萨特与极端布尔什维克主义 ························· 116
跋 ·· 251

法中人名对照表 ·· 290
中法人名对照表 ·· 293
法中术语对照表 ·· 296
中法术语对照表 ·· 301
初版译后记 ··· 306
修订版译后记 ·· 308

序

　　为了探讨我们这里所触及的各种问题，需要一种关于历史和精神的哲学。但是，等待所有的原则都被完美地制定出来，以便哲学地谈论政治，乃是一种虚假的严格。通过检验一些事件，我们就会认识到对我们来说不可接受的东西；正是得到解释的经验成为了论题和哲学。因此，我们得以在核实之后坦率地讲述这种经验连同它的种种反复、遗漏和不协调。在这样做的时候，我们甚至避开了那些体系性著作的幌子——它们像其它著作一样来自于我们的经验，但却自称是从无中生出来的，并且因此，在它们与时代的各种问题相结合时，当它们只限于学究式地寻找这些问题的起源时，却显得具有一种超人的穿透力。在期待着做这一专论时，我们产生了写一本或几本小书的想法。人们将会在那里发现哲学生活的某些范例、探索和趣闻轶事，发现分析的某些开端，最后还有通过各种各样的阅读、遭遇和事件而进行的持续思考。

　　但是，应当把所有这些都结合在一起，而这正是写本序言的目的。

＊　　＊　　＊

阿兰[①]谈到过一种理性政治，它把历史整体化，把所有问题结合起来，指向一个已经记录在现在中的、这些问题将在其中获得全盘解决的将来，它由此从战略中推演出战术，把人类迄今所经历的一切都看作是前历史的，要求一个新的开端，要求对人类借之得以重建、并且这次能够生存下去的各种既存关系加以颠覆……阿兰把知性政治对立于这种宏大政治。与理性政治相反，知性政治并不自诩包含了历史的全部，它如其所是地看待人，它在一个晦暗不明的世界里运作，逐个地解决问题，每一次都试图把人们是独一无二者时毫不犹豫地辨别出来的一点点价值贯注到事物中去，除了这些纠缠不休的行动的总和外，它不知道任何其它的战略。阿兰认为，我们所有的不幸，都源于没有践履这种知性政治。人们有理地回应他说[②]，没有哪一种政治不是同时具有知性和理性的。政治从来都不是意识与逐个发生的事件的面对面，它从来都不是一种历史哲学的简单运用，它也从来不直接地考虑全体。它始终针对的是一些局部的整体、一个时间周期、一组问题。它不是纯粹的道德。它不是一部已经写就的普遍历史的某一章节。它是一种被创造出来的行动。

知性政治家不可能只对事件做出评判。如果他所做出的就其自身而言合理的决定必定会在明天由于其后果而损害他所承认的

[①] 阿兰（Alain，1868～1951），本名夏提埃（É. Chartier），法国精神论（或译唯灵论）哲学家。

[②] 雷蒙·阿隆:《历史哲学引论》。

价值，那么没有人会原谅他以此为代价而获得其片刻的宁静。他没有脱离历史以便依据在他看来是合理的方式立刻采取行动。人们不会仅仅要求他经历事件而不受其损害：人们希望他在改变问题的措辞之际，一定要进入到事物中去，必须是为了自身才接受它们，不能把自己与自己所做的事情分离开来。换言之，不存在多种合理的决定，只存在一种合理的政治。正确的做法是，每一步都只做一切可能的事情，而把其它的留给诸神。但如何知道可能的东西停留在哪里呢？假定发生了一场总罢工，知性政治家要么发誓决不抛弃被压迫者（因为被压迫者总是有理的），他在这会儿就可能是革命的；要么，他只追随被压迫者到质疑私有财产和国家机器这一步，而且由于他在自己与此无利害关系时从来都不会充分行动以确保走到这一步，他很快就会比任何人都更保守。不管漠视还是重视被压迫者，因此都是知性推定了一切。更切近地瞧瞧这种直率甚至天真的政治（它想在每种情形下都不怀私下意图地做出评判），我们发现它在"适应"和反抗之间犹豫不决。由于它用其蛮横的方式让纯粹价值与事实处境面对面，它就必须时而向这边让步，时而向那边让步；这种想要逐步地构造世界的被动行动，只能要么如其所是地保留它，要么毁灭它，而且始终是违心的。

因此，应该成为保守的吗？或毋宁说，如果在一切重新受到质疑时让事物保持原状是遗忘一切的最有效的秘诀，那么就应当成为革命者，重铸这个造得不好的世界以便走出困境，把一切都寄托在我们相信自己在事物的犹疑中看到了其显现的一个新的将来上面吗？但某些人让一切都取决于之的这一历史的终结是什么呢？人们假定了某个边界，在它后面，人类最终停止成为一种失去理智的喧嚣，重新向自然的宁静回归。这一关于历史的绝对净化的观念，关于没有惰性、没有偶然、没有风险的制度的观念，乃是我们的焦虑和孤独的颠倒的反映。有一种"革命"精神，它只不过是一种乔装打扮各种心灵状态的方式。人们谈论普遍的历史、谈论全体的运动、谈论效率。但人们安顿自己于其中的、人们依据各种心愿而为之做准备的实在，却只不过是人们给予自己的在那里展开其梦想的风景，只不过是各种情绪的一场假面舞会。那些伟大的革命家，首先是马克思，并不在这个意义上是革命家。他们亲历他们的时代，而不是像小人物们那样在那里寻求遗忘那些非常个性化的顽念。他们清楚地知道普遍历史不是需要去沉思，而是需要去创造；他们从自己那里带给革命的东西，不是关于千禧年说的一种模糊的基础，而是对各种事件的一种敏锐的理解。马克思没有谈到历史的终结，但谈到了前历史的终结。这想要表达的是，真正的革命者，在革命后如同在革命前一样，每一天，面对每一问题，都重新发现有待于去做的事情；他不用航海图、依据现在而航行。对历史秘密的认识并不会给出对其道路的认识。理性政治也以它自己的方式摇摆在价值和事实之间，唯一的不同在于，那些价值在这里披上了远景的外衣，个人的决定则披上了历史进程的外衣。在 1917 年，当布哈林①想要继续进行他所说的已成为革命战争的反德战争时，当托洛茨基提议"既不

---

① 布哈林（N. Boukharine，1888～1938），苏联政治家，经济学家，布尔什维克理论家，1938 年被处决，1988 年获得平反。

要战争也不要和约"而列宁倾向于赞成迅速签订和约时，他们在最终目的上的一致让他们把整个道路问题放到了一边；而在每个人勾勒这一道路的方式中，他与世界的整个关系获得了表达。然而，道路问题上犯错误的人背叛了最终目的：在这个决定性的时刻，对革命来说他可能比一个资本家更危险。因此，不存在革命的友爱，革命分裂了，本来应该引导革命的将来退回到了意识中，成为了意见和观点——人们试图强加的观点。各种政治——不管知性政治还是理性政治——都是在实在与价值、独自评判与公共行动、现在与将来之间的一种往复运动；即使人们像马克思那样认为它们在一种历史因素中，即在既是潜力又是价值的无产阶级那里统一起来了，由于在使无产阶级进入舞台和执掌历史的方式上可能存在分歧，马克思主义政治也就像所有其它政治一样，是无法获得证明的。不同仅仅在于它知道这一点，在于它比任何其它政治都更多地探索了历史的迷宫。

　　这就是这半个世纪的收获：知性的虚假谦逊没有避开整体问题，而理性的种种自信也未能躲过处境问题。知性被引向革命问题，而革命没有使知性的各种困难消失，它重新发现它们被扩大了。每一政治行为都牵涉到历史的全体，但这种整体性并没有为我们提供一种我们可以信赖的规则，因为它从来都只不过是意见。主体和客体，意识和历史，现在和将来，评判与纪律，我们现在知道：这些对立项中的任何一个缺了另一个都会消失，革命的超越的尝试破坏了这两个系列中的一个，它需要寻找另外的东西。

＊　　＊　　＊

　　这本书打算不是在政治的领地上，而是在政治哲学的领地上勾勒经验。它开始于这一时刻：由于马克斯·韦伯，知性政治认识到了它的各种局限，自由主义不再相信永久和谐，承认其论敌是合法的，并把自身看作是一项任务（第一章）。马克斯·韦伯通过一种英雄式的努力从整体上维护的那些对立不能得到和解吗？1917年的那一代共产主义者相信这一点，我们可以在乔治·卢卡奇于1923年出版的那本深刻的著作中找到其证明，它在一个时期内是人们所说的西方共产主义的圣经（第二章）。革命政治把综合作为近期目标，人们将会在各种事实中看到辩证法的出现。革命，就是实在和价值、主体和客体、评判和纪律、个体和整体、现在和将来不是陷入冲突，而是应该逐渐进入契合的那一崇高时刻。无产阶级政权就是对一个社会的绝对创新，这个社会自我批判，通过一种无止境的历史工作从自身中消除种种对立，无产阶级先锋队在其党内的生活乃是这一社会的预示。这些希望还剩下什么呢？还没有到希望已经落空，革命已经被背叛的地步：毋宁说革命觉得承担起了其它一些任务（马克思主义假定它们已经完成了，在一个成熟而且强大的无产阶级本来能够执掌政权的时候，它没有获得政权或者说它立刻就失去了政权）。总而言之，自1917年以来，针对德语世界中出现的马克思主义的合题哲学，[1] 在俄国出现了一种反题的马克思主义（le marxisme des antithèses），列宁的

---

[1] 卢卡奇，雷瓦伊（J. Revai, 1898～1959, 匈牙利政治家、新闻工作者、文学评论家），福加拉西（B. Fogarasi, 1891～1959, 匈牙利马克思主义哲学家）和柯尔施（K. Korsch, 1886～1961, 德国哲学家，西方马克思主义者）。

是我们的各种意愿的真正意义。认识和行动是某个单一实存的两极。因此，我们与历史的关系不仅仅是一种知性关系，一种观众与场景的关系。如果我们与过去没有关系，我们就不可能成为观众；行动如果不为过去的整个事业做出结论，不为戏剧上演最后一幕，它就是无关紧要的。历史是一个奇特的客体：一个就是我们自身的客体；我们不可替代的生命，即我们的野性自由在如今已经过去了的其它自由中已经被预示、已经被牵连、已经被扮演了。韦伯必须超越这种双重真理的体制，这种知性客观性与道德悲情的二元论，必须在此之外去寻找对于这一独特处境的表述。

* * *

他没有在任何地方给出过这种表述。他的那些方法论作品滞后于其科学实践。这就需要我们在他作为历史学家的著作中去探求：他是如何适应与主体相切合的客体的，他是如何从这一困境中形成一种方法的，他超越于过去场景，又是如何试图通过使过去进入我们的生活中来理解过去本身的。我们不能满足于在它自己眼中所是的那样的过去，仍然确定的是，在探求在己地所是的那样的过去的时候，我们始终暗示了一个观众，而且我们冒着只能找到一个为我们而在的过去的危险。但是，只要它是面向现在的，它就不会是任何确定的东西，只有当它在场景中被提供给一个进行总结的后人时，它才成为完全真实的，或许这出自于历史的本性？也许唯有贝玑①所说的那些"呼唤的世代"才能够明白已

---

① 贝玑（C. Péguy, 1873～1914），法国作家，独立派社会主义者。

经获得实现的东西是否确实值得存在，才能够纠正历史记载中的欺骗，才能够恢复其它可能的东西？在我们为自己提供的过去的形象之前，存在的或许只有既未形成一个系统，甚至也未形成一些视角的其真理还处于延期到来状态的一组组事件？历史的界定或许只有通过后来出现的事情才能够完全存在，它在这个意义上完全取决于未来？如果这一切是真的，那么历史学家的干预就不是历史认识的一种缺陷：事实引起历史学家的兴趣，它们向文化人诉说，它们让自己重新出现在历史主体自己的各种意向中，这种因其主观性而威胁着历史认识的东西，同时也赋予它一种高级的客观性——只需要我们成功地区分"理解"和武断，成功地规定我们的"各种变形"在滥用的、它们无之将会不可能的那种密切关联。

假定我们要理解新教与资本主义精神之间的关系。历史学家最初是为了割裂这两种历史个体才进行干预的。韦伯的研究排除了那种基于暴力政治的冒险的资本主义，或者投机的资本主义。他将其作为对象来选择的是这种制度：它期望通过一个可持续的而且赢利的企业来获取不断增加的利润，因此，它包含了最低限度的会计和组织、要求自由劳动、倾向于市场经济。同样，他在新教伦理中选定了加尔文主义，而且是在 16 和 17 世纪被看作集体事实的而非在加尔文[①]那里有其起源的加尔文主义。因为值得关注、因为在历史上很重要，也就是说，最终因为在它们那里隐约地显示出了作为整个一系列其它事实的线索的逻辑，这些事实被

---

① 加尔文（J. Calvin, 1509～1564），法国宗教改革家。

哲学著作就是其典范（第三章）。各种二律背反在共产主义哲学中的这一持续，反映了它们在行动中的持续（第四章）。意味深长的是，萨特现在（第五章）把他对共产党人的政治的辩护奠基在革命已经消除了的这些二律背反之上，并相应地证明共产主义是一种超越、摧毁和重建历史的完全自愿的努力，尽管马克思也把它理解为历史的实现。

我们尝试着完成对革命辩证法的这一清理，以便得出结论。

第一章　知性的危机

　　马克斯·韦伯对自由和真理有着最苛求又最多疑的感情。但他还知道，它们只在某些文化中、借助某些历史选择才显现出来；此外，它们在这些文化中始终是未完成的；它们不能消除它们由之而来的那个混乱的世界；因此，它们并不拥有神圣的权利；除了它们实际地提供给人们的辩护之外，它们没有其它的辩护，除了那些在斗争中已经获得的名义（在这场斗争中，它们原则上也是处于劣势的，因为它们不能利用所有可资利用的手段）之外，它们也没有其它的名义。真理和自由出自不同于斗争的另一秩序，但如果没有斗争，它们也不能持续下去。对它们来说，承认其对手是合法的和与之对抗是同等重要的。由于仍然忠诚于探究精神，忠诚于认识，韦伯是一个自由主义者。他的自由主义是全新的，因为它承认真理始终为阴影留有余地，它不能穷尽过去的实在，更不能穷尽当前的实在；历史是暴力的天然场所。它不像旧的自由主义那样，天真地把自己看作是事物的规律，它坚持通过一种尚未预先规定其规律的历史而成为这一规律。

　　首先，韦伯认为可以把真理的秩序和暴力的秩序并置起来。如果涉及认识的话，依据康德，我们与历史的关系和我们与自然的关系属于相同的类型。历史学家的知性进行建构，而客体只不一致的表象——这一表象可以被无限地修正、精确而不会被混同于事物本身——的要素,就此来说,历史学家就像物理学家的知性那样,构成了一种"客观的"真理。不为过去找到一种意义,如果不在其中凸显出重要事物与次要事物、本质事物与偶然事物、雏形与实现、酝酿与衰落,历史学家就不能通过目光触及过去;在事实的密实整体中勾画出的矢量已经扭曲了一种实在(在这里一切都同样地是实在)、并且把我们的利益凝聚在它上面了。我们避免不了历史学家对历史的侵入,但我们可以使历史的知性,就像康德的主体那样,按照某些确保它对过去的表象具有主体间价值的规则来建构。由历史的知性引入到事实中的那些含义,或如韦伯所说的那些理想类型,不应该被看作是历史的钥匙:它们只不过是一些精确的坐标,可以用来评估在我们所思考的东西与实际存在过的东西之间的差别,并阐明被整个解释抛在一边的其余的东西。因此,每一种视角都只是在那里为其它视角做准备。只有在它当然是局部的、实在还在它之外的时候,它才是有根据的。知识从来都不是规范的,它始终有待核实。没有什么东西可以使我们就是过去,过去只不过是在我们面前的、我们应该对之进行考问的某种景致。各种各样的问题都来自我们,因此,答案原则上也不会穷尽历史现实:它并没有期待这些答案以便能够实存。

相反,现在就是我们,它期待我们的认同或拒绝,以便能够存在。悬置判断是针对过去而言的规则,它在这里是不可能的:期待事物呈现其趋势以便做出决定,就是决定让它们以自己的方式存在。但现在的临近(它使我们对现在负责)并不因此使我们

通达事物本身：这一次是因为缺少距离，使得我们只能
的一个方面。认识和实践面对的是历史实在的同样的无限
它们以两种对立的方式做出回应：借助一些临时的、开放的、
动的，即有条件的结论，认识增加视点以做出回应，而实践则
过一些绝对的、有偏见的、无法辩解的决定来做出回应。

但我们如何能够坚持这种二元论呢？它是过去与现在之间的显然并非绝对的二元论。对于我亲历的东西，我明天要构造出一种形象，我不能够在我亲历它的时候假装不知道它。我所思考的过去已经被亲历过了，只要我想进入其产生中，我就不能不知道它曾经是一个现在。仅仅因为认知的秩序并不是唯一的秩序、并不封闭在它自身中，仅仅因为它至少包含着现在的张开的裂隙，所以整个历史仍然是行动，而行动已经是历史了。不管人们把它作为场景来凝视还是作为责任来承担，历史都是一个。历史学家
20 的情况与行动的人的情况并非有很大的不同。他设想自己处在其行动已经具有决定性的那些人中，重构他们的各种决定的视域，重做他们已经做过的事情（不同之处在于：他比他们更好地认识到了背景，并且已经知道了各种后果）。历史并不在于进入伟大人物的各种心灵状态：如韦伯所说，即使是对动机的探究，也要经由各种理想类型；问题不在于与已经被亲历的事情相符合，而在于辨识已经被做过的事情的整体意义。为了理解一个行动，需要恢复视域，也就是说，不仅仅是行动者的视角，而且还有“客观的”背景。因此，我们可以说历史是在想象物中的行动，甚或是我们为自己给出的一个行动场景。反过来说，行动向历史请教，如韦伯所说，历史教导我们的当然不是应该意愿的东西，而

是我们的各种意愿的真正意义。认识和行动是某个单一实存的两极。因此，我们与历史的关系不仅仅是一种知性关系，一种观众与场景的关系。如果我们与过去没有关系，我们就不可能成为观众；行动如果不为过去的整个事业做出结论，不为戏剧上演最后一幕，它就是无关紧要的。历史是一个奇特的客体：一个就是我们自身的客体；我们不可替代的生命，即我们的野性自由在如今已经过去了的其它自由中已经被预示、已经被牵连、已经被扮演了。韦伯必须超越这种双重真理的体制，这种知性客观性与道德悲情的二元论，必须在此之外去寻找对于这一独特处境的表述。

*　　*　　*

他没有在任何地方给出过这种表述。他的那些方法论作品滞后于其科学实践。这就需要我们在他作为历史学家的著作中去探求：他是如何适应与主体相切合的客体的，他是如何从这一困境中形成一种方法的，他超越于过去场景，又是如何试图通过使过去进入我们的生活中来理解过去本身的。我们不能满足于在它自己眼中所是的那样的过去，仍然确定的是，在探求在己地所是的那样的过去的时候，我们始终暗示了一个观众，而且我们冒着只能找到一个为我们而在的过去的危险。但是，只要它是面向现在的，它就不会是任何确定的东西，只有当它在场景中被提供给一个进行总结的后人时，它才成为完全真实的，或许这出自于历史的本性？也许唯有贝玑①所说的那些"呼唤的世代"才能够明白已

---

① 贝玑（C. Péguy，1873～1914），法国作家，独立派社会主义者。

经获得实现的东西是否确实值得存在，才能够纠正历史记载中的欺骗，才能够恢复其它可能的东西？在我们为自己提供的过去的形象之前，存在的或许只有既未形成一个系统，甚至也未形成一些视角的其真理还处于延期到来状态的一组组事件？历史的界定或许只有通过后来出现的事情才能够完全存在，它在这个意义上完全取决于未来？如果这一切是真的，那么历史学家的干预就不是历史认识的一种缺陷：事实引起历史学家的兴趣，它们向文化人诉说，它们让自己重新出现在历史主体自己的各种意向中，这种因其主观性而威胁着历史认识的东西，同时也赋予它一种高级的客观性——只需要我们成功地区分"理解"和武断，成功地规定我们的"各种变形"在滥用的、它们无之将会不可能的那种密切关联。

假定我们要理解新教与资本主义精神之间的关系。历史学家最初是为了割裂这两种历史个体才进行干预的。韦伯的研究排除了那种基于暴力政治的冒险的资本主义，或者投机的资本主义。他将其作为对象来选择的是这种制度：它期望通过一个可持续的而且赢利的企业来获取不断增加的利润，因此，它包含了最低限度的会计和组织、要求自由劳动、倾向于市场经济。同样，他在新教伦理中选定了加尔文主义，而且是在 16 和 17 世纪被看作集体事实而非在加尔文[①]那里有其起源的加尔文主义。因为值得关注、因为在历史上很重要，也就是说，最终因为在它们那里隐约地显示出了作为整个一系列其它事实的线索的逻辑，这些事实被

---

① 加尔文（J. Calvin, 1509～1564），法国宗教改革家。

选择了。历史学家在一开始是如何知道这一点的？严格说来，他对此一无所知。他进行的分割预示了他隐约地看见的某些结果，在它阐明了一些对最初的定义没有什么帮助的事实的范围内，它将会获得证明。因此，他并不确信那些定义指明了本质，它们并不是由最接近的属加种差构成的，它们也不像几何学定义一样描述了一种理想存在的发生，它们就像韦伯所说的只是给出了关于所选定的视点的"暂时说明"，历史学家选择这一视点就像我们记住某位作者的一句话，或者某人的一个姿势一样：因为在我们第一次阅读时，我们就相信自己看到某种风格在那里出现了。正是富兰克林[①]的一个文本为韦伯带来了关于加尔文主义和资本主义之间关系的最初想法；由于是在清教主义的成熟时期且早于资本主义的成熟时期写成的，所以它表明了从前者到后者的转变。这些著名的说法给人以深刻印象并且富于启示，因为它们表达了一种工作伦理。扩大他的资本，总是挣更多的钱，却不享受他获得的东西，这乃是一种义务。生产和积累就其本身来说是神圣的。如果我们认为富兰克林在这里把利润乔装成了一种美德，我们就会错失其要点。相反，富兰克林走得如此之远，以至于他说，神利用利润来把他重新引回到信仰。如果说他写过时间就是金钱，这首先是因为他已经从清教传统中懂得了，从精神上说，时间是宝贵的，我们来到世上就是为了在每一时刻见证神的荣光。实用只有在被神圣化之后才会成为一种价值。鼓舞资本主义的先驱者们

---

① 富兰克林（B. Franklin，1706～1790），美国政治家，物理学家，《独立宣言》起草人之一。

的，不是关于启蒙和内在性的哲学，不是愉快地生活，它们是在更后来的时候才出现的：造就他们成功的那种"拘泥形式的、符合规则的和冷酷无情的"性格只有通过他们的世俗天职感和清教主义的经济伦理才能得到理解。资本主义的许多因素在历史上已经在这里那里存在过。但是，如果说只是在西欧，人们才发现了韦伯所界定的意义上的那种理性的资本主义企业，这也许是因为在其它文明中都缺少这样一种神学：它把现世的劳动神圣化，在世界有组织地进行苦行，并把神的荣光与改造自然联系起来。富兰克林的文本以纯粹状态为我们提供了一种根本选择，一种生活方式（Lebensführung）——它把清教主义与资本主义精神联系起来，使我们能够把加尔文主义界定为在世俗中的禁欲，把资本主义界定为"合理化"，总之，如果最初的直觉获得肯定，能够发现从前者到后者的一种可理解的过渡。如果说，通过把工作伦理既延伸到它的加尔文主义起源，又延伸到它的资本主义结果，韦伯成功地理解了各种事实的详情，这是因为他重新恢复了它们的客观意义，因为他突破了知性仍然被局限于其中的各种显象，并且通过重建隐匿的意向和整体的辩证法而超越了那些暂时的、带偏见的视角。

当从世俗的禁欲追溯它的各种前提时，韦伯在加尔文主义那里发现了神与创造物[①]之间的一种无限距离感。就创造物而言，他们应得的只是一种永久的死亡。他们一无所能、一无所值，他们不能支配自己的命运。神决定了他们的被挑选和被遗弃。他们甚

---

① 这里的创造物显然特指人。

至不知道他们确实是什么：唯有神在万物的背后知道他们是遭遗弃还是被拯救。加尔文派教徒的良心在同样不应得的有罪和辩护之间、在一种没有尽头的焦虑和一种无条件的安全感之间游移。这种与神的关系也是一种与他人和世界的关系。由于在人与神之间有着无限的距离，因此，就没有任何东西能作为第三者在他们的关系中起作用。人与他人及世界之间所能具有的联系是一种不同于人与神之间关系的另一种秩序：从本质上讲，他不能期待来自遭受永罚者和遵守教规者同样构成其一部分的教会、来自不会改变可怕的判决（decretum horribile）的宣道和圣事的任何救助。教会不会是人们在其中似乎找到了另一种自然生命的场所：它是一个由意志创造的、与一些预先策划的目标联系在一起的机构。天主教徒生活在他的教会里，就好像给他开了一个活期账户，只有到了他生命的尽头，人们才能结算他的所欠和所得。加尔文派教徒的孤独意指他持续不断地面对着绝对，而且他徒劳地面对着绝对，因为他对于自己的命运一无所知。每时每刻，关于他得救还是遭弃的问题都整个儿被提出来，但这一问题始终没有答案。在基督徒的生活中没有既得，这种生活不依赖于它自己，"神的荣光与个人的得救始终停留在意识阈限之上"。① 被要求中断我们与时代、与他人、与世界之间的生命联盟，加尔文教徒把也是去诗意化或祛魅（Entzauberung）的去神秘化推到了其极致：各种圣事、作为得救场所的教会、始终在神圣化创造物的人类博爱，都作为魔法被拒弃了。绝对的焦虑不可能在与被创造的东西的友爱

---

① 韦伯：《新教伦理与资本主义精神》，第 97 页。

关系中获得舒解：被创造的东西是人们对之进行加工的材料，人们改造它、人们组织它，为的是显示神的荣光。有意识的控制在得救序列中没有其作用的，人们把它转移到具有一种义务的价值的世俗事业上。各种计划、方法、各种总结在神这一方面是完全无效的，因为从这方面来说，一切都是既成的，而我们不可能对此知道任何东西。无论如何只需要治理这个世界，改变其自然外观，使生活合理化，这是我们具有的让神统治这个世界的唯一方式。我们不能让神来拯救我们。但是，面对我们无法控制的东西而产生的同一种焦虑、能被用来拯救我们却没能拯救我们的同一种能量，将被消耗在一种世俗的事业中（这一取决于我们的事业接受我们的控制），它们在清教主义那里甚至将变成一种得救的推定。人在面对一种他不是其主宰的超自然命运时所产生的恐惧，以其全部分量对清教徒在世上的活动产生影响，而且由于一种明显的悖谬，为了想要尊重神与人之间的无限距离，他们最终赋予实用的，甚至舒适的世界一种宗教尊严，一种宗教意义，最终贬低闲暇，甚至贫困，最终把禁欲的各种严格要求融入世俗的习惯中。与存在、与绝对的整个关系下沉到对现世财富的加尔文主义评价中，并且延续下去。

现在，让我们重新从加尔文主义伦理下降到资本主义精神。韦伯引用了卫斯理[①]的一段勾勒了这一过渡的话："宗教必然导致只会创造财富的劳动精神和节俭精神。但是，当财富增长时，世

---

① 卫斯理（J. Wesley, 1703～1791），英国基督教神学家、宗教改革家，为卫理公会的创建者。

俗的傲慢、激情和喜好也随之增长……宗教的形式仍然存在。但精神逐渐消失了。"富兰克林那一代人在致富时还为后人们留下了善良意识,但后人们却让这一动机逐渐消失了,他们寻求从此世和彼世获取最大的利益。一旦通过新教伦理被凝结在世俗中,资本主义就将依循它自身的逻辑发展下去,而韦伯既不认为它在今天受到那些导致其存在的宗教动机的支持,也不认为它就是加尔文派的真理:"今天的资本主义经济是一个奇妙的宇宙,诸多个体在它内部诞生出来,对于作为个体的他们来说,它是作为实际存在的、不变的,而他们不得不在那里实存的一个整体被提供出来的。在他们被牵连到各种市场关系中的整个范围内,它把他们的经济行为的各种准则强加给了他们。……最终成为经济生活之主宰的当今资本主义,以一种经济选择为手段来为它自己培育和提供它所需要的各种经济主体:企业主和劳动者。但正是在这里,我们用手指就可以触及到选择概念在说明历史事实时的各种局限。那种在天职方面适合于资本主义的生活行为类型为了能够被'选择',它一开始就应该不是仅仅在若干个体那里存在,而是应该作为一种为某些人群所具有的观察方式存在。有待于说明的正是这种方式的出现。"① 因此,有一种宗教的效应和一种经济的效应。韦伯描述了两者之间的一些互动、一种交织(时而前者,时而后者在其中扮演着支柱角色)和一些倒转(结果在其中会回到其原因,反过来承载它并改变它)。进而,韦伯不仅仅把各种精神动机和各种物质原因结合起来了,他还更新了历史材料的概念本身。如他

---

① 韦伯:《新教伦理与资本主义精神》,第97页。

所说的，一个经济机构就是一个宇宙，一种成为了处境的人类选择，而正是这一点使得世俗中的禁欲能够上升到它的各种宗教动机，又能够下降到其资本主义堕落，使得一切能够被编织为一块单一的织品。历史具有意义，但它不是观念的某种纯粹发展：当人类的首创通过收回离散的材料而建立起一种生活方式时，历史就使它的意义与偶然性联系在一起了。而揭示了历史的某一内在的那种历史理解，却让我们面对着经验的历史连同其厚度和各种偶然，没有让它服从于任何隐藏的理性。这就是我们透过韦伯的研究而推测的一种不带教条主义的哲学。为了走得更远，应该自由地进行解释。让我们这样来做，但不要把韦伯没有打算说的也归于他。

*　　*　　*

历史的这些可理解的核心是对待自然存在、对他人和死亡做出回应的典型方式。在人与来自自然或过去的各种材料的接触点上，它们作为一些象征模子呈现出来。它们并不预先存在于任何地方，它们能一时或长期地在某些事物的进展上面留下其印记，随后又消失掉，绝不会由于内部解体或者因为一个次级构成在这里变成主导性的而正面地瓦解那些事物，并且改变其本性。韦伯用来界定资本主义的"合理化"，只是也能在艺术、科学、国家形式、神话或西方经济学中看出来的丰富的结构中的一种。它在历史中的这里那里出现，并且，它就像历史的个体一样，只有通过与这些材料（在相互证明的它们被组织成一个系统的时候）汇合才能够获得证明。对韦伯来说，资本主义预设了某种生产技术，由此预设了西方意义上的科学，但也预设了某种类型的法律，某一建立在各种形式规则之上的政府,没有这些,有可能的是冒险的或投机的资本主义,而不是资本家的企业。对于这些条件,韦伯补充了一种"合理的生活行为",此乃新教主义的历史贡献。在西方的法律、科学、技术和宗教中,我们可以隐约瞥见这种"合理化"的意义。但仅仅在事后:这些因素中的每一个都只有通过它与其它因素的相遇才能获得这种历史意义。历史往往已经孤立地产生出了它们中的一个(罗马的法律,印度的计算原理),但没有发展成为像它在资本主义社会中应该成为的那样。它们的相遇在它们每一个中都证明了它所具有的合理化的轮廓。随着相互作用的累积,在其本来意义上的系统发展就变得总是更有可能了。资本主义的生产越来越偏重于技术和各种应用科学的发展的方向。但是,在一开始,它并不是一个万能的观念,它乃是在这里或那里种下的有朝一日能够被整合起来的因子的一种历史的想象。系统的意义在其开始时就像一幅画的图像意义,它与其说引导着画家的各种动作,不如说它产生自它们并且随着它们一起进展;我们甚或可以把它与被说出的语言的意义相比较,它不能通过概念被转到说话者的精神中,或语言的某种理想类型中,它毋宁是一系列不知不觉汇聚在一起的言语活动的潜在中心。当历史想象的这些产物之间的亲缘关系变得显而易见时,历史话语就以宣布"合理化"或"资本主义"而结束了。但历史并不是依据一个样式而起作用的:它恰恰是意义的来临。说那些合理性因素在凝结成一个系统之前就已经是类似的,这仅仅是一种谈论它们一旦被人类的意向重新占有并加以发展,就应该能够相互证明并形成一个整体的方式。就像在资产阶级企业出现之前,它在后来加以联合的那些因素还不构成为同一个世界的一部分一样,应该说,每一个因素都受到其它因素的吸引而在一个对它们来说共同的意义/方向中发展自己,但它们中没有任何一个因素封闭这个共同的意义/方向。由加尔文主义提出其原则的世俗禁欲通过资本主义而得以完成,但它是在该词所具有的两种意义上得以完成的:它获得了实现,因为资本主义是一种比它更加入世的活动;它作为禁欲已经被破坏了,因为资本主义竭力消除它自己的超越动机。韦伯说,在一个历史整体的诸要素之间存在着选择的亲缘关系:"考虑到宗教改革这一文化时代的各种物质基础结构、各种社会政治组织形式和精神内容之间相互影响的奇特交织,首先应当探究,在如此的宗教信仰形式和天职伦理之间,某些选择的亲缘关系(Wahlverwandischaften)是否是可以认识的、在何种程度上是可以认识的。因此,我们将尽可能地阐明,宗教运动通过这些选择的亲缘关系对物质文化施加影响的各种方式及其总的方向。然而,只有当这一点将会获得充分的阐明时,我们才能够尝试着评估:现代的文化内容,在其历史的发展中,在何种程度上可以归因于这些宗教动机,在何种程度上可归因于其它动机。"① 这种关系是灵活的、可逆的。尽管新教伦理和资本主义是确定人与人的关系的两种制度方式,没有任何东西妨碍新教伦理靠着时机产生出了新生的资本主义,或者反过来,资本主义使新教的某些典型行为永存于历史当中,甚或通过使某些动机消失并且把其它动机作为排他的主题,改变了它,让自己代替它充当历史的动力。历史事实的含混性、

---

① 韦伯:《新教伦理与资本主义精神》,第83页。

它们的多样性（Vielseitigkeit）、它们的多元性，远没有把历史知识判定为暂时的，正如韦伯一开始就说过的那样，相反，这种含混性、多样性、多元性恰恰是把现实的尘埃聚集起来的东西，是让我们在宗教事实中辨认出经济制度的最初轮廓、在经济制度中辨认出相对于绝对采取立场的东西。宗教、法律和经济构成为一种单一的历史，因为在这三种秩序的任何一种中的每一事实，在某种意义中都来源于其它两种，而这本身就在于：它们全都融入到了诸多人类选择的唯一网络之中。

　　这是一种困难的、受到两方面威胁的立场。韦伯由于寻求保全过去的独特性，而又不放弃把它定位在一种发展中，甚至可能定位在一种等级中，人们就时而指责他得出的结论太少，时而指责他推测得太多。他不是让我们毫无批判地面对过去吗？既然人用以调整他与世界、与人的关系的各种实在的和想象的手段系统每一次都好歹起着作用，那么他在原则上不是为所有的文明都提供了同样程度的实在和同样的价值吗？如果人们想要理解过去直至它的各种幻觉，那么他不就无法避免地要被导向为过去辩护，而不能对之做出评判吗？反过来，当韦伯使一种历史的逻辑显现出来的时候，人们总是可以像马尔罗[①]所指出的那样反驳说，考问和理解所有文明的成见本身就是一种不同于它们的文明的事实，它使它们变形，把十字架变成艺术品，把作为获取神圣事物的一种手段的东西变成了认识的对象，最终说来，历史意识体验到了这种难以忍受的悖谬：它把其中每一个都被作为绝对来体验的、

---

① 马尔罗（A. Malraux，1901～1976），法国作家、政治家。

原则上避开了不带偏私的目光的那些生命片段汇集到想象物之中，以一种单一的目光对它们进行比较，并认为它们是某个单一发展的诸环节。于是，应该在两种历史之间进行选择：一种进行评断、进行定位、进行组织，冒着在过去中找到的只不过反映了现在的忧虑和问题的危险；另一种则是超然的、不可知论的，它把各种文明当作一些不可类比的个体加以排列……韦伯并非不知道这些困难：正是它们开动了他的思想。他所寻找的道路，正好处在作为一系列独特事实的历史和自诩能把过去限制在其范畴内并把它还原为我们就它之所思的一种哲学的傲慢之间。正是我们对于过去的兴趣使得他同时反对两者：它属于我们，我们属于它，没有任何东西可以使那些已经被经历的戏剧不向我们谈论我们的和关于我们的戏剧，也没有任何东西可以使我们不能在一种单一的视角中排列它们连同我们的戏剧，这要么是因为我们的各种戏剧以一种更高的明晰向我们提出了同样的问题，要么相反地是因为我们的各种困难在过去已经很好地获得了界定。我们拥有同等的权利评判过去和现在。此外，它来到我们对它的各种判决面前：它已经对自己做出评判；由于被一些人实际经历过，它自己已经把一些价值引入到历史之中。这种评判和这些价值构成为过去的一部分，我们不可能不先证明它们或削弱它们就描述过去。在过去，几乎没有欺骗没有被同时代人所预感到。客观性只希望人们以过去自身的标准去对照过去。通过诉诸过去来证明它自己，韦伯调和了评判的历史和客观的历史。卫斯理本人让他得以识破宗教变成为欺骗的时刻。意识形态从来都不是完全不知不觉的欺骗，需要极力迎合才能够利用加尔文派的原则来为资本主义的世界作辩护，而这些原则——如果我们把它们完全陈述出来的话——暴露了想要利用它们的狡计。过去的人们没有能够完全掩盖他们时代的真相：他们没有期待过我们隐约地看出它。它就在那里，准备好显现出来，而我们只需要做出一种姿态以便显示它。因此，单是完整地理解过去的这种考虑就已经迫使我们去整理事实，确定它们在一种等级中、一种进步中或一种倒退中的位置。在这样做的时候，我们就重新开始了过去的运动本身。确实，文化人（Kulturmensch）是一种现代类型。历史只会向那些已经决定对所有的解决方案感兴趣，并且在一种无拘状态中面对它们而安顿自己的人抛头露面，因此，它与它所沉思的那些狭隘而深层的激情形成对照。韦伯说过，真理是"那种想要对所有想要真理的人都有所值的东西"。① 依据一种弥漫在每个时代的各种思想、意愿和行为中的，因此每个时代可能从来都没有对其做出过总结的基本选择来考问每个时代的成见，乃是一个已经领略过知识之树的时代的事实。从原则上说，科学的历史与它想要重新发现的素朴的历史正好相反。它在它要重建的东西中假设了它自己。……但这一循环不是一种思维缺陷：这是整个历史思维的设定，而韦伯是有意识地进入这个循环中的。正如卡尔·洛维特②所表明的，③ 韦伯清楚地知道，科学的历史本身是历史的一种产物，是"合理化"的或

---

① 《科学研究论文集》，第184页。
② 洛维特（K. Löwith，1897～1973），德国哲学家，犹太裔基督徒，胡塞尔和海德格尔弟子。
③ 《马克斯·韦伯与卡尔·马克思》，《社会科学与社会政治学文献》，第LVII卷，1932年。

者说资本主义历史的一个环节。正是这同一种历史转向了它自身,并假定我们可以在理论上和实践上掌控自己的生活,假定澄清是可能的。这种假定是不能够被证明的:它能否为自己提供辩护,得看它是否会为我们提供"文化的普遍历史"的协调一致的形象,没有任何东西事先向我们保证它将成功地做到这一点。但是,为了进行尝试,知道任何其它的假设都是出于混乱的选择,而所寻找的真理原则上并不在我们的把握之外就足够了。我们对这一点是肯定的:我们在我们自身那里确认了我们借之赋予自己的生活以意义的一种根本的选择能力,这种能力使我们能够感受到人类对它形成的各种使用,使我们向其它文化开放,使它们对于我们来说是可理解的。我们在历史理解的尝试中所设定的仅仅是:自由能够理解关于自由的全部使用。我们从我们自身中带给它的,仅仅是不要带偏见这一偏见,仅仅是我们归属于一种文化秩序:各种选择,甚至相互对立的选择,在这一秩序中与其说是分离开的,不如说是汇集在一起的。"文化物是从世俗事件的无限中切割下来的一个有限的片断,自身并不具有意义,只是对于人来说才被赋予了意义和含义。……文化科学的先验条件不是我们把这种或那种文化看作是有价值的,而是我们是'文化人'——具有有意识地针对世界采取立场并为它提供某种意义的能力——这一事实。不管这种意义可能是什么,结果都会是:在亲历的时候,我们从人类的共存中切割了某些现象以便对它们做出评判,并且在有意义的范围内针对它们采取(肯定的或否定的)立场。"① 因此,

---

① 《科学研究论文集》,第 180~181 页。

历史的理解并没有引进一个任意选择的范畴系统，它只不过为我们假定了这种可能性：拥有一个属于我们的过去、按照我们的自由恢复大量其它自由的运作、通过我们的选择阐明他们的选择和通过他们的选择阐明我们的选择、用一些选择纠正另一些选择、最终说来处在真理之中。没有比这种穷尽全部历史都由之而来的相同源泉的抱负更加值得尊敬、具有更深刻的客观性的了。历史不是一个外在的神或者我们只能记录其各种结论的一种隐匿的理性，而是这一形而上学的事实：同一个生命、我们的生命，既在我们这里又在我们之外，既在我们的现在中又在我们的过去中运作；而世界则是一个有多个入口的系统，或者像我们愿意说的那样，我们有一些同类。

既然这样的经济学、这样的知识类型、这样的法律、这样的宗教属于一种相同的基本选择，并且在历史中成了同谋，那么只要情况允许，我们可能就会期待各种事实可以让自己集中起来、发展将会表达一种初始选择的逻辑、历史将会是一种人类经验。纵使加尔文派的选择具有为资本主义所忽视的超越的动机，我们这样说也没有什么错：通过容许某些模棱两可，它为各种后续的选择承担起了责任，并因此把这种后果看作是一种逻辑的发展。加尔文主义让有限与无限对立和并列，把我们所具有的并非是我们的存在之源头的意识推到了极点，安排了世界之彼岸的烦扰，同时又完全封闭了通向它的各种路径：这就在前景中为资产阶级的事业准备好了狂热情绪，准许了工作伦理，同意了彼岸的消除。因此，事情的进程说明了基本选择的各种错误和矛盾，而历史的失败做出了不利于加尔文主义的证明。但在各门事实科学中，既不存在归谬法论证，也没有判决性实验。因此，我们知道某些解决是不可能的，我们并没有从历史的运作中拥有这种向我们显示真正的解决办法的包络性认识。在较好的情形中，我们纠正了行进中的各种错误，但新的目标避免不了必须重新纠正的错误。历史消除了非理性的东西，但理性的东西仍有待于去创造、去想象，它并没有用真实替代虚假的能力。只有当人性成了一个似乎有待被认识的事物、只有当在它那里认识能够穷尽存在、只有当它能够达到一种真正地包含了它已经是的一切和它可能是的一切的状态的时候，一种关于人类问题的历史性解决、一种历史终结才是可以设想的。相反，在社会的厚度中，由于每一种决定都包含着一些无法逆料的后果，此外，由于人们是通过某些转移问题的虚构来应对这些意外的，因此，就不存在没有希望的处境，但也不存在能够终止所有的偏离、耗尽其虚构能力并枯竭其历史的选择。因此，只存在着一些进步。资本主义的合理化就是这些进步之一，因为它是那种通过认识和行动而掌控我们的给定条件的解决办法，而且我们可以证明，人对世界的占有、去神秘化进程更有价值，因为它使我们直面历史上其它制度予以回避的各种困难。但这种进步是通过一些退步来实现的，而且没有任何东西可以保证，历史的进步因素可以挣脱经验，并在以后又添加上去。去神秘化也就是去诗意化和祛魅。应该保证资本主义对外部神圣物的拒绝，但又要让它在自己那里再生出它已经取消的对绝对的要求。没有任何东西让我们可以断言这种恢复将会发生。资本主义就像宗教动物已经分泌出来的供其寓居、并且在其死后还继续存在的贝壳一样。"没有人知道将来谁会寓居在这只贝壳里，在这一惊人的发展的终点会不会有一些全新的先知出现，或者会不会有全部的思想、全部的理想的强劲复兴，或最终说来，在整个这一切都不会发生的情况下，会不会有掩饰在一种焦虑不安的自傲下面的机制上的僵化（Versteinerung）。在这一假设中，对于处在这一文化发展阶段的那些'末人'来说，下面的话可能成为真的：没有灵魂的专家们，没有心肝的纵欲者们，这种微不足道的人想象着自己上升到了迄今为止尚未达到的人性层次。"[1] 如果这个制度要恢复生机，将需要借助一些新先知的干预，或者借助过去了的文化的某种复兴，借助在它那里没有任何东西会促其成功的一种发明或重新发明。历史或许会连同人类问题的各种错误解决办法把某些有价值的收获淘汰掉，它不会在一个整体的系统中精确地确定它的各种错误，它不会把各种真理聚集在一起，它讨论一个含糊地被提出的问题，它避免不了一些退步和再次犯错。各种计划在实施过程中发生了如此大的变化，以至于进行总结的那些代人不再是授以经验的那些代人，事情的教训也就没有被吸取。因此，韦伯的现象学不像黑格尔的那样是体系性的，它并不导向一种绝对知识。人的自由和历史的偶然确定性地排除了"这一观念：各门文化科学的哪怕遥远的目标，可能是要建构现实依据一种确定的秩序被限制在其中的……而且它从此以后可以以之为起点被推演出来的一个封闭的概念系统。不可预测的事件进程没完没了地改变着，直至面对永恒。那些让人们激动的文化问题也总是重新从其它方面被提出来，因此，场域始终是那种在个体的无限流

---

[1] 《科学研究论文集》，第 204 页。

动中为我们获取意义和含义、并且变成为一个历史个体的东西的变量，正如它在它们下面被考虑和设定为科学对象的那些思想关系也是变量一样。因此，只要精神生活的某种僵化还没有像在中国那样让人性戒除对一种无穷无尽的生命提出各种新问题，那么这些文化科学的原理就会在将来不受限制地继续变化。关于各门文化科学的一个系统，即使在它们被要求去处理的那些问题和领域的一种一贯的、客观有效的划界的适中的意义上，都将是一种在己地荒谬的事情。这种类型的尝试只能混乱地堆积起各种杂多的、特殊的、异质的、离散的观点：根据它们，现实每一次都是作为'文化'被提供给我们的，也就是说，在它更特殊地拥有的方面变成有意义的。"① 历史的那些可理解的整体并不中断与偶然性的联系，历史据以转向它自身以便尝试把握自身、主宰自身、惩戒自身的运动，本身也是没有保证的。历史包含着一些辩证的事实，一些粗制的含义，它不是一种连贯的推理；历史就像一个漫不经心的对话者，它让争论发生了偏离，它在途中忘记了问题的已知条件。各个历史时代让它们自身围绕着对于人的可能性（每个人都对此提供了一种表述）的考问而不是围绕着历史乃是其降临的一种内在解决而被归类。

既然韦伯的科学寻求重新发现过去的各种基本选择，那么它就是其现在的经验的一种有条不紊的延展。但这种经验及其各种实践选择反过来从历史的理解中获得了助益吗？因为只是在那时他才会调和理论和实践。

---

① 《科学研究论文集》，第 185 页。

韦伯不是革命者。他确实碰巧这样写过：马克思主义是"各种理想类型之建构的最重要的例子"，所有使用过他的概念的人都知道它们是多么地富有成效，只要他们把马克思描述为力量的东西看作是意义就行了。但是，对他来说，这种调换是既不能与马克思主义理论也不能与马克思主义实践相容的。马克思主义作为历史唯物主义是一种借助于经济学的因果说明，韦伯从来都没有在它的革命实践中看到无产阶级的基本选择的出现。因此，正如我们已经说过的，这个伟大的精灵是作为一位外省的德国资本家在评判一些革命运动（在1918年之后的德国，他是它们的见证者）。慕尼黑暴乱把他最会说教的学生置于革命政府首脑的位置上（在学生面临镇压时，韦伯在法庭面前为他辩护说，"神在其愤怒中使他成为了政治人物"①）。韦伯只满足于这些微不足道的真实事实，他从来没有在1917年以后的革命中模糊地预感到一种新的历史意义。他反对革命，因为它对他来说不是革命，也就是说，不是对一种历史整体的创造。他把它主要描述成一种军事独裁，至于其余的，则是装扮成政治人物的知识分子的一场狂欢舞会。

　　韦伯是自由主义者。但我们在一开始时就说过，他有别于旧的自由主义。雷蒙·阿隆写到过，就像阿兰的政治一样，他的政治是一种"知性政治"。只是，从阿兰到韦伯，知性已经学会了怀疑自己。阿兰推荐的是一种稍许简易的政治：每天只做公正的事，而不操心其后果。每当人们处于极限处境时，这种智慧总是保持沉默，于是知性相悖于它的那些原则，有时是反叛的，有时是顺

---

① 玛丽安娜·韦伯（M. Weber）:《韦伯传》。

从的。韦伯自己清楚地知道，它只是在某些临界点之间才能自如地起作用，他有意识地赋予知性这一任务：把历史维持在历史摆脱了二律背反的区域之内。他不对它提出一个孤立的要求。在我们并不能确保其最终具有合理性的一种历史中，那个选择了真理和自由的人并不能证明做出其它选择的那些人是荒诞的，甚至他也不能自诩已经"超越了"他们。"一个领略过知识之树的文化时代的命运就在于知道，我们不可能通过不管多么全面地研究世界事件来破译世界事件的意义，相反，我们应当准备自己把它创造出来，对世界的洞见从来都不可能产生自对事实的认识，因此，那些最崇高的理想、那些强有力地感动我们的理想从来都只是在与其它理想（它们对于其他人来说是神圣的，正如我们的理想对于我们来说是神圣的一样）的战斗中才会让人们看重它。"①

韦伯的自由主义并没有假设一种政治的九霄云外，没有把民主的形式领域奉为绝对，他承认任何政治都是暴力的，甚至民主政治按照自己的方式也是。他的自由主义是好斗的，甚至苦难的，英雄主义的，也就是说，他承认自己的对手的权利，他不同意去仇恨他们，他不会逃避直面他们，为了说服他们，他只考虑他们自身的各种矛盾，只考虑把它们揭示出来的那种争论。对于他所拒绝的民族主义、共产主义、和平主义，他不想把它们置于不受法律保护之外，他没有放弃去理解它们。在帝国时期持反对潜水艇战争和支持白色和平立场的他，宣称自己与杀死进入但泽的第一个波兰人的那个爱国者共同负责。他反对让德国独自对一战负

---

① 《科学研究论文集》，第 154 页。

责，并且事先宽恕了外来占领的和平主义左派，因为他认为对自咎的这些滥用会为明天酝酿一种猛烈的民族主义。但他又作证支持他那些在和平主义宣传中受到牵连的学生。不相信革命的他表达了自己对李卜克内西①和罗莎·卢森堡②的敬意，他在大学内部反对各种政治歧视：他说，也许一些无政府主义观点会帮助一位学者准备好去考虑历史的某一方面，如果没有它们，这一方面就会继续受到忽视。他小心翼翼地把自己的教学与可能服务于某一事业或突出他本人的东西分开，但仍然支持教授们的政治参与，只要这是在讲坛之外、在供讨论之用的一些论著中、在对手可以在那里做出回应的一些公共集会中，只要学术独白不被偷偷摸摸地用于一种宣传……因此，他维持着链条的两端。因此，他让真理和决断、认识和斗争一起运行。因此，他使得自由从来都不会为压制挣面子。③

这比一种妥协更好吗？除了在他本人那里之外，他成功地统一了力量的意义和自由的意义吗？除了两者的交替之外，他能够满足两者吗？当韦伯想要在这些基础之上建立一个政党时，他是如此轻易地被排除了、他是如此迅速地重新回到了他的研究中，以致人们开始认为他对此并不是很坚持，他感觉到有一种难以克服的阻碍在那里，最终说来，一个不会玩游戏规则的政党只会是一种乌托邦。然而，这种失败也许只是韦伯其人的失败，也许他

---

① 李卜克内西（K. Liebknecht, 1826～1900），德国革命家、政治家，德国社会民主工党的创立者。
② 卢森堡（R. Luxemburg, 1871～1919），德国革命家、政治家。
③ 关于这些内容，参见玛丽安娜·韦伯:《韦伯传》。

使一种他至少一度勾勒了其轮廓的政治智慧（即使他没有能够把它付诸实践）完好地保存下来了。因为他不满意于让价值和实效、心愿和责任对立起来。他尝试过证明为何应该超越这种二者择一。他说，对暴力的偏好，是一种隐藏的软弱；对美好情感的卖弄，是一种隐藏的暴力：它们是装腔作势或神经症的两种形式，但存在一种力量，处在这些眩晕之外的真正政治家的力量。他的秘密在于他并不寻求拥有关于他自身及其生命的形象。由于他对自身、对成功保持距离，他就不会耽于自己的各种意愿，更不会毫无指望地接受其他人的评判。由于他的行动是一部"作品"，是对在他之外生长的某一"事物"（Sache）的奉献，它就具有了那些自负的事业始终欠缺的一种重新集合的力量。对自身、对事物、对他人"缺乏距离"，乃是学术界和知识分子的职业病。在他们那里，行动只不过是对自身的逃避，只不过是自爱的一种颓废形式。相反，已经最后一次接受了"担负起世界的不合理性"，政治家在应该有耐心的时候有耐心，在应该不妥协的时候不妥协，也就是说在各种有效的妥协限度受到损害的时候、在他们所做的事情的意义本身受到质疑的时候。恰恰因为他不是心愿的道德人，当他对其他人和其它物说不时，这本身就是一种行动，正是他填满了心愿政治家的那些华而不实的意愿。"在今天，在我们认为富有成效的时代躁动（但躁动并非始终是真正的激情）中，因此，在我们突然看到到处出现一些心愿政治家（他们说，愚蠢而平庸的是这个世界，而不是我，我拒绝对这些后果负责）的时候，我通常会说，首先需要看清隐藏在这种心愿道德背后的内在平衡度，而且我有这样的印象，十有八九涉及的是那些自吹自擂的人：他们并没有真正感受到他们正在承担的事情,并且陶醉于各种浪漫的感觉中。从人的角度,这并不怎么让我感兴趣、根本不会让我感到震惊。相反,让人震惊的是,一个真正地、全心地感受到了对于后果的责任,并且践行责任道德的成熟的人(年龄大小并无关紧要),最终在某一时刻说道:我停留在这里,我只能这样做。这乃是某种对人来说纯粹的、激动人心的东西。我们中间的每一个人,只要其内心尚未泯灭,这种处境都必定会向他重现。在这个意义上,心愿道德和责任道德不是绝对对立的,而是互补相成的:唯有两者的结合才能造就具有政治使命的人。"①

人们会说:这一法宝是微不足道的东西,这里涉及的只不过是道德,一种伟大的政治延伸了时代的历史,因此,它必定会赋予历史以表达。但这一异议也许忽略了韦伯已经更肯定地确立的东西:如果历史并不像一条河流那样拥有一个方向,而是拥有意义,如果它告诉我们的不是一种真理,而是一些需要加以避免的错误,如果实践不能从一种教条主义的历史哲学中推演出来,那么,把一种政治奠基于对政治人物的分析之上就不是肤浅的。毕竟,一旦把各种官方传说撇在一边,使一种政治变得重要的,不是它从中受到启发的、在其他人手里只会导致动荡的历史哲学,而是人的品质:它使领导者们真正地激活了政治机器,使他们的最个人化的行动成为所有人的事情。正是这种罕见的品质以如此方式把列宁和托洛茨基提升到了1917年革命的其他发起人之上。事物的进程除了对那些知道如何解读它的人以外什么都不说,只

---

① 《政治作为一种志业》,第66页。

要人们没有在现在的接触中重新创造它们,历史哲学的那些原理就只是僵死的文字。然而,为了成功地做到这一点,需要有韦伯所说的亲历历史的能力,政治中的真理可能只是创造这种随后看起来是时代所要求的东西的艺术。当然,韦伯的政治学需要被转化。政治的艺术在这里有,在那里无,这不是偶然的。我们可以认为,它与其说是各种历史"意图"的一个原因,不如说是它们的一种征兆。我们可以寻求比韦伯更专注地去读解现在,洞见到他没有注意到的那些"选择的亲缘关系"。但他确定性地证明的乃是,不是一部历史小说的一种历史哲学并没有中断知识与现实之间的循环,它毋宁说是对这一循环的沉思。

我们想把韦伯的探索放在这个研究的开头,这是因为,在各种事件把马克思主义的辩证法推到了议事日程上的时刻,它指出了在何种条件下一种历史的辩证法是严肃的。曾经有一些马克思主义者想要理解这一点,而他们是最好的马克思主义者;曾经有一种严格一贯的马克思主义,它也是关于历史理解、关于多样性、关于创造性选择的理论和考问历史的哲学。只有从韦伯和这种韦伯式的马克思主义出发,我们才能理解这三十五年以来辩证法的各种历险。

第二章 "西方"马克思主义

在 20 世纪初，马克思主义者发现自己面临着一个属于他们、但黑格尔式的教条主义残余却让马克思视而不见的问题：我们能克服相对主义吗？——不是忽视它，而是真正地超越它，沿着同样的方向走得更远吗？韦伯已经隐约地看见了道路：我们引入到我们关于过去的形象里的那些理想类型、那些含义等等，只有在它们是任意武断的时，才会切断我们与相对主义的关系。然而，它们本身构成为历史的一部分：历史科学，连同它的各种方法和它的各种理想化，乃是历史现实，即资本主义合理化的一个方面。我们的各种观念、我们的各种含义，正因为是与我们的时代相关的，所以有某种内在的真理；只有当我们成功地把它们放到它们的语境中去、成功地理解了它们而不是单纯地接受它们时，我们才能传授这种真理。我们之所以能通过认识来谈论过去的形变，只是因为我们能测量出过去与这种认识的差距。历史不仅仅是在我们面前、远离我们、在我们的把握之外的一个客体，它也激发作为主体的我们。我们对自己的历史形成的或真实或虚假的意识，本身就是一个历史事实，这不会是单纯的幻觉；那里有矿石待提炼，有真理待提取，只要我们走到相对主义的尽头，并且反过来又把它重新放回到历史中去。我们按照我们的各种范畴赋予历史以形式，但我们的这些范畴，在接触历史时也摆脱了其偏护。主体与客体的关系这一老问题，一旦基于历史被提出，就发生了转变，而相对主义也被超越了，因为这里的客体，就是其他主体留下的痕迹，而主体，即在历史的织体中被把握的历史的知性，也因此能够进行自我批评。于是就有了从前者到后者的往复运动，这种运动如人们所希望的那样缩小了知识和历史的差距。韦伯在这条路上停住了。他没有把相对主义的相对化推进到底。他总是一再地把现在和过去、我们的表象和真实的历史的循环看作是恶的循环；他依然受到一种无条件、无视点的真理观念的主宰；面对这种绝对的知识，这种纯粹的理论，我们那逐渐进展的知识，就被降格到了意见和简单的表面现象之列。但是一种更彻底的批判，无限制地承认历史是我们的错误和我们的检验的唯一场所，它们没有让我们在相对中找回一种绝对吗？

　　这就是卢卡奇向他的老师韦伯提出的问题。① 他不是责备韦伯太过于相对主义了，而是责备他还不够相对主义，还没有一直推进到"把主体和客体的概念相对化"的地步。如果做到了这一点，我们就会重新找到某种整体性。当然，没有任何东西能够使得我们的知识不是局部的和褊狭的。我们的知识永远（如果这个词还有意义的话）不会与历史的在己相混在一起。所以我们永远不能参照已完成的整体、参照普遍的历史，就好像我们并不处在它里面，就好像它是完全在我们面前展开似的。卢卡奇所说的整

----

① 我们主要思考他 1923 年发表的《历史与阶级意识》一书。在下一章我们将会看到，他最近的一些论著仍保留了该书的某些观点。

体,用他自己的话来说,就是"支配权的整体",不是全部可能的和现实的存在,而是我们已知的全部事实的协调一致的汇集。当主体在历史中认识到自己,又在自己那里认识到历史时,他并没有像黑格尔式的哲学家那样主宰一切,但他至少已经参与到了一个整体化的任务中;他知道,任何历史事实,只有已经被捆绑到我们能够认识的全部东西中,已经作为一个环节被转入到汇集这些东西的某个单一的事业中,已经被记录在某一垂直的历史(对一些有意义的尝试、它们的各种牵连、它们的可以设想的后续发展的记载)中,才对我们来说有其全部意义。如果我们获准在历史中对那些基本的选择进行解读,那么就没有理由把自己局限于一些部分的、不连续的直觉中。卢卡奇完全接受了韦伯已经初步进行的对加尔文主义的选择和资本主义精神的分析,他只是想予以继续:加尔文主义的选择要求所有其它选择的对照,而所有的选择——如果它们中的每一种最终都应该获得理解的话——要求共同组成一个单一的行动。辩证法就是连续的直觉,就是对实际历史的一种连贯解读,就是对主体与客体之间的各种动荡的关系、各种无止境的交换的恢复[①]:只有一种认识,那就是对我们的处在生成中的世界的认识,而这一生成把认识本身包含在内。但是,正是认识告诉了我们这一点:因此,存在着这样一时刻,认识在

[①] 因此,不管恩格斯如何看待,卢卡奇拒绝承认自然辩证法的首要地位:自然忽视了主体。而从主体到客体和从客体到主体的过渡则是辩证法的动力。只有在第二位的和派生的意义上才有自然的辩证法:我们所观察的自然提供了相互作用的现象和质的飞跃,但是,如同在芝诺那里的运动一样,这种辩证法流产了:它是对立面的瓦解。这些对立面只有在历史中,只有在人那里才会被超越。

此时重新转向自己的各种起源、重新抓住它自己的发生、作为知识把自己等同于自己曾经作为事件之所是、集结自己以便整体化自己、趋向于自我意识。同一个集合，根据第一种关系是历史，根据第二种关系则是哲学。历史是获得实现的哲学，正如哲学是被形式化的，被还原为它的各种内在关联、它的可知结构的历史一样。

对于卢卡奇来说，马克思主义是或应该是这种完整的、没有教条的哲学。韦伯把唯物主义理解为一种从经济出发推绎整个文化的尝试。对于卢卡奇来说，它是这样一种表达方式：人与人之间的关系不是个人的行动或决定的总和，而是要经由各种事物——经由各种无名的角色、各种共同的处境、各种制度，人们如此这般地被投射到这些角色、处境、制度中，以致他们的命运自此以后在他们之外自行运作。"随着……各种个人利益被提升为阶级利益，个体的个人行为必然被物化（sich versachlichen）、被异化（entfremden），而且同时作为一种……不依赖于他的独立力量而存在。"① 在19世纪，特别是由于生产的发展，"各种物质力量被精神生活充满（mit geistigem Leben ausgestattet werden），而人的存在则变得愚钝、（直到变成）一种物质力量（zu einer materiellen Kraft verdummt）"。② 事物借以变成人和人借以变成事物的这种交换，奠定了历史和哲学的统一性。它使得所有问题都是历史的，但整个历史都是哲学的，因为那些力量乃是一些已经建制化了的

---

① 马克思：《德意志意识形态》。
② 《1848年革命与无产阶级》。

人类投射。在一个著名的文本中,马克思说道:资本不是"一种物,而是以一些物为中介的人与人之间的社会关系"。①历史唯物主义不是把历史还原到它的某个区域:它是关于人与外界、主体与客体之间的一种亲缘关系的陈述,这种关系确立了主体在客体中的异化,而且将确立——如果我们把运动倒转过来的话——世界重新回到人那里。

马克思的新颖之处就在于把这一事实看作是原初的,而在黑格尔那里,异化还是精神针对它自己的一种作用,因此,当它显露出来的时候,就已经被克服了。当马克思说他使辩证法重新用脚立地,或他的辩证法是黑格尔辩证法的"对立面"时,涉及的不可能是历史的精神和"物质"之间简单的角色对调,就好像这种对调原封不动地获得了黑格尔移归给精神的那些功能似的;在变成物质的时,辩证法必然变成笨拙的。在马克思那里,精神变成了物质,而事物则充满了精神,历史的线索是成了力量或制度的一些意义的某种生成。因此,在马克思那里存在着一种历史惰性,而为了完成辩证法,也存在着对于人类创造的一种呼唤。所以,马克思不会把黑格尔在精神中确立的同一种合理性移注并记载到物质的账上。历史的意义出现在他所谓的"人类物质"这一含混的地方,观念和合理性在这里还没有获得正当的实存(在黑格尔那里,它们得益于关于已经完成的系统之整体的学说、关于理智地拥有这一系统的哲学的学说)。确实,马克思似乎常常为自己的反教条主义批判而要求得到黑格尔的绝对知识的权威本身,

---

① 《资本论》,第一卷,第731页。

比如他说，理性"总是已经存在，只是并不经常以理性的形式"。①但是，一种还不具有理性的形式的理性是什么呢？除了一点不剩地窃取他指责黑格尔炫耀的那种哲学意识外，马克思如何能够断定理性先于它的各种表现而存在，并且组织了其历史曾经从之受益的那些情势的同时发生呢？卢卡奇认为，马克思主义不能把这种理性主义的教条算到自己账上，"当真正的理性已经被发现，并且我们已经真实而具体地指明了它时，理性的狡计除了是一种神话外不可能是别的东西。于是，它是对那些还不是有意识的历史阶段的一种天才说明。只有在有一天达到回到了自身的理性的状态中，这些阶段才能够作为阶段被抓住、被重视。"②人考虑自己的过去，在一种合理性的来临中回溯性地发现了过去的意义——合理性的缺乏在一开始并不只是简单的丧失，而真的是一种非理性状态，而且它（在它出现的时候）没有权利让先于它的东西服从自己，除非在它将其理解为它自己的准备的确定范围之内。因此，马克思主义把历史的合理性与任何关于必然性的观念分离开来了：它既非在物理因果性的意义上是必然的（在这一意义上，先前的那些事情决定着后来的那些事情），甚至也非在系统的必然性的意义上是必然的（在这一意义上，全体先于产生出来的东西并召唤其实存）。如果人类社会没有意识到其历史的意义及其各种矛盾，人们能够说的一切就是：它们由于一种"辩证的机制"③总是愈益

---

① "nur nicht immer in der vernünftigen Form"，《遗稿》卷一，第381页，引自卢卡奇，第32页。

② 卢卡奇：《历史与阶级意识》，第162页。

③ 同上书，第215页。

剧烈地再次发生。换句话说，那些事物的辩证法始终只会使各种问题更加紧迫，只有主体在其中起作用的整体辩证法能够为它们找到一种解决办法。①马克思主义不能把世界精神（Weltgeist）隐藏在物质中：它应该以另外的方式证明历史的意义，而且只有通过构想一种历史的选择，它才能这样做——这种历史的选择消除了历史进程的各种相互背反的实在，但是，不借助于人们的首创性，它自身也不具有让一个融贯而同质的体系产生出来的能力。

这样理解的马克思主义，正因为拒绝成为一种教条主义的历史哲学，就必定是一种革命哲学。在它那里，两个环节——对历史的某种解读，它使历史呈现出哲学意义；向现在的某种回归，它使哲学作为历史显现出来——持久地彼此交替，但每一次都到了一个更高的层次，构成了历史的螺旋运动。

如果资本主义社会的人转向它的各种起源，那么他似乎就目睹了"社会的实现"（Vergesellschafung der Gesellschaft）。一个前资本主义社会，譬如说种姓社会，自身分化为几乎不属于同一社会世界的诸区域：生产过程从一个区域到另一区域所创造出来的那些运河和道路，每时每刻都被一些威望关系和一些原始的传统背景所阻断。经济功能从来都不会没有其宗教的、法律的或道德的成分，但在经济学的语言中，却没有对于这些成分而言的严格

---

① 卢卡奇在这里勾画了一种对进步观念的马克思主义的批判，这对于当代的马克思主义来说是富有教益的。他们是如此地摆脱了辩证法，以致很乐意把它和资产阶级对于进步的乐观主义混同起来。卢卡奇说，进步的意识形态是一种巧妙的手法，它把一开始就降至最低点的矛盾分配到一种无限的时间中去，并假定矛盾将在那里自行解决。进步把历史意义的开端和结束，消融在一个没有边界的自然过程中，并把人自己的角色向人掩饰起来。

对等物。不应该只是说这些社会不知道它们的经济基础，好像它就在那里，它们需要的只不过是去察觉到它，或者如卢卡奇所说，就像在伽利略①之前，物体的坠落就已经存在了一样；而应该说它们不是以经济为基础建立起来的，仿佛是我们称之为历史想象的东西把它们安置在了一种荒诞的秩序中（当然啦，贫困在那里是非常真实的）。经济分析把一些对于特权分配而言至为根本的标准抛到了一边；而各种种姓关系之所以在宗教上既为被剥削者也为剥削者所遵守，是因为，只要人们还没有被构想为一种共同的生产劳动中的合作者，它们就不会受到怀疑。卢卡奇说，在承认一种经济解释的社会生活的诸片段之间，为血缘、性别、神秘的联姻等等关系所占据的一些"交互世界"加入了。他还说，这种社会没有割断把它和史前史或自然联系起来的"脐带"，它还没有被规定为人与人之间的关系。与此相反，资本主义社会把一切在那里生活的人都置于劳动这个公分母上面；它在这个意义上是同质的：甚至雇佣劳动和剥削把所有参与其中的人都纳入到了一个单一市场之中。在这里，各种幻想、各种意识形态原则上都能够被承认为是这样的；在系统本身中存在着一种显象与实在之间的区分（无论这种区分公开与否），因为在一个国家的各种界限之内，甚至在资本主义世界的整体中，确实存在着在各种局部现象之下的一种整体职能。在这里，各种命运得以被比较，因为确实有一块共同的土壤。对社会整体的清查和计算是可以设想的，因为系统是刻意地合乎理性的，致力于赚取多于花费，并把它消费和生

---

① 伽利略（G. Galileo，1564～1642），意大利数学家、物理学家、天文学家。

产的一切都用金钱这一普遍的语言来表达。说资本主义是"社会的一种社会生成",我们陈述了它的一种可观察的属性,并不是因为所有的其它社会只是这一社会的雏形:就它们自身而言,我们已经说过,它们完全是另一码事;我们用来把它们混杂地汇集在一起的前资本主义概念显然是自我中心的;对"前资本主义"的真正的认识,将要求我们如其被实际经历的那样、如其在它自己眼中所是的那样来重新发现它。我们刚才就它所说的,毋宁是以先于它的东西为依据的关于资本主义的观点;为了达到整全的真理,必须越出当前资本主义的界限。但是,即使这种关于前资本主义的观点是偏狭的,也仍然是有根据的。尽管比较不是彻底的,但也不是虚假的。被这样标出来的生成方向不是一种虚构。资本主义的结构改动了前资本主义的结构:我们目击了各种生产趋势借以强制规定一些新的区分,或拆除和摧毁各种传统壁垒的历史作用。当已经建立起来的资本主义寻求掌控那些落后的社会时,这一运动便借助暴力而加速了。没有任何东西让我们可以说这种过渡是必然的,即资本主义作为前资本主义的不可避免的将来被包含在前资本主义中,没有任何东西让我们可以说资本主义卓越地包含了在它之前的一切东西;最后也没有任何东西让我们可以说,任何社会要想超越资本主义,都不可避免地应该经历一个资本主义阶段:所有这些关于发展的观念都是机械论的。关于发展的辩证观念所要求的仅仅是,它在那里存在的资本主义与它的那些先例之间的关系,是一个整全的社会与一个不那么整全的社会之间的关系;"社会的社会生成"这一表述绝没有说出更多东西。

然而,这一表述立刻使社会生成的一种哲学含义显现出来了,但这种含义对于社会生成来说并不是超越的。说存在着"社会的社会-生成",这就是说人们开始彼此为了对方而实存;社会全体改变其分散状态以便形成为整体;它超越各种壁垒和禁忌而走向透明;它把自己安排成由之可以思考它的一个中心或一个内核;它围绕一些尝试、一些错误、一些进步、某种历史与之相对而得以可能的一个匿名计划集中起来;最后,原始的实存被转化为它的真理,并趋向于含义。当然,问题并不在于让一种集体意识从社会整体中产生出来:意识在这一描述中已经被预设了,而如果社会不是由已经有意识的主体构成的,它就永远不会成为对自身的意识。我们想说的是,一下子就获得人们承认的本原意识,在通过历史获得实现的结构化中,找到了能够使它成为社会认识的一种同谋关系;在它眼里,它的"对象",也就是社会,来到它面前,通过与它自身结成一种决定性的关系,可以说为被认识作好了准备。社会与它自身有各种不同的关系,正是这一点阻止我们借口这些关系全都是意识的"对象",从而把它们全都置于与意识的同等距离之中。就像一个生命体,由于其行为可以说要比一个石子更近于意识一样,某些社会结构乃是社会认识的摇篮,清楚的意识在那里可以找到其"起源"。即使内在性——在我们把这一概念运用到一个社会中时——应该从转义的意义上来理解,这种隐喻也只对于资本主义社会、而非对于各种前资本主义社会是可能的,这足以说明,产生了资本主义的历史象征着一种主体性的涌现。存在着一些主体,存在着一些客体,存在着各种人和物,但也存在着一种第三序列,即铭记在一些工具或社会象征之中的人们之间的关系的序列,这些关系有自己的发展、自己的进步、自己的退步；就像在个体生命中一样，在这种一般化的生命中存在着准目标（要么是失败，要么是成功），存在着结果对目标的反馈（要么是重新获得，要么是消散），而这就是人们所说的历史。

当人们说马克思主义发现了一种历史意义时，不应该把这理解为一种朝着某些目的的不可抗拒的定向，而应该理解为有一个问题或考问内在于历史，相对于这一问题或考问，每一时刻发生的事情就可以被归类、被定位、被评价为进步或退步、与其它时刻发生的事情相比较、在同一种语言中获得表达、被看作是对同一种尝试所作的贡献，从而在原则上始终可以提供一种教训，简而言之，和过去的其它结果一道被积累，以便构成一个单一的含义整体。历史的逻辑之原则并不是：任何被提出来的问题都预先解决好了，① 解决先于问题，而且，如果答案没有预先存在于某个地方，问题就不会存在，好像历史是依据一些精确的观念被建构出来的。我们毋宁应该否定地来表述这个原则：它并不出自没有为知道什么是人及其社会这一持久问题提供精确补充的，没有把这一问题提到日程上来的，没有重现一个虽然存在着剥削但建立在人承认人之上的社会之悖谬的事件。"社会的社会生成"想要说的不是社会的发展从属于社会的永恒本质；它只是想说，这一生成的诸环节一个链接另一个、一个应和另一个、逐步构成了一个

---

① 马克思的确说过，人类只提出它能够解决的问题。但是在他眼中，这种可能性显然不是指答案已经在问题中预先存在，因为他在别处也承认历史可能会失败。解决在这种意义上是可能的：没有任何命运在那里与它作对，或者像马克斯·韦伯所说的，那里不存在着肯定的非理性。但是一种既无意向，又无规律的含糊困境，却能够使这种解决流产。

单一的事件，因此，一种解决方案的各个否定性条件就汇集起来了。这个谨慎的原则既不要求那些落后文明的经验完全被我们的文明所超越（卢卡奇说，相反，有可能出现的是，在资本主义机器连同它的各种束缚还没有被构成的时期，文化已经获得了关于世界的一些保持着一种"永恒魅力"的表达），也不要求在那些后来的文明中取得的进步绝对地是进步。首先，只是在整体的结构中才存在着进步；历史账户的差额表明，在扣除一切之后，还存在着人与人之间的一种不断增长的关系，而这并不妨碍，目前，由工匠打造的家具比用机器制造的家具更能说明人。但是，还存在着更多的东西：即使考虑某一文明的整体，它的进步也只是紧随其它文明的进步才取得的，它不可能自己维持如此进步。历史的累积或"沉淀"不是一种寄存或残留：由于一种进步出现了，它就改变了处境；而为了保持与自己相同，它必须使自己面对由它所引起的各种改变。相反，如果既得的东西保持不变，那么它就已经丧失掉了。因此，任何进步，在把它安置在事物中的同一种历史铭记已经把衰败问题提到日程上了这一深刻的意义上，都是相对的。已经成为制度的革命，如果它自认为大功告成了，那它就已经衰败了。换言之，根据各种观念在其中只不过属于社会动力的一些阶段的一种具体的历史观，每一进步都是含混的，因为一旦在一种危机处境中取得，它就会创造一个将在那里产生出一些超越于它的问题的事态阶段。

因此，历史的意义在每一步上都面临着偏离的威胁、都需要不断地重新加以解释。主流从来都不是没有逆流或旋涡的。它甚至不是作为一件事实被给定的。它只有通过一些不对称、一些残存、一些消散和一些倒退才能显示自己，它相似于那些被知觉的东西的意义，相似于这些只从某一视点露出端倪，而且从来都不绝对排斥其它知觉方式的凸起。与其说存在着一种历史意义，不如说存在着无意义的消除。某一生成方向刚刚才被指明，它就已经被折中了；始终只是在回顾时，一种进步才能够获得肯定：它并不包含在过去之中，而我们所能够说的只是，如果涉及的是一种真正的进步，那么它将重现一些内在于过去的问题。资产阶级已经把自己构成为领导阶级，但是，其权力的发展本身表明，它不是普遍阶级，它在新的社会当中把还没有被整合进来的另一阶级孤立起来，突出了一些内在于生产的要求与资本主义强制生产服从的一些形式之间的冲突："资本主义的局限就是资本自身"（马克思语）。我们将之与先于它们的形式相比较时是"进步的"的资本主义形式，在将之与资本主义本身引发的各种生产力相对照时，立刻就成为退步的或衰败的了。这些形式最初是人类自由的一种投射；由于衰败，产品脱离了生产活动，甚至支配着它：对象化变成了物化（Verdinglichung）。在过渡时期，对这种或那种形式的历史功能的怀疑是可能的，此外，由于进入衰败并不是在历史的所有区域同时发生的，为了在一个给定的时刻确定保留着历史现实性的东西和丧失了历史现实性的东西，一番困难的分析始终是有必要的。在一种意义上说，一切都是正当的，一切都是或曾经是真的；在另一种意义上说，一切都是假的、不真实的，而世界将在我们改变它之后开始。革命是这样的时刻，当此之时，这两种视角统一起来了，一种彻底的否定使真理摆脱了整个过去，并且使我们能够着手恢复它。但是什么时候我们可以认为否定的环节已经过去,什么时候应该开始这一恢复呢?在革命内部,真和假的闪烁不定在继续着。在事物中显露出来的生成是如此不完善,以至有待于意识去使它完善。通过在历史中重新发现它的诞生行为和它的起源,意识或许认为自己可以充当一种引导;正是它现在应该来引导这一引导了。两种关系——根据一种,意识是历史的产物,根据另一种,历史是意识的产物——应当被维系在一起。通过不是把意识当作社会存在的焦点,当作外部社会存在的反映,而是当作一个独特的中介(在这里,一切都是假的,而且一切都是真的;在这里,假的作为假的是真的,真的作为真的是假的),马克思把它们统一起来了。

因为,在卢卡奇看来,这就是意识形态理论的意义。在关于科学的各种意识形态中,真与假的混杂已经是无法理清的了:资产阶级的科学观已经教会我们把社会看作是一种第二自然,它已经首创了关于它的客观研究,正如资本主义生产已经开辟了一个巨大的劳动场所一样。但是,由于各种资本主义生产方式最终会导致它们从中诞生的那些生产力陷入瘫痪,"社会秩序的各种自然法则"(它们摆脱了它们是其表达的历史结构、被当作是宇宙的永久面孔之特征)就把整体的深层动力掩盖起来了。为了超越科学主义又不重新落入到低于科学的水平,为了抵制客观主义却仍旧维护客观思想的相对权利,为了让科学的世界和辩证法的世界一个与另一个衔接起来,一种困难的批判已经是必然的了。就文学而言,困难还要更大一些。应该强调这一点,这是因为,借助其三十年来几乎很少变动的关于意识形态和文学的理论,卢卡奇想要保存的——和他的论敌所针对的——乃是一种把主体性归并到历史中又不将它当作一种副现象的马克思主义,乃是马克思主义的哲学精髓、它的文化价值,以及最后还有它的我们将会看到与它联成一体的革命含义。许多马克思主义者满足于说,意识在根本上被神秘化了,所以文学是可疑的。他们没有看到,如果意识从来都是与真实绝对割裂的,那么他们自己就将归于沉默,而且没有任何一种思想,甚至包括马克思主义,可以宣称拥有真理。马克思主义作为上升阶级的意识形态是正确的,而且是唯一正确的,这样的回应是毫无用处的:这是因为,首先,正如列宁所说的,马克思主义和社会理论是从外面提供给工人阶级的,而这想要说的是,在无产阶级之外也可以有真理;反过来说,并非任何来自无产阶级的东西都是正确的,处在它在那里无能为力的某一社会中的无产阶级,受到了资产阶级的污染。这样,马克思主义就需要某种能够说明一些神秘化又不阻止它分有真实的意识理论,卢卡奇在1923年的书中尝试的就是这种理论。他说我们不能树立"在真和假之间的严格对立",①黑格尔只能把作为部分真理(即剔除了恰恰使它为假的东西)的假整合到历史的逻辑之中。因此,综合在他那里相对于为其作准备的那些环节是超越的。相反,在马克思那里,既然辩证法就是历史本身,所以正是无需哲学准备、既无换位也无断裂的整个过去的经验,必定会进入现在之中、进入将来之中。"假既作为假又作为非假是真的一个环节"②:甚至幻想也有某种意义,并且要求一种辨识,因为它们总是出现在与社

---

① 卢卡奇:《历史与阶级意识》,第61页。
② 同上书,第12页。

会整体的一种亲历关系的背景上面，因为它们由此不是像某种心理的、不透明的、孤立的东西，相反，就像各种面孔表达或各种话语表达，它们把一种将暴露它们的背后意义一并提供出来，它们只有通过暴露某种东西才能掩盖这种东西。卢卡奇今天还在说，因为文学就是生活世界的表达，① 所以它从来不表达某个单一阶级的假设，而是表达该阶级与其它阶级的遭遇、最终还有与它们的冲突。所以它始终是整体的反映，即使阶级的视角使这种反映变了形。巴尔扎克② 的那些偏见本身有助于他看到他那个时代的某些方面，而像斯汤达③ 这样一个更"先进"的精灵却对这些方面无动于衷。只要作家还有一个作家的荣誉，就是说，只要他提供了他所生活的世界的一个形象，作品便始终能借助于解释而触及真理。因为艺术家把对象化一种生活作为自己的奇特任务，文学连同其周围的一切分支部门，就不会是虚假的而已：作为自身与自身的关系，意识"从主观上说是某种获得辩护的、可以理解的，而且需要从社会–历史处境出发去加以理解的东西，换言之，它是'正确的'意识；与此同时，从客观上说，由于它把社会发展的最本质的东西置于一边，它以此为由是'虚假意识'"。④ 说它是"虚假意识"，这并不是要提出关于一种本质上是"意识的虚假"的论题，相反，这是说在它那里有某种东西提醒它，它将不能够从

---

① 《作为文学史家的马克思和恩格斯》，例如第 141 页，第 150 页。
② 巴尔扎克（H. de Balzac，1799～1850），法国小说家。
③ 斯汤达（Stendhal，1783～1842），本名马里–亨利·贝尔（M-H. Beyle），法国小说家。
④ 《历史与阶级意识》，第 62 页。

它自己出发一直走到底，并敦促它自行调整。这种与真实的原则关系，使得过去的文学能够为现在提供范例：它只有在没落时才是欺骗，正是在那时，意识成了意识形态、面具、钳制，因为它放弃了对社会整体的控制，只能用来掩盖这种整体。在资本主义飞速发展时期，文学保持为对整个人类的一种充分表达。或许甚至应该说资产阶级的伟大文学是我们拥有的唯一范例；在另一阵营中，在无产阶级在那里力图作为阶级自行消亡的社会里，高尔基①说过，作家必然落后于劳动者，他们只能是资产阶级文化不忠实的继承人。此外，假如我们考虑的是最终获得了实现的无阶级社会，那么它所产生的文化不是"无产阶级的"文化，而是超越各个阶级的文化。因此，我们可以自问，就目前而言，一种有别于资产阶级文化的文化是否可能，而无论如何，除了处于其有机阶段的资产阶级文学外，我们还没有其它的领导阶级文学的例子，在这种文学中可有力地尝试表达世界。这就是为什么，还是在战后，卢卡奇建议革命作家以歌德②、巴尔扎克、斯汤达……为范例。然而，一旦我们承认人是由于他与整体的亲历关系而向真理敞开的，我们就界定了一种与日常行动的秩序不相混淆的表达秩序。对于立即行动的战士和原则上为某个时代，也可能为所有时代提供有价值的认识工具的作家来说，纪律的要求不会是一样的。存在着并不总是平行的政治行动和文化行动，如果把第一种行动的号令搬到第二种行动里去，我们就会把文化搞成宣传的变种。这

---

① 高尔基（M. Gorki, 1868～1936），俄国作家。
② 歌德（J. W. von Goethe, 1749～1832），德国作家，诗人。

就是为什么几年前卢卡奇还在捍卫那些他们所谓的独立行动者，即党外的同情分子作家。这并不是因为他曾把文学放在历史之外，而是因为他区别了历史辩证法的"中心"和"边缘"，区别了政治行动的节奏和文化的节奏：这两种发展是趋同的，但是真理在这里和那里并不以同样的步伐运行。这源自于一种整合的哲学承认的个体和历史整体之间的双重关系：历史整体对我们起作用，我们则在它那里处于某一地方、某一位置，我们对它做出回应。但是我们也亲历它，我们谈论它，我们书写它，我们的经验从各个方面都越出我们的停留点。我们在它那里，但是它也全都在我们这里。这两种关系在每一种生活中都具体地统一起来了。它们从来不会彼此混淆，只有在一个同质的社会里（在那里，处境不再束缚生活，生活也不再囚禁目光），它们才会重归统一。任何不把意识视为一种副现象的马克思主义，都不可避免地时而在这一边、时而在那一边摇晃。

* * *

这就是卢卡奇对历史的哲学解读。我们看到，它并没有俯视那些事件，它没有在它们那里寻求为一个预先确立的模式作辩护，它考问它们、真实地释读它们，只为它们提供它们向它要求的意义。由于一种显而易见的悖谬，正是这种严格、这种审慎，使他受到了来自马克思主义方面的指责。卢卡奇在原则上为超越意识形态的意识恢复了地位，但同时又不承认它先天地拥有一切：他没有宣称穷尽了对前资本主义的过去的分析，而历史的合理性对于他来说只不过是对它的资本主义发展的一个设定。大部分马克思主义者恰恰是倒过来做的：他们在原则上质疑意识，没有言明地给出了整体的可理解的框架，因为他们已经教条地预设了每一阶段的意义和逻辑，他们也就很容易发现它们。卢卡奇的难能可贵的功绩——这使得他的书在今天还是一本哲学书——恰恰就在于，哲学在他那里不是意味着教条，而是被实践，它不是被用来为历史作"准备"，它乃是历史在人类经验中的链接本身。对历史的哲学解读使我们充分察觉到，在日常生活的散文后面，还有自身经由自身而获得的恢复，这就是主体性的定义。但这种哲学的意义，仍然与各种历史关节点相关联，脱离不了它们，最后，形成哲学视角的活动，在一种历史事实中有其压舱物、有其对应物：无产阶级的实存。我们并不改换方向，我们只是深化分析：现在要证明哲学就是历史，正如刚才证明历史就是哲学一样。

对历史的哲学解读，不是对没有很好地用一些历史的镀金装扮起来的意识、真理、整体等概念的简单应用，因为视角的形成在历史本身中是由无产阶级来实现的。通过创造出一个被剥夺的阶级，一些就是商品的人，资本主义强制规定他们依据人与人之间的关系来评判商品，反过来，它使得作为它的实在的，但被它的各种关切，甚至被它自己的眼睛掩盖起来的"人与人之间的关系"变得显而易见。不是哲学家将在"自由的统治"的概念里寻找对资本主义进行评判的标准，而是资本主义引起了一个阶级的人：如果不否定把他们造成为商品的条件，他们就不可能维持他们自己的实存。无产阶级就是把自己看作商品，同时又区别于商品的商品，它不承认政治经济学的"永恒"规律，它在那些所谓的"事物"之下发现了它们所掩盖的各种"过程"、生产的动力、作为"它自身的生产和再生产"①的社会整体：无产阶级是一种"整体性的意向"或"意向中的整体性"，②是"关于整体的经济状况的正确观点"。③资本主义已经形成其轮廓的、被悬置起来并且最终受到阻碍的社会的实现，通过无产阶级而获得复兴，因为它就地位而论，作为资本主义的意图的失败本身，处在"社会的实现的中心"。④资本主义的"革命"职能正好传递给了它。与此同时，我们可以相信哲学家所提供的正是历史的这种哲学意义，因为它就是"客体的自我认识"（Das Selbstbewusstsein des Gegenstandes）⑤，它提供了主体与客体的这种同一（哲学意识抽象地把它看作是真理的条件和历史哲学的阿基米德点）。"对于这个阶级说来，自身认识同时意味着对整个社会的正确认识……因此……这个阶级既是认识的主体，又是认识的客体。"⑥"因此，真理（它在'人类社会的史前'的、阶级斗争的时期，除了确定对于在那时没有根据统治和斗争的种种要求而以其本质被思考的世界的各种不同的可能立场外，不可能有任何其它功能）直到那时为止只能相对地就每一阶级的观点和各种相应的客体结构来说才有'客观性'，一旦人类清楚地界定了其生活的真实土壤（ihren eignen Lebensgrund），并因此予以改造，就会立刻获得一种完全不同的面貌。"⑦作为对各个阶级的绝对否定，"无产阶级的历史使命"

---

① 《历史与阶级意识》，第 9 页。
② 同上书，第 68 页。
③ 同上书，第 31 页。
④ 同上书，第 55 页。
⑤ 同上书，第 57 页。
⑥ 同上书，第 14 页。
⑦ 同上书，第 206～207 页。

就是要建立一个无阶级的社会,它与此同时是真理降临的哲学使命。"对无产阶级来说,真理是胜利的武器,而如果它是一种毫无掩饰的真理,就更是如此。"① 合理化和真理,并不首先像韦伯所说的那样是在文化人或历史学家的实存中,而是在"客体"中、在无产者那里被制定出来的。通过借助于无产阶级来产生它自身的意识,历史自身提供了它自己的解释。

但是,说无产阶级是历史整体的真理,这想要说的是什么呢?我们已经碰到了问题和如下这一虚假的二难推理:要么我们真的处于历史之中,于是每一实在都充分地是其所是,每一部分都是一个无与伦比的整体,没有任何东西能够被还原为只是那必然随之而来者的雏形,没有任何东西可以妄称自己确实是过去为其雏形的东西;要么我们想要一种历史的逻辑,而且它是真理的一种显现,但只是在某个意识面前才有逻辑,因此便应该说,或者无产者认识到了历史的整体性,或者无产阶级在己地(即是说,在我们眼里,而不是对它自身而言)就是一种趋向于实现真正社会的力量。然而第一种看法是荒谬的。马克思和卢卡奇不会想到把关于历史的整体认识以明确的思想和意志的形式,通过心理实存的方式置于无产阶级和历史之中。无产阶级,用卢卡奇的话来说,只是在"意向"中才是整体;至于马克思,有必要再一次引用那句著名的话:"这里并不涉及这个或那个无产者,甚至不涉及整个无产阶级偶尔为自己提出的作为目标的东西,而是涉及他是什么,涉及他为了与这一存在相符合将被迫历史地做

---

① 《历史与阶级意识》,第 80 页。

什么。"① 然而，即使马克思主义及其历史哲学不外乎就是无产阶级的"实存的秘密"，这也是无产阶级本身并不拥有的一个秘密，正是理论家看出了这一秘密。这难道不是承认，借助中间人，正是理论家通过把其意义赋予无产阶级的实存才把其意义赋予给了历史？既然无产阶级不是历史的主体，既然无产者不是"诸神"，并且既然他们只是通过变成完全相反的东西，即"客体"或"商品"，才能接受历史的使命，那么，就像在黑格尔那里一样，难道不应该是理论家或哲学家保持为历史的唯一本真的主体，而主体性难道不是这种哲学的有力的最后一招？正因为无产阶级的历史使命是巨大的，正因为它作为"普遍阶级"或"最后的阶级"应该终止在它以前曾是历史的恒常制度的东西，所以它就必定接受某种没有限度的否定的折磨，这种否定是它作为阶级包含在自身那里的。"无产阶级只有在消灭自己的时候，只有在把阶级斗争进行到底而产生了一个无阶级的社会的时候，它才能实现它自己。"② 这难道不是要说它的职能阻止它作为一个紧密而牢固的阶级而实存吗？在阶级社会中，它还没有完全地存在。随后，它不再作为有区别的阶级而实存了。在它存在着的整个范围内，它是一种持续的消灭力量，甚至它自己的消灭。这难道不是承认它在历史上几乎是不实在的，它尤其否定性地，即作为哲学家的思想中的观念而实存着？这难道不等于承认，我们已经错失了卢卡奇在马克思之后想要获得的哲学在历史中的实现？

---

① 马克思：《神圣家族》，转引自卢卡奇《历史与阶级意识》，第86页。
② 卢卡奇：《历史与阶级意识》，第93页。

在卢卡奇看来，相反地正是在这里出现了马克思主义的本质性的东西和最新的东西。只因为无产阶级应该是对于理论家而言的要么为主体要么为客体，困难才出现了。通过引进历史实存和意义的一种新样式：实践（我们在前面就马克思主义那里的主体和客体的关系所说的一切，只不过近似于实践），马克思避开的正是这种二者择一。在无产阶级那里，阶级意识不是心灵状态或认识，然而它也不是理论家的一种想法，因为它是一种实践，就是说，还够不上一个主体，却不止于一个客体，是一种极化的实存，一种在无产者的处境中的、在各种事物与他的生活之会合处呈现出来的可能性，简言之，——卢卡奇在这里重新采用了韦伯的术语——是一种"客观的可能性"……

这一困难的观念——正因为它是新的——没有获得很好的理解。然而正是它使得马克思主义成为了一种不同的哲学，而不仅仅是对黑格尔的一种唯物主义的转换。恩格斯曾经顺带说过："实践就是实验与工业"[①]，这是用与可感者的接触或技术来为实践下定义，并把理论和实践的对立重新引回了关于抽象物和具体物的庸俗区分。假如实践不过如此，我们就看不出马克思怎么会让它与作为我们和世界的关系之基本方式的沉思相竞争：把实验和工业置于理论思想的位置上，这将是一种实用主义或一种感觉主义，换句话说，理论的整体就会被还原为它的诸部分之一，因为实验是认识的一种样式，而工业也取决于对自然的理论认识。实验与工业覆盖不了这种"批判-实践的革命活动"（它乃是《费尔巴哈

---

① 转引自卢卡奇：《历史与阶级意识》，第145页。

提纲》第一条中对实践的定义）。恩格斯没有看到马克思称为"实践的庸俗而犹太化的现象形式"，卢卡奇说，应该通达其"辩证的-哲学的"意义①，这种意义大体上是：活动的内部原则，支撑并激活一个阶级的各种生产和行动的全面计划，这个计划为这个阶级描绘出了一幅世界的形象和它在这个世界中的一些任务，而且，在考虑了各种外在条件之后，赋予这个阶级一种历史。② 这个计划，不是某个人的，不是几个无产者的，不是一切人的，也不是一个窃取了重组他们的深层意愿之权利的理论家的计划；它不像我们的思想的意义那样是一个封闭的、确定的统一体；它与一种意识形态、一种技术、一种生产力运动相近：它们中的每一个都牵动另一个并从它那里获得支持，每一个都在自己的时刻扮演着一个始终都不排它的引导角色，它们共同引起了社会变化的一个够格

---

① 转引自卢卡奇：《历史与阶级意识》，第 145 页。
② 在对布哈林的《历史唯物论》（见格林贝格［Grünberg］：《社会主义与工人运动史文献》，第二卷，1923 年）的说明中，卢卡奇指出，技术不仅远没有穷尽一个社会的历史活动，而且是从那种活动中派生出来的。从古代经济到中世纪，不是技术的改变说明了劳动方式的改变，而是相反，只有通过社会的历史，技术的改变才是可理解的。更确切地说，应该区分技术的那些成果（古代技术成果有些时候高出于中世纪技术成果）和技术的原则（中世纪的经济原则，不论其成果如何，都代表了一种进步，因为合理化已经延伸到劳动方式中了，而且中世纪放弃了奴隶劳动）。正是新的自由劳动的原则，无限制的奴隶劳动资源的消失，支配着中世纪的各种技术改造，同样，在古代正是奴隶手工业的存在，妨碍了行会和行业的发展，最后还有城市的发展。至于从中世纪到资本主义的过渡，决定性的不是完全量变的手工场的出现，而是劳动分工，企业中的各种力量关系，大众消费的出现。当手工场"狭隘的技术基础""与它自身所产生的生产需要陷入矛盾"时，技术改造就发生了（马克思：《资本论》，第一卷，第 333 页，转引自卢卡奇，同上），单方面实现的技术，是"一个与人相对的超越的拜物教原则"，而马克思主义则恰恰相反，它想要"把经济学和'社会学'的一切现象，都归结到人与人的社会关系上去"（卢卡奇，同上）。

的阶段。作为这些交换的中介，实践的确走到了无产者的一些思想和一些情感之外，然而，卢卡奇说，它不是一种"纯粹的虚构"，①不是理论家为了他自己的历史观念而发明的一种伪装，它是无产者的共同处境，是他们在全部行动系列中所做的事情的系统：一种灵活的、可以变形的系统，它容许所有种类的个别偏差，甚至各种集体错误，但它最终总是让人感受到它的分量，因此，（它是）一种矢量、一种祈求、一种清单的可能性、一种历史选择的原则、一种实存的图式。

有人会驳难说，无产者的处境不是共同的，他们的行为并不出自逻辑，他们的生活的既有条件并不是趋同的，最后，无产阶级只是在一个支配历史的外部旁观者眼里才有统一性，因为按照假设，无产者自己可能会搞错，所以就又重新回到了二者择一：要么他们是历史的主体，那么，他们就成了"诸神"，要么是理论家为他们假定了一个历史任务，那么，他们就只不过是历史的客体。马克思的回答是，不存在对于这种二难选择的理论的超越：在进行沉思的意识面前，理论家应该要么支配要么服从，要么作为主体要么作为客体，相应地，无产阶级应该要么服从要么支配，要么作为客体要么作为主体。对于理论意识来说，在无产者的民主协商（它把无产阶级的实践归结为他们目前的思想和情感，并且依赖于"群众的自发性"）与官僚的犬儒主义（它用理论家自己构造的关于无产阶级的观念来代替现有的无产阶级）之间是没有中间的。但在实践中却存在着对二难困境的超越，因为实践并不

---

① 卢卡奇：《历史与阶级意识》，第88页。

服从于理论意识的设定，不服从于意识的对抗。对于一种实践哲学来说，认识本身并不是对一种含义、对一个心理对象的理智占有，而且无产者能够担负历史的意义，却无需它处于"我思"形式中。这种哲学不是把封闭在其天生的内在性中的意识，而是把一些相互进行说明的人（一个人通过接触各种压迫机器来宣告其生活，另一个人则从别的来源为这同一种生活提供一些信息）和一种整体斗争（即关于它的各种政治形式）的观点作为其主题。通过这一对照，理论证实自己是对无产者亲历的东西的严格表达，同时，无产者的生活也被搬移到政治斗争的纪录中去了。马克思主义要避免这种二者择一，因为它要考虑的不是一些闲散的、沉默的、至上的意识，而是工人（他们也是能说话的人，因而有能力形成那些为自己而提出来的理论观点）与理论家（他们也是活生生的人，因此有能力把别人正在亲历的东西搜集到他们的论题里去）之间的交流。

　　因此，当人们把马克思主义理论建立在无产阶级实践的基础之上时，人们并没有被引导到"群众的革命本能"的"自发论的"或"原始论的"神话中去。实践概念的深刻的、哲学的意义是把我们安置在一种不是认识的秩序，而是交流、交换、交往的秩序之秩序中。存在着无产阶级的实践，它使得阶级在被认识之前就存在了。它不是向着自身而封闭，它并不充分，它容许甚至呼唤批判的阐述、校正。这些控制是通过一种更高层次的实践引起的，它在这里指的是无产阶级在党内的生活。后者并不是前者的反映，它并没有被浓缩地包含在前者那里，它把工人阶级带到其直接所是之外，它表达工人阶级，而且，在这里和在所有地方一样，表达是创造性的。但这并不是任意的：党应该通过让自己被工人阶级所接受来证明自己是工人阶级的表达。党的作用应该由这一事实来证明：在资本主义的历史以外，还有另一种历史，我们在那里不需要在主体的角色和客体的角色之间做出选择。无产阶级对党的承认，并不是对一些个人的宣誓效忠，它把党对无产阶级的承认作为对等物，也就是说，党的确不是服从于如此这般存在的无产者的各种意见，而是服从于使他们能够参与到政治生活中的合乎章程的计划。这种其中没有人在命令，也没有人在服从的交流，可以通过旧的习俗得以象征化——这种习俗希望，在一个集会中，演说者也和向他们鼓掌的人一起鼓掌：这是因为，他们并不是作为个人出场的，在他们与那些听自己演讲的人的关系中，有一种并不属于他们的，他们可以为之鼓掌、他们应该为之鼓掌的真理出现了。共产主义意义上的党就是这种交往；这样一种关于党的观念也不是马克思主义的一个推论，而是它的中心。除非我们把马克思主义变成为另一种教条主义（既然它在开始时就不能把自身安置在普遍主体的自身确定性中，我们怎么可能做到这一点），否则的话，马克思主义就不会拥有关于普遍历史的整体观，而它的整个历史哲学，就只不过是一个处于历史中并试图理解自己的人对其过去、其现在所采取的各种局部视点的展开。直到在现存的无产阶级及其同意之中找到承认它有作为存在规律的价值的唯一保证之前，这种历史哲学仍然是假设性的。因此，党就像是理性的一种秘密：它乃是存在着的意义在其中理解自己、概念在其中让自己有其生命的历史处所，而规避了对马克思主义进行认证的考验的任何偏离（它把党与阶级的关系看成类似于领袖与队伍的关系）都把它变成了"意识形态"。这样一来，历史科学和历史实在就仍然是分离的，党就不再是历史的试验室、一个真实社会的开始。那些伟大的马克思主义者，如此正确地感觉到了组织问题支配着马克思主义的真理价值，以至于已经到了这样的程度，他们承认，尽管一些论题就像他们期待的那样有根据，也不应该违反无产者的意愿强加给他们，因为他们的不情愿意味着，无产阶级对于它们来说在主观上还不成熟，因此，它们是早熟的，最终说来是错误的。当各种事件的教育学使这些论题变得有说服力的时候，留给它们的捍卫者的就是重新向无产者说明。阶级意识不是无产者神奇地是其保管者的绝对知识，它还有待于形成、还有待于调整，但是唯一有价值的政治是一种让自己被无产者所接受的政治。问题不在于把局势的辨识、论题和政治路线的制定托付给无产阶级；问题甚至不在于在无产者面前把他们的行动的革命意义连续地用明白的语言表达出来：这在有些时候会使他们过多地感受到他们将在不知不觉中克服的那些有待克服的抵抗的力量，并且这无论如何也会使对手变得警觉。因此，理论家走在无产阶级前面，但正如列宁所说的，仅仅领先一步，这就是说，群众从来都不是在他们背后酝酿出来的一种宏大政治的单纯工具。被引导而不是被操纵，他们为党的政治提供了真理的印章。

我们在何种意义上使用真理这个词呢？这不是实在论的真理，不是观念与外部事物的符合，因为无阶级的社会是有待于创造的，而不是完全现成的，因为革命政治有待于去发明，而不是已经在那里，已经包含在现存的无产阶级之中，最后，因为无产阶级有待于去说服，而不仅仅有待于去与之商议。革命政治绕不过大胆地向未知领域迈出一步的那个环节。走向未知领域甚至就是它的定义，因为它要使作为资本主义的否定和它自身之超越的无产阶级掌权。因此，马克思主义的真理不是人们给予自然科学的那种真理，不是一个观念与一个外部的观念对象的相似；① 它毋宁说是不虚假，是人们能够要求和获得的抵制错误的最大限度的保证。理论家和无产者需要创造一个他们在其中存在的历史，因此，他们同时是自己的事业的主体和客体；而这为他们创造出了理解历史、在历史中找到真理同时又弄错处于生成中的历史之意义的可能性。因此，我们在这里要说，当理论家和无产者之间不存在不一致的时候，当政治观念没有被各种已知事实所否认，但我们却永远不能肯定它不会被将来的其它一些事实所否认的时候，就存在着真理。于是真理本身被看作是一个不定的证实过程，而马克思主义同时是一种暴力哲学和一种没有教条主义的哲学：暴力之所以正好是必要的，只是因为在被思考的世界中不存在最后的真理，它由此不能夸耀自己拥有绝对的真实。固然，在革命时期的行动中，暴力具有教条的外观。但是在一种新的教条主义和

---

① 在前面已经引用过的对布哈林的书的评论中，卢卡奇指责作者已经提出：因为我们"还没有"关于它们的定量规律的认识，事件的日期和历史进程的速度是不能预见的。对于卢卡奇来说，历史与自然的差别不仅仅是定量的差别（这是完全主观的）：它是客观的、定性的差别。在各种社会处境中，只存在着一些"趋势"，这不是因为我们对它们还没有足够的认识，而是因为这种实存方式对于社会事件来说是本质的。正如还是他在《历史与阶级意识》中所写的那样，历史不是"精确的"。只有其对象是由恒常因素构成的科学，才是精确的科学，而历史，如果它至少应该能够被一种革命的实践所转变的话，其情形并非如此。（见《历史与阶级意识》，第18页）

82 　一种给予普遍化的自我批判以权利的政治之间，仍然有某种时间一久就能让人看清的差别。因此，我们相信，卢卡奇的情绪（Stimmung），还有马克思主义的情绪，乃是如下这一确信：不是在真理之中，而是在真理的门槛上——它既是非常近的，已经被整个过去和整个现在所指明，同时又隔着一段有待于造就的将来的无限距离。

*　　*　　*

　　我们已经看到历史勾勒了一条只有到我们这里、通过我们的决定才能够完成的哲学路线，主体在参与到它在那里重新恢复正常的一种历史力量中时找到了自己的确定性，因为它是一种否定性和自我批判原则的力量。在卢卡奇看来，这种事件与意义的交叉，就是作为辩证哲学的马克思主义的本质性的东西。约瑟夫·雷瓦伊——卢卡奇的战友之一，曾赞誉他的书为一个事件，[①]
83 如今成了他的主要控诉人——提出要一直走到马克思主义的非理性主义中去。卢卡奇本人实现了马克思的纲领：摧毁思辨哲学，但以实现它的方式。雷瓦伊说，在己之物的问题，以实际的历史和我们就它形成的形象之间的偏差这一形式重新出现在历史哲学中了。他反对卢卡奇说："资本主义社会的同一的主体-客体，并

[①] 他说，卢卡奇的书，是"让人们意识到在马克思那里有黑格尔主义的东西，即辩证法的第一次尝试。由于内容的深刻丰富，由于用一些具体和特殊的问题来检验那些一般的、表面上纯粹哲学的命题这种艺术，它远远高出那些迄今为止还把马克思主义的哲学基础当作一个专门问题来探讨的书籍。此外，这也是用历史唯物主义来研究哲学史的第一次尝试；而从纯哲学的观点来看，这对于一种僵化为认识论的理论的哲学来说，则是值得注意的第一次超越"（见格林贝格发表的《社会主义与工人运动史文献》，第一卷，1923年，第227～236页）。

不能够同一于整个历史的唯一主体，后者只是作为相关项才被提出来的，不能够体现在具体物中……为共产主义而斗争的现代无产阶级，根本就不是古代社会或封建社会的主体。它把那些时代理解为它自己的过去，理解为通向它自己的一些阶梯，因此，它不是它们的主体。"① 无产阶级把一个将会整体化过去的经验的主体"投射"到过去中，无疑也会把一个聚集将来的意义的主体投射到空洞的将来中。这是有充分根据的"概念的神话"，但毕竟是神话，因为无产阶级并不能真的进入到一个前资本主义的过去以及一个超越它的后资本主义的将来之中。无产阶级并没有实现主体与历史的同一化，它只不过是把同一化表达为可以期望的神话的"承载者"。② 雷瓦伊所建议的这一补充，把卢卡奇的哲学努力化为乌有：因为，假定无产阶级只不过是一个神话的承载者，即使哲学家评判说这个神话是有充分根据的，这也是由于他在其深刻的智慧中，或者在他的无限度的大胆中对此做出决定的，它们由此变成了最后的裁决。这样一来，使无产阶级执政的历史运动，便不再具有哲学的内容，它不再有这种优势，也不再有这种义务来实现真正的社会和真理。卢卡奇的努力恰恰在于指出，经验的、被某一历史的财富所超越的无产阶级（它既不能够把历史如其曾经所是的那样也不能够把历史如其将要所是的那样表述给自己），仍然拥有一种不言明的整体，在己地是普遍主体（只有通过无阶级社会的不定的发展，它才会为己地成为普遍主体，因为它是对

---

① 雷瓦伊，前引文章，第 235～236 页。
② 同上书，第 235 页。

它自身的自我批评和超越）。卢卡奇思想的最重要的地方就在于，把历史的这种整体意义不再置于一个神秘的"世界精神"中，而是贴近无产者状况的边缘把它置于一个可以观察、可以证实，没有奥秘背景的进程中。雷瓦伊评论说：马克思"把未来引进到革命辩证法的领域，不是作为一个目标或一个目的的设定，或者作为自然权利的一种义务，而是作为一种寓于现在并决定现在的起作用的实在。"[①] 这种对于未来的把握，正如在别处对于仍然有待于如其所是地加以揭示的过去的把握一样，在卢卡奇看来，就是对无产阶级的保证，因为这是否定性在起作用。如果它只不过是各种神话的一个承载者，那么，正是革命事业的整个意义受到了威胁。

因为在卢卡奇看来，这种意义并不完全是由任何特殊的目标规定的，甚至不是由革命政治日复一日提出来的那些目标规定的，甚至也不是由这种政治所传播的意识形态规定的：革命的意义就是成为革命，即是说，成为普遍的批判，尤其是对它自身的批判。他说，历史唯物主义的特性就在于把自己运用于自身，就是说，在于把它的每一表述都看作是暂时的、是相对于某一发展阶段而言的，并因此在于通过反复的清洗而逐步走向一个总是将要到来的真理。以历史唯物主义的意识形态为例，卢卡奇说：当资本主义社会的基础被摧毁，而且无产阶级掌握了政权的时候，学说就会"改变职能"。它以前之所以被构造出来，为的是通过揭露各种资产阶级意识形态所维护的利益，使它们（尽管它们包含着真理）

---

① 雷瓦伊，前引文章，第 233 页。

丧失威信。它那时是进行斗争的无产阶级的武器之一。当无产阶级在上层进行其斗争的时候，当经济的管理开始服从于它的各种要求并遵循一些人类规范的时候，生产的发展就不可避免地伴随着意识形态，甚至包括无产阶级在开始时加以利用的那些意识形态的衰退，以及真正的知识的发展。"物质"和精神的相互关联（它在资本主义历史阶段曾经意味着不再表达社会整体而且只不过用来掩饰社会整体的一种知识的没落），现在意味着知识以及生产的某种解放。于是，历史唯物主义有义务承认在它所满意的那些历史表象中存在着完全论战的东西，并且发展成为真正的知识，就像社会发展成为无阶级社会一样。卢卡奇还敦促他所在国家的社会学家们，超越恩格斯的那些说明方案，去重新发现前资本主义过去的财富。[①]

作为历史的核心，真理的生成给予马克思主义一种严格哲学的价值，并把马克思主义与任何类别的心理主义和历史主义区别开来。在这一方面，卢卡奇认为，有必要重新考虑含糊的人道主义口号。应当使人本身的概念成为辩证的。如果我们把人理解为一种自然或者一些实证属性，那么，卢卡奇就不会接受这一偶像，就像不会接受其它偶像一样。我们已经看到如下这一点：假如我们相当深入地进入相对主义的话，我们就会在那里发现对相对主义的超越，而假如我们在绝对中树立起相对的话，我们所欠缺的就是这种超越。假如人是一个物种，甚或是具有一套原

[①] 参见《历史与阶级意识》中的"历史唯物主义职能的变化"，第229页及以下。

则的心理机制，或最终是一种无条件的意愿的话，人就不是万物的尺度。卢卡奇说："尺度本身应该被测度"，[①]而且它只有借助于真理才会是尺度。在柏拉图[②]的回忆神话里面，[③]有这样一种始终有价值的观点：真理是一种与存在的肯定性不同的类别，它在别处，它有待于被创造出来。"校正思想的标准无疑是实在，但实在并不存在，它在生成，而且并非不需要思想的合作"[④]（nicht ohne Zutun des Denkens）；"真理的标准就在对实在的把握之中，但实在绝不能混同于实际地实存着的经验存在。这一实在并不存在，它在生成……如果有待于实现的将来、尚未诞生的将来，亦即在各种历史趋势中出现的新的东西可借助我们有意识的帮助而获得实现，如果这就是生成的真理，那么关于思想-反映的观念看起来就完全丧失意义了。"[⑤]在人道主义中，使卢卡奇感到不安的地方就在于，它提议我们赞赏一种给定的存在。把人放在神的位置上，这是要把绝对移开，转移它，"抽象地否定"它。[⑥]这涉及的毋宁说是把它液化，把它散布到历史之中，把它"理解"为过程。

因此，没有什么比马克思主义更远离实证主义的平淡了：总是正在从每一现象里引出超越该现象的真理的辩证思想，每时每刻都在唤起我们在世界面前、在历史面前的惊异。这种"历史

---

① 参见《历史与阶级意识》中的"历史唯物主义职能的变化"，第 201 页。
② 柏拉图（Plato，公元前 427～前 347），古希腊哲学家。
③ 《历史与阶级意识》，第 220 页。
④ 同上书，第 223 页。
⑤ 同上。
⑥ 同上书，第 206 页。

哲学"与其说把打开历史的钥匙交给了我们,不如说把历史恢复为了永恒的考问,它既没有把某种隐藏在经验的历史背后的真理提供给我们,也没有把经验的历史表述为真理的谱系学。说马克思主义为我们揭示了历史的意义,这是很肤浅的:马克思主义使我们与我们的时代及其各种偏见相互关联,它没有为我们描述将来,它没有让我们停止考问,它相反地深化了这种考问。它向我们呈现的是被一种自我批判、无产阶级是其历史代表的一种否定和超越的力量所作用的现在。马克斯·韦伯最终在我们的历史融入中看到了对文化世界的参与,并由此看到了对所有时代的参与。对卢卡奇来说,并不只是历史学家或理论家的思想,而且是一个阶级把特殊转变成了普遍。但是,在他那里就如同在韦伯那里一样,知识是扎根于实存之中的,它在那里也发现了它的各种限度。辩证法是这一矛盾的深层生命,是它实现的一系列进步。一种自己形成,然而还有待于形成的历史;一种从来不会是乌有,然而总是有待于更正、有待于恢复、有待于通过抗拒偶然性来维持的意义;一种任何非理性的实在物都无法限制它,然而它并不现时地包含已经完成的和有待完成的实在的整体,而且其穷尽分析的能力还有待于通过事实来证明的知识;一种作为我们全部思想的裁判者或标准,但它本身不外乎只是意识的降临,以致我们并不是消极地服从它,而是依据我们自己的各种力量去思考它的历史-实在,这些可逆的关系都证明,当马克思主义依据无产阶级来展望前景时,它是在依据一种引起普遍争议的原则来展望,它深化了人类的考问,而不是停止了人类的考问。

* * *

如果说我们已经着手（极其自由地、通过强调在他那里仅仅获得了揭示的东西）来追溯卢卡奇的尝试，这并不是因为在今天的马克思主义中仍保留着这一尝试的某种东西，甚至也不是因为这种尝试是那些由于偶然才没有被记录到历史中的真理之一：我们相反地将会看到，在它遭遇到的那些抵抗中，存在着某种有根据的东西。但是，为了衡量今天的共产主义，为了感受它放弃了什么、顺从于什么，那就应当回想起这部轻松活泼、充满活力的论著，革命的青春和马克思主义的青春在论著中复活了。通过这样地立足于上层建筑中，通过研究共产主义如何从理论上构想主体与历史的关系，我们确实可以俯视政治史，但是演化的某种意义却无比清晰地显现出来。对共产主义的理智史是不能漠然视之的，即便对，尤其对一个马克思主义者来说：这是共产主义现实的检验器之一。或许最终说来，经由哲学的"迂回"与政治的、社会的或经济的分析相比，其猜测性要少得多，因为后者在没有充分资料时，常常不过是一种被掩饰起来的构造。因此，通过把我们更喜欢从卢卡奇的尝试中引出的正统哲学与他的尝试相对照，让我们重新提出共产主义问题吧。

第三章 《真理报》

卢卡奇的尝试受到正统派非常不好的对待，①特别是那些"马克思-列宁主义者"，他们立刻就把这本只想要发展马克思主义辩证法的书看作是对马克思主义的修正和批判。②1924年7月25日的《真理报》③把卢卡奇、柯尔施、福加拉西和雷瓦伊放在一块予以谴责，并把他们与它所谓的马克思主义哲学的基本原理，即"表象与表象之外的对象相符合"这个真理的定义，也就是被卢卡奇视为资本主义物化产物的庸俗马克思主义对立起来。卢卡奇在这里与正开始成为俄国马克思主义宪章的《唯物主义与经验批判主义》发生了冲突。柯尔施说，列宁的反对者把列宁的哲学观念

---

① 正如卡尔·柯尔施所指出的（《马克思主义和哲学》，第二版，莱比锡：Hirschfeld 出版社，1930），社会民主党正统派还是俄国共产党都是如此对待的。当时的共产国际主席季诺维也夫（G. Zinovieff，1883～1936，苏联政治家，1817～1926年为苏共中央政治局成员，1919～1926年领导共产国际执行委员会，1926年与托洛茨基等人批评斯大林，1927年被开除出党，1935～1936年受到审判，1936年被处决，1988年被恢复名誉）对卢卡奇的论题的谴责（《国际新闻通讯》，年号四，1924），与考茨基（K. Kautsky，1854～1938，奥地利政治家，曾任恩格斯秘书）对它们的谴责（《社会》，1924年6月）相呼应。科学主义、客观主义、自然科学崇拜在两者那里都是一样的。柯尔施说，研究其中的原因会是一件挺有趣的事情。

② 参见德波林（A. M. Deborin，1881～1963，苏联哲学家）："卢卡奇及其对马克思主义的批判"，载《工人文学》，维也纳，文学与政治出版社，1924。

③ 《真理报》是苏共中央机关报。

与他们所谓的"西方马克思主义"作为不相容的东西对立起来，这并没有错。列宁写那部书，是为了再一次肯定辩证唯物主义是一种唯物主义，它预设了一种唯物主义的认识图式（不管辩证法能给这些前提增加什么东西）。通过重申思维是大脑的产物，而且透过大脑是外部实在的产物，通过重新采纳观念-形象这种古老的譬喻，列宁想牢固地把辩证法确立在事物中，却忘了结果并不与原因相似，事物的结果，即认识，原则上说未及认识的对象，它达到的只是内在的复本。这就取消了自伊壁鸠鲁[①]以来人们针对认识能够谈论的一切，而列宁的问题本身——他所谓的存在与思维之间的关系的"认识论问题"——恢复了前黑格尔主义的认识理论。黑格尔可以明确地指出，在一种历史哲学中，认识问题已经被超越了，因为它不再是关于存在与思维之间的各种非时间关系的问题，而仅仅是人与其历史，甚或现在与过去、与未来的各种关系的问题：这对于列宁来说只是一纸空文；而正如柯尔施指出的那样，列宁在其书 370 页的篇幅中，没有在哪一时刻把认识重新置于其它意识形态中间、没有在哪一时刻寻找内在的标准以区分它们、没有在哪一时刻问问认识凭何种奇迹与超历史的对象维持着一种本身摆脱了历史的关系。[②] 这种置认识主体于历史结构之

[①] 伊壁鸠鲁（Epicure，公元前 341～前 270），古希腊哲学家。

[②] 同样，列斐伏尔（M. H. Lefebvre，1901～1991，法国马克思主义哲学家、美学家）毫不含糊地写道："物理学的那些发现……并不是资产阶级社会的上层建筑；它们是一些知识"（"思想，哲学家列宁"，1954 年 3 月 1 日在《思想》杂志组织的一次大会上宣读的导论性文本）。而德桑蒂在人们把拉普拉斯（P-S. Laplace，1749～1827，法国天文学家，数学家，物理学家）的星云放进"文化世界"的时候大加嘲讽，却没有向其读者说明历史的规定作用是如何在科学的各个大门面前止步的。

外，使它通达绝对存在，免除了它的自我批评任务的新教条主义，使马克思主义不必把自己的原则用在自己那里，把辩证思维安置到了它依据其自身的运动而拒绝了的一种厚实的肯定性中。

确实，问题就在于知道，列宁本人是不是给予了其书一种不同于一种防线价值的价值。他说，马克思和恩格斯尤其希望防止各种简单化的唯物主义，①因为他们是在唯物主义已经成为先进知识分子接受的一种思想的时刻介入进来的。如果说列宁本人重新回到"唯物主义"的基本原理，或它的那些"最初的真理"，这或许也只是一种顺应情势的态度。这涉及到文化政治的一种转向，而不是一种严格的哲学表述。列宁已经在哲学上承认了战术，并且把它与研究区分开来，这已经由一封致高尔基的信所证明②：他在信中为共产主义者要求采取某种立场来反对各种"危险"学说的权利，但向高尔基提议了一份涉及经验批判主义的中性条约，他说它不会为派系斗争提供辩护。"一个党在其统一中应当包含全部程度的差别，它的两极甚至可以是绝对对立面。"③事实上，在《唯物主义与经验批判主义》之后，列宁重新回到了黑格尔；他在1922年就已经提出了对黑格尔的辩证法进行"系统研究"的指令，④我们不明白对黑格尔的这种思考怎么会让《唯物主义与经验批判主义》中的

---

① 要避免"遗忘那些观念主义体系中的有价值的成果——黑格尔的辩证法，即毕希纳（L. Büchner，1824～1899，医生，德国庸俗唯物主义哲学家）、杜林（E. Dühring，1833～1921，德国哲学家，经济学家）之流……不懂得从绝对观念主义的粪堆中提取的真正的珍珠"（《唯物主义与经验批判主义》，社会出版社，第219页）。

② 1908年3月24日。

③ 《列宁文选》，巴黎，帕斯卡尔出版社，1937年，第二卷，第329页。

④ "我们应该组织一种有系统的研究，在唯物主义观点的指导下来研究黑格尔的辩证法。"

那种简单的"认识论"不受影响。因此,他已经打算在这一工作中为一个没有经历过西方资本主义全部历史阶段的国家提供一种简单有效的意识形态;辩证法,即唯物主义的自我批判,则是更后来的事情。[①] 在这里和在所有的地方一样,列宁之后的共产主义可以说把在列宁眼里只不过是一种活生生的发展的一个阶段固定化了、僵化了、转变成了一种制度、改变了本性……然而,这并没有解决问题。这是因为,即使《唯物主义与经验批判主义》中涉及的只不过是哲学战术,这种战术也应该像任何战术一样,是能够与它服务的战略相容的:然而,我们无法明白,一种前黑格尔的,甚至前康德的认识论,怎么能够被接纳到马克思主义辩证法中。一种存在于所有地方,尤其存在于哲学中的无原则战术,乃是一种非理性的表白;这种随意对待真理,这种在哲学中贪图便利的做法,一定掩饰了马克思主义思想的某种内在困难。

实际上,我们在马克思那里也看到了素朴实在论与辩证法灵感之间的矛盾。因为马克思是从辩证思维开始的,它完整地体现在这条著名的原则中:只有实现哲学,才能摧毁哲学。实现它,就是要继承哲学激进主义——因此包括笛卡尔的或康德的激进主义——的一切遗产,以便把它整合到马克思主义的实践中去,并在其中重新发现这种摆脱了形式主义和抽象化的激进主义,这因此也就是希望从主观过渡到客观,希望"客体"能够抓住或体现主观,希望它们共同构成一个单一整体。卢卡奇的主要论题有:主体与客体的相对化,社会朝向自身认识的运动,作为通过一种持久的自我批评而达到的推定整体的真理。只要我们试着从一种

---

① 这是柯尔施所提出的解释,参见《马克思主义与哲学》,第 27 页及以下。

具体的辩证法和一种"实现了"的哲学出发来稍微展开马克思主义思想，它们就已经在那里了。但是这种想要整合哲学的马克思主义是1850年以前的马克思主义。随后出现的是"科学"社会主义，而在科学中被给予的东西在哲学中被取消了。《德意志意识形态》就已经主要在谈论摧毁哲学，而不是实现哲学：应该把它"抛在一边"，重新成为一个"普通人"，着手研究"现实世界"，这种研究之于哲学，有如"性爱之于手淫"。恩格斯在《路德维希·费尔巴哈与德国古典哲学的终结》的最后一节里写道，哲学"既是多余的，也是不可能的"。人们还会谈到辩证法，但它不再是一种悖谬的思考方式，不再是对辩证论者及其对象之间的一种蕴含关系的发现，不再是一个精神发现自己被事物所领先、在事物中被预示时所感到的惊异；它是对历史甚或自然的某些可描述特征的简单确认：存在着一些"相互作用"、一些"质的飞跃"、一些"矛盾"。① 客体的这些特性和所有其它特性一样，已经被科学思想记录下来。因此，每一科学都形成了它自己的辩证法，恩格斯甚至没有特许哲学一种权利，让它把各种科学成果安置在一种初始的辩证法中。哲学本身是一种特殊的科学，是关心思维规律的科学。在《资本论》第二版的前言里，马克思把辩证法称为"关于各种实存事物的肯定智慧"。因此，当他在其晚年重申自己忠于黑格尔的时候，我们不应该就此产生误解：他在黑格尔那里寻找的已经不再是辩证法的灵感，而是理性主义，为的是让理性主义扮演有利于"物质"、有利于一些"生产关系"（它们被视为

---

① 两个领域甚至是不可分的：马克思在论达尔文（C. R. Darwin，1809～1882，英国生物学家，进化论奠基人）时就谈到了一种"自然的历史"。

76　辩证法的历险

一种在己的秩序，一种外在的、完全肯定的力量）的角色。问题不再是把黑格尔从抽象中挽救出来，不再是通过把辩证法托付给内容的运动本身，没有任何观念主义前提地重新创造辩证法，而是把黑格尔的逻辑合并到经济学中去。这就是为什么他既非常靠近黑格尔，又是其相对面；这就是为什么恩格斯可以这样写道：应当让黑格尔"重新用脚走路"，而马克思的辩证法就是黑格尔的辩证法的"直接对立面"。① 在这一视角中，我们可以在发展的尽头看到今天的马克思主义：我们处在一个比意识所能包括的远为宽广的经济进程的表面上。把关于经济的认识（它本身能够触及存在）视为例外，我们就会与真理相隔绝，我们所体验到的东西就是长长的经济因果链条的结果，我们无法理解它，也就是说，无法清理出包含在每个历史阶段中的各种人际关系并相应于"自由支配"来确定它们；我们只能够通过客观的经济进程来说明它们。将会改变世界的活动，不再是不加区分的哲学与技术的实践，即不再是各种基础结构的运动、也不再是对整个主体批判的诉诸，这是一种技术类型的活动，有如建造一座桥梁的工程师的活动。②

---

① 《资本论》第二版前言。
② 在我们已经引述过的研究中，雷瓦伊合理地指出，普列汉诺夫（G. V. Plekhanov，1856～1918，俄国理论家）和恩格斯为了把辩证法置于自然之中，最终"使辩证法自然化了"（第229页），把关于对象的某些属性（通过矛盾而发展，从量到质的过渡）的简单陈述变成了关于各种普遍性的狂想曲。雷瓦伊说，普列汉诺夫"认为可以忽略黑格尔的那种把各个孤立的辩证法环节联结成一个有机整体的自我意识理论"，可以用生产关系来代替黑格尔的世界精神。我们从恩格斯和普列汉诺夫可以很容易地过渡到当代正统派的观点：辩证法不是一种认识，而是一系列观察，它只是在它的"一般内容"（相互作用、发展、质的飞跃、矛盾）中才是有效的（阿尔都塞［L. P. Althusser，1918～1990，法国结构主义的马克思主义者］："辩证唯物主义诠释"，载《哲学教育杂志》，1953年，第10～11月号，第12页）。辩证法和实证精神的这种混合把人的存在方式转移到了自然之中：这是不折不扣的变戏法。

"西方马克思主义"与列宁主义的冲突,在马克思那里已经作为辩证思维与自然主义的冲突而出现了,列宁主义的正统观念清除了卢卡奇的尝试,正如马克思本人清算了自己早期的"哲学"阶段一样。因此,不能够把这种总是从辩证法回到自然主义的循环含糊地归之于后继者的"错误":它必定有其真理,它表达了一种哲学经验。它见证了马克思主义思想或令人满意或不令人满意地试图绕过的某一障碍;它证明了马克思主义思想与社会存在的关系随着它试图在理论上和实际上支配社会存在而发生的某种变化。正如柯尔施指出的那样,哲学的、辩证的马克思主义与革命在其间看起来临近的那些迅猛发展时期相对应,而科学主义则在那些低潮时期——当实际历史与其逻辑之间的差异开始变得明显起来的时候,当基础结构的分量被感受到了的时候:要么就像在19世纪末期,资本主义机构趋于稳定了,要么就像在苏联,计划经济的各种困难在应用中明显起来了——占支配地位。那个时候,"主体"与"客体"相互分离;革命的乐观主义让位给一种毫不留情的意志主义;有待被推翻或建立的经济机构,按照马克思的说法,作为"被物所中介的人与人之间的关系"的经济机构,几乎不再作为人与人之间的关系出现,几乎完全变成了一种物品。青年马克思的马克思主义和1923年的"西方"马克思主义一样,没有表达基础结构的惯性、经济的,甚至自然的条件的阻力、"人与人之间关系"在"事物"中的沉陷的手段。它们描述的那种历史缺乏厚度,过早地让其意义显露出来了;它们应该知悉那些媒介的迟钝。

为了同时理解历史的逻辑和它的种种迂回曲折、它的意义和在它那里抵制意义的东西，它们还需要构想历史特有的环境，即制度：它展开自身，不是像另一种自然那样依据一些因果律，而是始终依赖于它所意指的东西；不是按照一些永恒的观念，而是通过把一些对于它而言的偶然事件归入它的规律之中、通过借助它们的暗示来让自己获得改变。被全部偶然事件所撕裂，被陷入在它那里的、渴望生活的人们的无意识举动所修补，这一网络既不应该被命名为精神，也不应该被命名为物质，而应该被命名为历史。这种告诉我们"人与人之间的关系"的"事物"的秩序（它受制于所有那些把它与自然秩序联系在一起的笨重条件），向个人生活能够创造的一切东西开放，用现代的语言来说，这就是象征表示的领域，而马克思的思想应当在它那里找到自己的出路。

但是马克思主义的正统观念并没有明确地考虑这一问题。它满足于把各种事物和人与人之间的各种关系并置，满足于把一剂自然主义添加给辩证法（尽管剂量上是有节制的，却立刻瓦解了辩证法），满足于在客体中、在存在中定位那种最不能够寓于其中的东西，即辩证法。马克思已经把一种开放的、并非永恒地建立在绝对主观性基础之上的辩证法的问题提上了日程。列宁的认识论却在存在中或纯粹客体中为辩证法提供一个绝对的基础，并因此不但回到了不及青年马克思，而且也不及黑格尔的地步。由此产生了共产主义的折中主义。这是不坦诚的、人们永远也无法完全把握的思想，这是黑格尔主义与科学主义的不稳定的混合物：它容许正统观念以各种"哲学"原理为名，把恩格斯以来人学能够尝试说的东西一概予以摈弃，而在人们谈论哲学的时候却以"科学社会主义"作为回应。它只有借助于一些不断的预防措施才能够维持，它使探究的精神瘫痪了，而且它足以说明为什么我们很少看到在马克思主义者方面出现一本有趣的书。通过让辩证法与唯物主义形而上学联姻，列宁的"认识论"保留了辩证法，但它是经过了防腐处理的、在我们之外、在外部实在之中的。这是用一种不透明的、被规定为第一性的"第二自然"来代替体现在各种"事物"中的、作为人与人之间关系的历史。在理论层面，这是以"理解"的全部努力来关闭历史，正如在行动层面，这是以一种技术性的活动来代替整体实践、以职业革命家来代替无产阶级，——这是把历史运动和知识运动浓缩在某种机制之中。

*　　*　　*

如果这种评价是公正的，如果哲学上的列宁主义是一种权宜之计，那么它回避的那些问题必定会重新出现，而在辩证法与唯物主义的形而上学之间的平衡就必定停留为不稳定的。卢卡奇1923年以来的理智生涯表明了这种平衡多么难以维持。自从《历史与阶级意识》出版以来，卢卡奇就承认[①]结集在这本书中的某些研究[②]过多地接受了革命年代的乐观主义，没有充分考虑到为了引导历史去表达其意义所必需的长期劳作。据戈尔德曼说[③]，他如今也认为该著作是"启示录式的"，它错误地假定，只要资本主义的基础被动摇了，一种完全预备好的革命精神就会出现。因

[①] 前言。
[②] 尤其是"历史唯物主义的功能变化"一文。
[③] 戈尔德曼（L. Goldmann，1913～1970，法国西方马克思主义哲学家、文论家）：《人文科学与哲学》，巴黎，1952年。

此，正是由于他的辩证法太灵活、太概念化了，不能表达实际历史的不透明，或至少不能表达其厚度，所以卢卡奇接受了共产国际对于其书的评判，并且不再允许其重新出版。他之所以对列宁作为哲学家有好的评价，他之所以写出"马克思主义的列宁主义时期"代表着一种"哲学的进步"，①就在于对客观世界的这种只有通过接触事物才能获得的分量感。卢卡奇写道，马克思始终把各种经济事实看作是人与人之间的一些关系，但是这些关系对他来说是"掩藏在事物的帷幕之下的"；在真理与我们之间隔着各种意识形态的、心理的东西的虚假见证，它们是现存社会制度的一部分，真实的社会关系被掩盖在它们下面了。因此，我们关于社会的认识是"这种辩证法在思想中的一种反映，它在人们的生活中客观地开展着，与他们的认识和意愿不相关联，其客观性使社会实在成为一种第二自然"。②因此，卢卡奇比以往更有力地标画出了从真理到意识的距离，他这样做是从列宁派学来的。有待于知道的是，作为反映的意识、作为第二自然的历史，简言之，向素朴实在论的回归，是否就是对困难的一种哲学解决；我们除了把它当作提出问题的近似方式外，是否还能够接受这种语言；严格地理解，这种认识论是否使整个哲学的严格性、整个生动的思想成为不可能，是否没有把绝对真实置于我们的掌握之外。事实上，从意识和存在被设定为两种面对面的外部实在那一时刻开始，从作为简单反映的意识受到彻底怀疑、作为第二自然的历史

---

① 《青年黑格尔》，第 7 页。
② 同上书，第 25 页。

具有永远不能完全消除的不透明那一时刻开始,意识就不再拥有任何标准来区分在自己那里什么是认识、什么是意识形态,而素朴的实在论就如同它通常所做的那样,最后以怀疑论结束。如果它想要避免这种结果,就只能通过诉诸武力,通过没有任何理由地依附于某种外在机制——在己的社会过程、党,全部思想产物从此以后就只能用这个标准来衡量,依据它们是否与这个标准相符合来判别真或假。没有人会这样认为,卢卡奇尤其不会,因为他是一个哲学家和一个学者。因此,最终出现了一种并不前后一贯,但却意味深长的态度:大量地接受了哲学上的列宁主义的教导,和所有的人一样说着意识-反映的语言,① 从而为那些最不容易理解的兜圈子留出了自由的空间,向那些创造历史的人放出了没有限量的贷款,与此同时却原则上坚持文化秩序中真实的自主性、反思的可能性、主体性的生命:它们在这一秩序中不可能服从于某一战术,否则就会完蛋。一切似乎是这样发生的:在注意到行动和历史作用的光芒之后,他致力于为将来预备好一种健康文化的诸条件。但一个人能够既让自己注意到辩证法,又注意到实在论吗?考虑一下近来围绕着卢卡奇进行的那些论战,就可以明白,他的文学理论完全恢复了辩证法,并且造成了他与正统派发生冲突;与此同时,他对哲学实在论的各种让步却使他完全缴械投降了。

---

① 此外,这种语言在德文里容易造成一些有益的歧义,反映(Wiederspiegelung)不仅是作为结果的反映,而且也是反映行为,它导向想象活动。——列斐伏尔先生不会那么随意地使用法文,他一定是满意于向他的读者提出一个"能动的反映"的哑谜("思想,哲学家列宁",前面所引文章)。

他的文学理论乃是那种保留着他的辩证哲学的理论。当他写道，一种文学所表达的从来都不仅仅是一个阶级，而是社会整体内部各个阶级的关系，因而在某种程度上表达的是这个整体本身的时候，我们重新发现了这一观念：意识尽管可以是错误的或被歪曲了的，但不会有原则上的意识错误，从原则上说恰恰相反，意识自身中就包含着自我纠正的东西，因为整体在它那里总是谜一样地隐约显现；这样，既然总是会犯错误，它就不得不进行一种永远的自我批评，既然总是向真理敞开，它就能够而且应当通过对错误的内在批判和内在克服，而不是通过专断的责难而进展。这种关于我们与真、与假的关系的看法，是同列宁的"认识论"相对立的，后者反过来在原则上承认一个主体与一个外部客体之间彼此符合，而不是把这种符合看成是永远达不到的极限，因为最终说来，很清楚的是，主体不可能成为自己与一个在己之物的关系的见证。卢卡奇承认，只要把各种意识形态重新放到它们的社会背景之中，就存在着关于它们的真理；甚至连为艺术而艺术的理论，在帝国主义制度下也是相对合法的，因为它在那里表达了对各种历史分裂的抵制，维护了艺术具有的一种强化的整体性的原则；他所捍卫的，仍然是这一观念：意识不能绝对地与真实分割开来，甚至连为艺术而艺术这样一种错误，在它出现在那里的情境中，也有其真理；存在着各种观念之间的分有，它防止它们成为无效的、绝对错误的，总而言之，这就是辩证的方法。当他要求今天的作家以帝国主义之前的伟大资产阶级文学为范例时，当他捍卫那些无党派的自由作家的权利时，当他写道，现实主义不是简单的记录或观察，它也要求叙述和移置的时候，其言外之意就是：艺术作品并不是历史和社会的简单反映；它不是刻板对应地，而是通过其有机统一、其内在规律来表达它们；它是一个小宇宙；存在着一种并非经济和社会进步的简单函数的表达功效，存在着一种并非总是与政治史相平行的文化史，存在着一种根据一些内在的标准，而不是根据作者的政治服从来评判作品的马克思主义。艺术要求相对的自主性，是著名的不平衡发展规律的推论之一，它意味着，那些处于同一时刻的不同现象序列，正如那些属于不同系列的政治事件和社会事件一样，并不是照着某个千篇一律的模式展开的。这一规律反过来又假定了一种关于历史统一性的辩证观点：一种最终会聚的丰富的统一性，而不是把一切都归结到一种唯一的实在序列或一种唯一的发生模式的统一性；最终说来，这种观点是一种历史的逻辑，它基于每一事实序列、每一历史系列的内在发展，基于错误的自我克服，而不是基于一条从外部支配着事物的积极原则。因此，卢卡奇通过他的文学论题想要捍卫的，以及人们在它们那里予以攻击的，始终是这一观念：主体性被吸收到了历史之中，而不是被历史所产生的；而历史，作为普遍化的主体性、作为沉睡和凝结在一些"事物"中的人与人之间的关系，并不是一种如自然世界一样受一些因果律支配的在己，而是一种有待于去理解的整体性，简言之，是《历史与阶级意识》借以开始的主体与客体的相对化。如果说他现在写道，社会是一种第二自然，这是给自然一词加上了引号，是借助于隐喻，为的是表达我们的意识远不是与历史的辩证法共外延的，而不是让意识出自于历史，就像一个结果出自于其原因一样。如果说他把意识说成是一种反映，那是为了立刻补充说，存在着

"延展的反映"和"集约的反映",① 这要说的是,不只是我们在客观历史的整体之中,在另一种意义上,历史也整个地在我们之中,——并且恢复了辩证法的双重关系或含混性。

但是,如果我们已经屈服于那些"认识论"原则,那么我们还能够在文化的有限领域中并且在这些歧义的掩盖之下维持辩证方法吗?这些原则有它们的逻辑,它不会迟迟不让自己被我们感受到:如果主体是社会过程和政治过程的反映,那么除了与党所代表的革命运动的要求相符合外,就没有别的真理机制了,任何停留在自身之内、重视文学特有的表达方式、分析作品内在结构的文学批评就将被斥为消遣,对那些过时的制度的理想化,文学和历史的割裂。② 对于一个现实主义者来说,不存在观点的多元性、辩证法的中心和外围、集约的整体性,只存在一个有待于去证明和遵循的历史过程。如果辩证法家卢卡奇承认,每一个人所亲历的整体性总是在某种教训中超出它的阶级处境,那么一种根本没有办法表达其集约和转化的现实主义思想就会转述说:卢卡奇相信一种"超越于各阶级的"艺术。③ "卢卡奇1945年提出的那个警句'左拉?不,巴尔扎克!'究竟能给予匈牙利文学什么东西呢?卢卡奇1948年提出的那句箴言'既不是皮兰德娄④,也不是普

---

① 《作为文学史家的马克思和恩格斯》。

② 我们在这里复述了雷瓦伊的论证:《文学与人民民主,论卢卡奇》,新批评出版社,1950年,作者当时是匈牙利劳动党的副总书记,兼文化部长。如果对照一下我们引过的1923年的作品中的那种指控,读者就会问:是否有两个约瑟夫·雷瓦伊呢?

③ 雷瓦伊:《文学与人民民主》,第22页。

④ 皮兰德娄(L. Pirandello,1867~1936),意大利作家。

里斯特雷①，而是莎士比亚②和莫里哀③'又能给予它什么东西呢？在这两种情形中，什么都没有给予。"④实际上什么都没有给予，文化除外。对于一种文学来说，这难道给的还太少吗？的确，卢卡奇承认，哲学既要通过各种社会环境，同时也要通过各种哲学问题的成熟来获得说明。⑤可是，社会如果是一种第二自然，那它就不可能是作品的诸成分之一，作品就应当展示在这个客观的层面上，并且在这里得到一种没有任何遗漏的说明。实在论会要求卢卡奇让哲学史和一般的历史以同一步调前进。要不然，如果我们哪怕以局部观点的名义，保留对哲学家进行一种问题史（problemgeschichtlich）研究的可能性，那就有必要在每一种情形下都权衡一下认识与意识形态的份量，有必要承认文化对于经济的提前和滞后，有必要恢复一种关涉真理和错误的对位法。如果我们相信在事物中存在着一种辩证法，而且它会导向俄国革命，那么，这种依据文化史的曲折、倒转和跳跃来理解文化史，而不是简单地把它作为一种客观的进步记录下来的努力，这种向不同于直接政治标准的内在标准的回归，就会变得"缺乏马克思-列宁主义的战斗精神"，就会变成"贵族作风"。⑥正是辩证法本身不可避免地要受到实在论的指控。人们不会从正面去攻击它，不平衡发展的规律太经典了，以至于人们无法揭露它，人们把它装入罐头，推迟其

---

① 普里斯特雷（J. Priestley，1733～1804），英国神学家，哲学家，化学家。
② 莎士比亚（W. Shakespeare，1564～1616），英国剧作家。
③ 莫里哀（Moliere，1622～1673），原名让·巴蒂斯特·波克兰（J. B. Poquelin），法国剧作家。
④ 雷瓦伊：《文学与人民民主》，第 11 页。
⑤ 《青年黑格尔》，前言，第 6～8 页。
⑥ 雷瓦伊：《文学与人民民主》，第 22 页。

运用。人们使它进入到一般的论题中，但又含糊地补充说，它在阶级社会里并不以"卢卡奇所描述的那种方式"起作用，也就是说，人们预先排除了阶级社会的任何生产都强于苏联社会的生产的观点。① 从此以后，苏维埃文学的自我批评就不再会冒着致命的危险了：它是"以承认苏维埃文学和社会主义现实主义的优越性为出发点"的。② 因此，现实主义最终用一种简单的进步图表，替代了对历史的提前和滞后的艰难读解，替代了革命社会对其自身的严格审查，因为在苏联的各种基础结构中已经包含了社会主义生产的萌芽，因此，在其表层上也必定会绽放出最美好的世界文学花朵。既然现实主义的、因果的思维最后总是排除对历史（还有文学和哲学）的内部的任何参照，那就一定只存在着一种机制，即苏联现有的社会进程及其成就。我们看不出卢卡奇如何拒绝这个结论而不陷入自相矛盾：事实上，他长期以来就一直在抵制、质疑苏联文学的优越性，即便是在俄国的时候。到1949年，他最终承认："就整体而言，只有苏联文学才指出了道路。"这还不够。就整体而言仍然是在何种程度上（quatenus），因此是对现实主义的拒绝。他的审查者说，这种自我批评"既没有足够的深度，也没有一贯的精神"。③ 人们并不只是要求他赞赏苏联文学，而且要放弃为此提供理由。正统观念不容许人们对苏联文学进行思考，哪怕这是为了将其建立在理性和辩证法的基础之上；它不想借助

---

① "不会存在某个在经济上优于此前的社会，而其文化反倒不如那个社会的社会。"雷瓦伊，《文学与人民民主》，第15～16页。
② 同上书，第14页。
③ 同上书，第8页。

第二位的力量，并且因为一些不属于它自己的理由而成为真实的，它为了自己而要求事物本身的真理。卢卡奇的历史就是一个以为能够把实在论包在辩证法中、把事物本身包在关于事物的思想中的哲学家的历史。刀刃磨损了刀鞘，最终不会有人满意的，哲学家不会，权力也不会。

*　　*　　*

因此，辩证法与实在论的冲突没有被克服，正像我们已经说过的，就算共产主义只是在口头上宣称辩证法，它也是不会同意放弃它的。最终说来，这就是它的理智轮廓，一种耍双重哲学把戏的体系：通过否认主体可以对历史做出评判、可以对文学和政治做出内在的评价，它解除了辩证法的武装；但它又让人相信，辩证法继续在那里、在各种基础结构以及由它们所酝酿的神秘未来中起作用；它对辩证法敬而远之，既不实践它，也不否认它，取消了它作为批判工具的作用，只把它作为面子上的事情、作为辩护、作为意识形态予以保留。我们在另一个地方[①]曾试着指出，1937 年的那些审判以关于历史责任的革命观念为其原则，但奇怪的是，它们不愿意承认这一点，它们把自己说成是一般的法律审判，把反对派说成是间谍。莫斯科审判[②]是不再愿意作为革命的革

---

① 指《人道主义与恐怖》(1947 年)。
② 指斯大林为了清除异己而网罗罪名进行的三次著名的审判。从 1936 年开始，斯大林陆续清除老布尔什维克。1936 年是加米涅夫（L. B. Kamenev, 1883～1936, 苏联早期领导人）和季诺维也夫审判案，涉及到数万人，然后 1937 年的皮达可夫（G. L. Piatakov, 1890～1937, 苏联政治活动家）和拉狄克（K. B. Radek, 1885～1939, 苏联政治活动家，共产主义宣传家）审判案，几十万人含冤而死，然后是 1938 年的布哈林、李可夫（A. Rykov, 1881～1938, 苏联政治家、革命家）审判案，多达数百万人受到牵连。

命，或者反过来说——我们让问题始终处于开放状态——是一种模拟革命的既定制度。人们曾经经常指出，列宁所定义的俄国革命：苏维埃加电气化，已经集中在电气化上，已经让一系列分割革命社会，使之逐步变为另一种东西的社会权力、机构和制度各就其位。我们这里在共产主义哲学中将会发现的是一种类似的模棱两可：要么是对自己采取预防措施且扎根在存在中的，既无争议也无用处的辩证法，要么是以辩证法装点门面的实在论。无论如何，是一种别的东西借其庇护而得以形成的思想。因此，马克思主义并没有解决它自己提出的、我们以之为出发点的那个问题。它没有能够成功地维持住它认为可以在党的生命中找到的这一崇高的点（在这里，物质与精神，以及主体与客体、个人与历史、过去与未来、纪律与评判成为难以区分的），而它应当统一起来的那些对立面又重新陷入一个外在于另一个。有人会说，这是因为很难进入到肯定中，很难在维持辩证法的含混性时做点什么事情。反驳证实了我们的保留意见，因为它等于在说，不存在对它自身提出质疑的革命。然而，革命却是凭着这一持续批判的纲领才取得信任的。在这个意义上，共产主义哲学的模棱两可非常粗略地说就是革命的模棱两可。

第四章　行动中的辩证法

如果唯物主义和辩证法有着理论上的模棱两可，那么它也应该在行动中显现出来，而当我们在行动中看到它时，我们就找到了一种必不可少的印证。为了使这个例子成为令人信服的，还需要求助于辩证法在那里已经真正地接受了检验的纯粹情形。在我们看来，托洛茨基已经提供了实践意义和辩证法意义的这种平衡，因此，我们要考虑的乃是他的命运。他在实践中之所以没有能够实现对各种二律背反的革命超越，是因为他在那里遇到了某种障碍，列宁的"哲学"含糊地试图说明的正是相同的障碍。

托洛茨基不是哲学家，他在谈论哲学时，[①]就从他自己的角度把哲学恢复到最平庸的自然主义。乍看起来，他的那些自然主义信念，与许多不如他伟大的人的信念相似。在一个最具有个人荣誉感和公正感的人那里，我们惊讶地发现了一种几乎没有为意识留下空间的哲学。但天真的恰恰是这一惊奇。自然主义是一种相

[①] 例如："意识产生自无意识，心理学来自于生理学，有机世界产生自无机世界，太阳系产生于星云。在这些发展阶梯的梯级上，量变转化成了质变。我们的思想，其中包括辩证法思想，只是正在变化的物质的表达之一……用量变生成质变阐明了物种演化的达尔文主义，已经成为了有机物领域中辩证法的最高成就。另一个伟大的成就则是发现了化学元素的原子量，以及伴随而来的诸元素的相互转化。"《保卫马克思主义》，纽约，先锋出版社，1942年，第51页。

当含糊的、用来支撑各种最不相同的道德上层建筑的哲学。一些人在它那里寻求成为随便什么东西,这既因为人只不过是自然的结果,也因为以各种外在原因为支撑,他不会为自己揽取责任或为自己规定责任。另一些人则相反(托洛茨基也属于此列),他们在自然主义的神话中发现了人道主义最可靠的基础:如果说我们的思想,"其中包括辩证法的思想……只是正在变化的物质的表达之一",那么,正是整个人类秩序反过来获得了各种自然事物的稳固性,而对最经典人格的各种要求就失去了那些副现象的特征,从而成为世界本身的一些构成成分……情况总是这样:当托洛茨基不谈论纯粹的哲学,而是谈论文学、伦理或政治时,我们就从来不会发现他重复陷入机械论(这些却是布哈林著作的缺陷);他也从来没有停止对一些最复杂的辩证关系拥有最准确、最灵活的洞察。只是在他思想的两个极限处,在纯粹的哲学和行动中,我们才突然发现自然主义是锐利的、概括的、抽象的,似乎一个人就主体与存在的关系所形成的各种观念表达了其基本选择、他在各种极限处境中会重新求助的态度,而且超越于思想和生活的各种平常的、顺利的处境,发出了他在危险地接近于行动时做出的那些决定一样的声音。

举例来说,托洛茨基以一种令人钦佩的确信对革命现实主义进行了界定。主张"采取全部手段"的犬儒主义和坚持"纯粹手段"的法利赛主义之间的斗争早在 30 年前就已经展开了。托洛茨基说,一种革命的政治没有必要在这两者之间进行选择。既然它整个地处于这个世界之中,它就不会取决于一种"理想",它就会参与到事物的暴力之中。它在每时每刻所做的事情只能被看作是整体的环节，为每一种手段都要求"其伦理的小标签"① 是荒谬的。但是，由于它依然处在世界之中，它就没有那些善良意愿的托辞，它必须当场证明自己的价值。通过积累各种手段，人们发现自己处在了某种已经成形并显示了目的之轮廓的结果面前，即使这一结果并不是在这一名义下被意愿的。就算我们的手段没有宣告我们的哪怕遥远的目的，它们至少也通过某些能区分这些目的的性质改变了历史的方向。因此，目的进入到了手段之中，正如手段进入到了目的之中："在实际的生活中就像在历史的运动中一样，目的和手段不停地改变着位置。"② 在两者之间有一种"辩证的相互依赖"。通过把无产阶级政权看作为行动的准则，革命政治就实现了对二者择一的超越，并且把自身建立在价值以及现实的基础上了：因为无产阶级不是一种需要借助一些无论什么样的操控手段才能获取的自然能量；这是一种人类处境，如果依赖于它的政治为了自身的缘故而使它变得晦暗不明，那么它也就不能发展成为一个新社会的原则。因此，对于一个马克思主义者来说，任何有助于无产阶级执掌政权的东西都是合乎道德的，但是，"恰恰可以由此推出，并非一切手段都是被允许的。当我们说目的证明了手段时，我们得出的结论是，革命的伟大目的拒绝把那些不光彩的做法和方法——它们挑动一部分工人阶级反对其它工人阶级，或者它们试图在没有群众参与的情况下为他们谋幸福；或者它们削弱群众对自身及其组织的信赖，并用领袖崇拜来取而代之——作

---

① 《他们的道德和我们的道德》，第 22 页。
② 同上书，第 23 页。

为它的手段"。①革命现实主义从来都不像技术行为一样仅仅针对各种外部结果，它想要的只是一种能够获得理解的结果，因为如果它不能被理解，那么就不存在革命。每一个革命行为不仅通过它所做的事情，而且也通过它提供给我们思考的东西而成为有效的。行动乃是针对群众的教育学，向群众说明我们做了什么，这仍然是在采取行动。②

115　托洛茨基以及所有的马克思主义者所思考的普遍历史并不处在不可测度的将来中，这不是未来启示：当一切都将结束时，一种隐蔽的力量不为我们所知地引导着我们。只有当它在目前的行动的视野中呈现出来，在它已经在其中显现自身的范围内，我们才有权利诉诸于这种普遍历史；革命的将来则只有当它在其总路线和其风格中清晰可辨时，才有助于证实目前的行动："需要播种麦粒才能收获麦穗。"③整体性和普遍性在群众对于革命政治不断增长的参与中，在历史的不断增长的透明性中显示出来；除了通过后继的事情来逐步地确证现在，除了这一滚雪球般地构造自身、并始终最为急切地显示着其意义的历史的积累外，我们没有反对无意义的其它保证。历史的理性不是一种从外部指导着历史的神

---

① 《他们的道德和我们的道德》，第 81 页。
② 革命政治家，如果说他没有能够成功地吸引无产阶级，他也不会拒绝追随无产阶级而投身到冒险之中：即使注定要失败，这种冒险也会是一种教训。最坏的情况是让无产阶级独自战斗：它会觉得自己被背叛了。革命政治因此可以继续"做该做的事情"，这不是因为它对将要发生的事情不感兴趣，而是因为，在一种必须把历史的统治交付给迄今为止一直服从历史的统治的那些人的政治中，失败本身就是一种教训，它将有助于胜利，唯有模棱两可才是一种绝对的失败。
③ 《他们的道德和我们的道德》，第 83 页。

性：托洛茨基把它与自然选择、与各种给定条件（它们使那些不能对之做出充分反应的组织或机体成为不可能的，并予以淘汰）的内部运作相比较。① 外部条件是不能从它们自身中产生出那些将要经受考验的物种的。因此，历史的选择只能是历史的这一无意识的或自发的部分，历史的智慧在那里尚未起作用。一个事实就是，存在着一些趋同，一些因为服从于同一个结构规律而相互支持、相互确证的现象，因此所有那些被汇聚在资本主义这个概念之下的现象。那些瓦解这一结构的矛盾，以及那些相反地让无产阶级的各种进步彼此接近、相互证明的亲缘性，都是自发的历史的既定之物。要由人的意识来实现蓝图、来协调那些分散的力量、来为它们找到能发挥其全部效能的应用点、来用事实证明它们有资格扮演历史导向的角色。因此，在事物中存在着一种能排除错误解决的内在逻辑，存在着一些创造各种真实并试验它们的人（但这些真实事先并没有铭刻在任何地方）。党是自觉的历史，是使各种在此之前不能打破它们生于其中的结构的力量得以聚集起来并成功地达到意识的场所。托洛茨基说："历史没有实现其理性的其它通道。"② 党并没有被告知历史理性设定的一些裁决：不存在完全既成的历史理性，在自发的历史的各种突变中存在着一种开始显露的历史意义、一种把历史意义体现在历史之上的自觉

---

① 《自传》，Rosmer 版，伽利玛出版社，第 500 页。
② 转引自克劳德·勒福尔（C. Lefort, 1924～2010，法国哲学家）："托洛茨基的矛盾与革命问题"，载《现代》，第 39 期，第 56 页，该文依据苏伐林（B. Souvarine, 1895～1984，法国共产主义活动家，作家、记者）的《斯大林》一书，第 340 页。

而有序的恢复。党并非无所不知、并非洞察一切，然而它的权威却是绝对的，这是因为，如果说自发的历史有可能成为明显的历史，这只有在党那里才有可能。只要无产者亲历的一切被党为他们提出的政治阐明了，而且他们因此把这种政治作为自己的接受下来了，自发的历史就能变成为明显的历史。由于不存在任何关涉历史的形而上学，无产阶级和党的辩证法就把其它辩证法都集中在自己那里了，并且支撑着它们：马克思主义哲学既不把无产者所思考的东西，也不把党认为他们应该思考的东西，而是把无产阶级通过其自身的行动在党提供给它的政治中所获得的认识当作最终的诉求。如果党不知道保持相当的距离以便能在实际的形势中客观地观察无产阶级的处境，并且把多数人的决定强加给每一个人，或者如果它疏忽了使它提出的各种决定通过无产阶级而变得合法化，那么，历史将趋向冒险，所有的辩证法也就将再次陷入困境。因此，党既是一切，又什么都不是：就如同把分散在全世界的无产阶级力量聚集起来的镜子一样，它什么都不是；它就是一切，因为如果没有它，"在己的"真理就永远不会变成明显的，永远不会作为真理得以完成。它是一切，因为它不外乎是正在进行中的普遍。"……确实，党对于布尔什维克来说就是一切。革命者针对革命的这种态度吓坏了、赶走了沙龙社会主义者，后者本身只是一个具有社会主义'理想'的资产阶级。在诺曼·托马斯[①]及其同类的眼里，党只是选举联合和其它联合的工具。一个

---

① 托马斯（N. Thomas，1884～1968），美国社会党领导人，毕生致力于社会改革，维护个人权利，为美国公民自由联盟创始人之一。

人的私人生活、他的各种关系、他的各种利益和他的伦理道德都在党之外。托马斯以一种混杂着震惊的厌恶心情思考布尔什维克,对于后者来说,党是对社会,包括道德在内进行革命改造的工具。在一个马克思主义的革命者那里,不存在个人道德和党的利益之间的矛盾,因为党在它的意识里包含了人类的最崇高的使命和目的。据此认为托马斯对于道德有比马克思主义者更高的观念,乃是天真的。他对于党只有一种非常初步的看法。"①

这些如此精确的,在其中一种具体的、不含神话的辩证法如此完美地得到了恢复的论题,它们在托洛茨基的实践中会变成什么呢?

*　　*　　*

让我们甚至暂时不要去问,在托洛茨基还未受到非议的时候,他是否重视过这些论题。从1923年到1927年,当他不得不捍卫他的政策以反对斯大林不断上升的势力时,我们可以想象,他曾经全力以赴地把争论摆在无产阶级面前,并且为了他自身的利益,把党与群众的辩证法付诸行动。然而,有人已经明确地指出,② 事情绝不是这样。他相信在第十二次代表大会上,自己"甚至不需要列宁的直接帮助"③ 就会在党面前占据上风,因而只限于在政治局内进行争论。他在1923年和1924年发表的文章,只包含对政治分歧的暗示,而没有向战士们发出任何公开呼吁。他不仅没有

---

① 《他们的道德和我们的道德》,第72页。
② 克劳德·勒福尔:"托洛茨基的矛盾与革命问题"。
③ 《自传》,第203页,转引自勒福尔,第55页。

发表任何东西反对"列宁的招募"——它把一批顺从但没有经验的战士吸收到党内,托洛茨基后来说,这种招募带给了"列宁的党致命一击",——而且在第十三次代表大会上仍然宣称,它使"党接近于一个选举产生的党"。① 他明确地表达了自己对于"新路线"的各种看法,但在 1925 年,他为自己辩护,用一种整体的政策来反对中央委员会和斯大林多数派的政策。不止于此:他赞成中央委员会向战士隐瞒那些冠以列宁遗嘱的著名文献。当它们被马克斯·伊斯门② 发表时,托洛茨基把伊斯门看作是个谎言家,③ 并暗示他是国际反动势力的一个代言人。在 1925 年至 1927 年间,他有三、四次公开宣称,说出与中央委员会"不同的观点"几乎是不可能的;无论如何,在左翼反对派与党的多数派之间不存在"纲领上的差别"。④

更后来,在《自传》中,托洛茨基已经在考虑总结他在 1927 年的政策,他说他那时不能完全地参与,因为革命的低潮不赞成他的路线,他要做的只能是为一个新的历史潮流把"进步的观念"⑤ 重新提到日程上来的那一时刻做准备。实际上,在 1927 年,通过确定时间、通过重申各种原则,他并不局限于服从:我们刚才已经看到,他已经做好了控制中央委员会的准备。叙述在事后

---

① 转引自勒福尔,第 57 页。
② 马克斯·伊斯门(M. Eastman,1883~1969),美国著名编辑。早年任美国左翼杂志《群众》主编,支持苏联和工人阶级的事业,后来成了社会主义的强烈批评者,并担任保守刊物《读者文摘》的主编。
③ 转引自勒福尔。
④ 《自传》,第 203 页,转引自勒福尔,第 59 页。
⑤ 克劳德·勒福尔:"托洛茨基的矛盾与革命问题",第 50 页。

把一种并非自愿的模棱两可合理化了。此外,《自传》的其它段落则给予一些事件另一种说法:托洛茨基尽可能长时间地避免斗争,因为斯大林的拥护者的行动最初只是针对他个人的"无原则的阴谋",[①] 最好用"各种最大程度的个人让步"来回应这种侵犯,否则就会把"想象的危险"变成"实际的威胁"。[②] 不管这种对个人冲突——从根本上来说,对自我怀疑——的评语是多么的奇怪,在一个像托洛茨基这样坚定的政治家那里,它至少证明他并没有一下子就看出斯大林主义的政治含义。他之所以没有参与1927年的斗争,不是因为他从那时起就已经察觉到了革命低潮,相反地是因为他那时没有看到这一点。正如有人评论过的,托洛茨基在针对热月党人[③]的反动判断面前长期犹豫不决:在1923年,他断然地拒绝做出这种判断;在1926年,一条热月党人的路线在他看来并不是不可能的,但他强烈地批评"民主集中制"中的那些把这条路线看作是既成事实的左派分子。在1927年11月,在一次反对派受到暴力镇压的街头示威之后,他写道,我们刚刚看到了一场热月政变的全面重演。还是在1927年,他和121人一道宣称,从来没有人指责党及中央委员会已经发动了一场新的热月政变。然而,在1928~1929年,出现了热月政变的威胁。在1930年,

---

① 克劳德·勒福尔:"托洛茨基的矛盾与革命问题",第53页。
② 《自传》,第209页,转引自勒福尔,第54页。
③ 法国大革命中发生了推翻雅各宾派罗伯斯庇尔(M. F. M. I. de Robespierre, 1758~1794,法国革命家、政治家)政权的政变,因为发生在共和二年热月9日(1794年7月27日),故称为热月政变。政变后建立了以热月党人(他们是反对罗伯斯庇尔的各派人物的暂时结合,并无统一的纲领)为代表的维持共和制的资产阶级政权。

他突然写道:"在我们国家,热月政变已经缓慢地延续很久了。"最后,在1935年,在《工人国家,热月政变和波拿巴主义》这本小册子中,他写道:"伟大的俄国革命的热月政变并不是在我们面前,而是已经远远地处在后面了。热月党人可以庆祝他们的十周年胜利了。"①如果说托洛茨基已经省掉了让党的民主制起作用来对抗对中央委员会的各种操控,这不是历史的远见,而是盲目。有待于理解的是这样一个老练的政治家和革命者身上的这种盲目。

  他对于党的看法并不是含糊不明的,而且他所缺少的从来都不是勇气,也不是信息。至于是否要把这样一些如此明晰的观念运用到一个对他来说熟悉的情境中去,他曾经犹豫不决,这必定是因为他很久以来就已知道,现有的党会偏离它的理论框架很远但仍然是它本身。问题在于知道,党的蜕化是否已经伤及到实质性的东西,它是否是不可逆转的。就像每当涉及到一个存在而不仅仅是一个观念时一样,这也是一个比例或优势的问题。他在1927年说:"分开我们的东西比起团结我们的东西来说,是微不足道的。"②只要党即使不在它做了什么,至少在它是什么,也就是说在它将会做什么上仍然是无产阶级的党,并且依然掌管着1917年的十月革命的遗产,那么,它就提供了"一项共同事业的基础",③而且应该通过它而行动。但是,如果它执行的"革命专政"是有效的,那么,就这项事业而言,那些偏离就是次要的。各种各样的分歧可以归入到一些个人差异之列。如果它们给专政带来危险

---

① 克劳德·勒福尔:"托洛茨基的矛盾与革命问题",第66~67页。
② 转引自勒福尔,第60页。
③ 1929年。转引自勒福尔,第53页。

的话，人们就会把它们掩盖起来。"民主集中制"并不强迫其反对者放弃或掩盖他的观点：他一面服从，一面继续为它们作辩护。当托洛茨基配合多数派的谎言，并在那些有损党的形象的操控方面协助他们时，他就违反了惯例并且妥协了。但问题恰恰在于知道，除了纸面上之外是否还存在其它的态度：一边高调地评判，一边服从，这还是服从吗？如何半心半意地归附？如何对多数派说出一个有分寸的、辩证的"是"？来自一个相当著名的革命者的一些公开的保留意见怎么会不等值于说"不"？

　　人们会回答说，面对一个不再遵守民主准则、并且不择手段地想驱除他的政党，托洛茨基却遵守其纪律准则，这乃是在扮演失败者角色，乃是在向对手缴械投降。以忠于党的马克思主义观念为托辞，这是把位置交给那些要毁灭它的人。这是毫无疑问的。但还有其它的做法吗？在1927年以后，口头上说或书面上表示党不再是无产阶级的党，从而宣告热月政变？阻止托洛茨基这样做的东西，就在于唯物主义辩证法不考虑假设，最终说来就在于事关重新置疑这种辩证法。这种辩证法确实预见到了党内的各种分歧。它通过自由争论和多数派的纪律来裁决这些分歧。少数派保留捍卫其观点的权利，而不是一个党内之党行动的权利。准则只能在政治张力的一定限度之内，因此在分歧还没有触及到实质性的东西时起作用。但如果涉及到规定革命行动的方式，涉及到对无产者的意识的召唤，涉及到变得明晰的进步，涉及到使党成为历史实验室的这一行动中的普遍性呢？这样看来，如果党拒绝了这些标准，那么，与党没有认识到的真实历史相遇，就是与托洛茨基所思考的历史相遇，也就是说，党不再在党内，它完全在托洛茨基或像他那样思考的那些人那里。但在唯物主义辩证法的体系内，这从哲学上说何以可能？它提出，如果说真理在某个地方，那么它就在无产阶级已经产生出来的党的内在生命中。如果通过使实际的无产阶级与其见多识广的先锋队的观点相对质，党本身放弃了对真理的阐述，那么，托洛茨基完全可以说，他不再理解党了，但他并不拥有可以替代党的任何其它机制。如果他不遵守纪律准则，那么他就进入了蜕化游戏中，他就把党更远地推离了民主。如果党确实正在废除"民主集中制"，这对托洛茨基来说也不构成为其借口，因此，他必须遵守纪律（即使它超出了"民主集中制"的要求），他宁可被消灭，也要遵守纪律，除非旧的组织把他驱逐了，他才会考虑创建另一个组织，另一条革命路线。因为只有在那时，党才会证明它不再是历史理性的承载者了。托洛茨基并不缺乏说出一种他已经知道的真理的勇气，或捍卫这一真理的战斗力：他之所以对在党外实施这一真理犹豫不决，是因为马克思主义教导他，除了无产阶级和体现它的组织的结合处，真理原则上不可能寓于别处。他感觉到了热月政变的气息，他已经在适当的时候提出了问题，但他只是在很后来的时候才看清并宣告这一点，这是顺理成章的：因为在一场感觉到已经被其无产阶级所超越的资产阶级革命中，热月政变确实是可以想象的，但在无产阶级革命中，它却引起了原则上的困难：怎么会出现无产阶级与它的党之间的分离呢？在革命的国家还剩下什么来支持反革命呢？确实，存在着旧社会的一些残余势力以及它在苏联边境所施加的压力，但这些力量不可能使党决定性地转过来反对它的无产阶级。除非官僚变成了一个社会阶层，差不多接近于一个阶级。

尽管在马克思那里确实有关于官僚阶层的理论，但它只是一种可以逆转的偏离。如果官僚阶层确实利用了使它得以执掌政权的无产阶级，那么，这是因为，在资本主义和社会主义之外，还有一种第三假设，一种第三制度，这是马克思没有谈到过的：这等于已经承认，革命会背叛它自身，会放弃真理的内在性。托洛茨基只是在事后，才从1923年的各种"官僚"特征中看到了一种制度和一个体制的前提，因为，作为马克思主义者，他只是在一种受限制和被迫的情况下，才会预见到辩证法在革命国家中的脱轨，才会接受明摆着的事实。

我们知道，即使在被苏联驱逐出境，成为一个新国际[①]的创始人后，他也不赞成把官僚阶层看作是一个阶级，[②]并因此坚持自己的为作为集体制和计划化的国家的苏联做无条件辩护的论题。克劳德·勒福尔写道："他把最初针对政治形式、党、苏维埃而宣称的拜物教……转向了经济范畴。"[③]也许是"拜物教"。但应该要问的是，唯物主义辩证法是否容许区分偶像和真正的神祇。它并不把集体化和计划化与无产阶级政权分开，它并不想在两者之间进行选择，它不认可人们假设它们处于冲突中。但是，恰恰因为它没有分开它们，因为马克思从来没有设想过会有一种不利于无产阶级的集体的、计划的经济，因为它假定私有财产的结束就是剥

[①] 即托洛茨基于1938年创建的、试图与斯大林控制的第三国际相抗衡的第四国际（IVᵉ International），全称为"世界社会主义革命党"。

[②] "无产阶级专政已经在官僚阶层的专政中获得了它的扭曲的但无可置疑的表达。"《斯大林》，第12页，转引自勒福尔，第52页。

[③] 《斯大林》，转引自勒福尔，第67页。

削的结束、人与人之间的关系是他们与自然的关系的简单反映，所以，它使马克思主义者面对一种分割社会主义的两个要素的制度时没有了评判的标准。托洛茨基采用的针对俄国共产党和苏联的婉转态度告诉我们的是，要让"客观"在唯物主义中有其份额是很难的。马克思从来没有停止过增加历史的客观因素的分量，青年马克思的实现哲学与实现社会主义之间的完美平行被有利于基础结构的"科学社会主义"打断了。革命的领地越来越不是人与人之间的关系，而越来越多地是各种"事物"以及它们的内在必然性。最极端的是，革命发生在了无产阶级恰恰没有经由长期的工业化阶段而得以形成的国家，而托洛茨基则属于在这些没有被预见到的条件下把革命提上日程的先行者之列。这场已经成功的独一无二的革命，因此不是一个其身体和精神都已经在旧社会中成熟的新社会的出现。如果说历史辩证法只在这些悖谬的条件下才起作用，如果说不断革命的粗暴论断取代了渐进成熟的论断，如果说在1917年暴动之后，革命已经成为了现代经济完全自觉的创造，而不是已经成熟的无产阶级的降临，那么，比任何人都更懂得这些的托洛茨基怎么会惊奇于：无产阶级和党的辩证法也有其悖谬，集中制与民主制的辩证法也有其危机，辩证法在人们希望超越二律背反的地方最终通向的是二者择一呢？为了完全积极地看待苏维埃社会，为了把任何隐秘的性质，任何潜在的历史效力从集体的、计划的生产中排除出去，必须重新质疑唯物主义哲学，因为正是它把那些首先为某些政治形式准备的效力转移到了经济范畴中去。当革命清除了这些政治形式而只尊重经济范畴时，正是唯物主义哲学成了偶像中的偶像。集体化和计划化的"拜物教"是在历史让它由之构成的两个部分被肢解时,辩证唯物主义呈现出来的外观。在党面前的被动性,乃是在党不再是民主的时,纪律和集中制所呈现的形象。为了揭露蜕化并引出其各种后果,必须放弃置辩证法于事物之中。当然,当托洛茨基在完全知道它们会扭曲历史的情况下仍然为党的操控背书时,他就处在自我矛盾之中了。但是,在它们存在于托洛茨基那里之前,这种矛盾和模棱两可已经存在于俄国革命中了,归根结底已经存在于马克思的现实主义之中了。

我们可以明确地说,存在于马克思的现实主义中,而不仅仅是布尔什维克主义的现实主义中。克劳德·勒福尔认为托洛茨基已经被布尔什维克习惯给搞糊涂了。集中制、委员会成员和职业革命家的优势地位,对民主制的误解,所有这些特征——布尔什维克主义把其原因归结为落后国家中的不平衡发展——都集中体现在那些掌权的布尔什维克身上。掌权的托洛茨基曾与他的同事们一道施展手腕使他的对手名誉扫地,他曾镇压喀琅施塔德公社[1],可是,他为什么会对攻击伊斯门犹豫不决呢?既然他是第一个脱离先锋队的人,又怎么能挑动战士们反对斯大林主义呢?既然他让自己陷入矛盾之中——这一矛盾就在于违背无产阶级的直接利益而根据它的更高利益来指导它[2]——他又怎么会冒犯斯大林

---

[1] 喀琅施塔德(Kronstadt)是苏联西北部的一个港市,在芬兰湾东端科特林岛上,隶属于列宁格勒市,一向为海军要塞。1921年一群喀琅施塔得的水手、士兵及其平民支持者发动反对当地布尔什维克政府的叛乱,时为苏联战争部长和苏联红军总指挥的托洛茨基在与他们进行短期谈判后,派部队镇压了叛乱。

[2] 克劳德·勒福尔:"托洛茨基的矛盾与革命问题",第65页。

呢？勒福尔认为，他想要追溯布尔什维克主义的原则，以便发现
"蜕化"的各种前提。我们想要问的是：他是否不应该追溯得更
远。正是马克思主义而不是布尔什维克主义，把党的各种干预奠
基在一些已经存在的力量之上、把实践奠基在一种历史真理之上。
在19世纪的后半叶，当马克思过渡到科学社会主义的时候，关于
已经铭记在事实中的社会主义的观念会更加有力地支持党的各种
首创性。因为，如果革命已经在事物中了，人们怎么会犹豫于不
惜一切手段来摆脱那些仅仅是表面上的抵制呢？如果无产阶级的
革命功能被铭记在了资本的各种基础结构之中，那么，表达这种
功能的政治行动也就像借助于神意的宗教裁判所一样被合法化了。
通过把自己描述为存在着的东西之反映，在己的历史进程之反映，
科学社会主义把《费尔巴哈提纲》所服从的认识重新摆到了第一
层面上，它把自己奉为一种绝对知识的基础，与此同时，它授权
自己借助于暴力从历史中提取出历史所具有的、但深藏着的意义。
规定布尔什维克主义的极端客观主义和极端主观主义（它们始终
互相支持）的这种混合，当马克思承认革命在被认识之前就已经
出现时，在他那里就已经有了。因此，当布尔什维克们及附合他
们的托洛茨基说，在某些时刻，必须善于强迫历史，必须跨越发
展的阶段，并且恰恰是一个国家的历史的落后使它注定将要爆发
一场不停留在资本主义阶段的革命的时候；当他们把历史比作一
匹他们在尝试中学会驯服的马的时候；当他们嘲笑着绕过探讨历
史自发性的理论家以及期待历史的进程会经过其工作台的考茨基
的时候；当他们追随列宁说，革命者注定要长时间伤脑筋，而为
了形成一个没有阶级的社会，为了引导历史用铁与火去表达其意

义，一种永不止息的努力有其必要的时候，这种针对暴力和真理的情绪、这种基于绝对知识的意志主义，仅仅展开了关于铭记在事物中的辩证超越的观念，或辩证唯物主义的观念。托洛茨基不断革命的论题反过来只不过是结果的表述：有一种庸俗的马克思主义，它相信能够提供一个关于起源的一般框架，能够在一个不变的连续秩序中描写一些完全不同的阶段。托洛茨基用不断革命的观点来表明：无产阶级革命或许即将出现在一个自身还没有成熟的社会里；资产阶级民主革命也许会在这个社会中开启周而复始的变革，但只有通过社会主义革命才会完成；在那些落后的国家中，无产阶级甚至单靠自身就有力量来实现民主革命；无产阶级革命本身，一旦来临，就会成为这样一种持续的"跨越式增长"的所在；即使它只是在世界的某一个点上宣告自己，它也会被提到整个世界的议题上来；总而言之，存在着革命的"内在机制"，[①]它引导革命超越了"通常的"客观条件让人们预见到的范围。这表明，除了历史的各种客观条件和人们的意志之外，还有一个第三秩序，革命行动的内在机制的秩序，而在这一秩序中，从空间和时间的一端到另一端，无产阶级革命从来都不会完全缺席。这一关于超时间的革命的观念——在它的各种客观条件还没有汇集起来之前就已被预示出来，而在它们得以汇集的时候又一再被重构——到处都以"萌芽的"、没有在任何地方获得实现的方式描绘历史的持久缠绕和意志的持久辩护，它通过为不断翻新的清洗打

---

① 这个表述来自盖兰（D. Guérin，1904～1988，法国无政府主义作家）：《第一共和国时期的阶级斗争》，第一卷，第9页。

上真理的印戳来为提供它们基础，这一观念只不过是马克思主义关于一个缺乏实践的未完成世界的、关于构成世界之定义的一部分的实践的观念。托洛茨基毫不犹豫地恢复了马克思主义的自然主义，并且和马克思一样把价值奠基在存在之上，我们对此不应该感到惊奇：因为正是这种自然主义（或好或坏地）表达了他们共同的根本识见，对于变革中的存在、对于一种变化（它超越于人的行动，从不停息地侵蚀着历史，至少暗中动摇着历史，即使当历史看起来是静止的时候也是如此）的识见。是的，布尔什维克主义的实践和托洛茨基主义处在同一阵线上，它们属于马克思的一些合法的结果。如果我们想重新质疑布尔什维克主义，也就必须重新质疑关于实践的客观主义-主观主义哲学。这是因为，托洛茨基由于曾经是布尔什维克，而且尽其可能地长时间地待在俄共之内，这一哲学也是他的哲学。这种哲学告诉他，辩证法藏匿在历史的质料之中；如果它不能被那些最开明的意志重新恢复的话，它就会夭折；这种意志不可能在每时每刻以及当下都与无产阶级的全部派别的意志相一致；只是在事后，当辩证法占据上风的时候，整个无产阶级才会联合起来，革命才会呈现一种成熟的面貌；因此，它有可能在一段时间失去与无产阶级的联系，前提是它随后又能重新恢复这种联系；手段与目的之间存在着一种可以估量的差别，但不存在一些精确的标准来界定各种可以接受的差别；在某些时刻，党应该倾听革命深处的意愿，而不是那些只在表面上让人听到的喧嚣的断言，应该预料到一些从显象上考虑似乎不可能，但隐藏的、持续的历史动力有朝一日会突然将其揭示出来的颠覆；最后，即使党犯了错误或蜕化了，即使它在革命低潮中被打败了，不断革命的内在机制也会突然地把它引回到它自身。唯一要被排除的一个假设是：一个从无产阶级运动中诞生并被它推向掌权的政党不仅可能会蜕化，而且可能会转而反对革命；这个假设是被唯物主义、被如下这一观念——无阶级社会已经被铭记在资本主义生产过程中了，它已经在那里了，只要摆脱了私人占有这一障碍，这一将来就会把它全部的分量都押在革命政治上面，并且或迟或早不会错过致力于革命政治——排除的。作为马克思主义者，在遭到驱逐前，托洛茨基怎么会不赞同由被解放的生产力所支持着的党呢？即使在被驱逐之后，他也从来没有从他的失败中吸取哲学教训：他局限于在布尔什维克主义之外重新开始布尔什维克主义，在斯大林主义之外重新开始马克思主义。至于各种原则，他重新回到了他在行动中有点搞乱了的完美的辩证公正上面，他为其经验提供了辩护或使之合理化了，而不是对之进行了阐明。① 在实践中，正如他那些捍卫苏联的论题所证明的，他仍尽可能地保持靠近正统派的客观主义。就真正地理解他的失败而言，托洛茨基本来应该修正其行动和其思想的不变框架，修正他的哲学信念：即同质的、无国家的社会将伴随着资本主义的终结而潜在地产生出来，辩证法处在事物之中，任何第三制度都是不可能的，或无论如何都是不会持久的。相反，承认资本的革命性的消除并不必然意味着无产阶级出场，这会取消辩证法的现实主义基础，同时取消革命政党的权威性。对托洛茨基来

---

① 这无疑是新的组织几乎没有得到发展以及它主要吸引了那些爱好辩证法的知识分子的原因之一：它更新了 1850 年的马克思主义，后者从来没有成为工人组织的马克思主义。

说这就是否定其马克思主义的行动。他更喜欢在想象的领地——在一个框架性的第四国际中——重新开始其行动，因为他再也不能在现实中继续这种行动了。但这是因为他想继续做一个马克思主义者，而所有那些像他一样以第二势力行动的马克思主义者，都试图不仅在苏联的道路之外，也在托洛茨基的道路之外重新开始马克思主义。

133　　让我们换种方式来说这同一回事：唯物主义断言，辩证法寓于社会整体的质料之中，也就是说，否定的酵素是由一种既有的历史构成，即无产阶级提供的。由此就产生了作为自我扬弃（Selbstaufhebung）的无产阶级的观念，甚或不断革命的观念，也就是说一种内在于历史的内在机制中的持续否定的观念。以这样的方式在世界中获得实现，否定性就可以作为一种源泉或一种精微的质料被接纳到世界中。力图让无产阶级掌握政权的党会预料到这种否定性，而它所准备的社会，按定义是永远自我批判的无阶级的社会或真正的社会。不幸的是，一个政府（即使是一个革命的政府），或一个政党（即使是一个革命的政党）并不是一种否定。为了扎根在历史的土壤上，它们必须肯定地实存着。对于所要做的事情，它们不是在何种程度上去做，而是绝对地去做；至少在此时此刻，只存在着肯定的专政。即使当党和革命社会最接近于无产阶级时，作为"自我消亡"的无产阶级也是不存在的：人们只能发现在思考着和欲求着这或那的无产者们，他们或是兴奋的或是消沉的，或者在正确地观察或者在错误地观察，但无论如何，他们始终都完全处在世界之中。党（原则上是由这个自我消亡的阶级赋予生机的，原则上是因为它就是这个被组织起来的阶级本身这样一个唯一的理由而获得辩护的）如同阶级本身，重新回到了肯定中，由此出现的是，否定性的历史代表始终更多地是以肯定性的名义确定自身的。无产者倾向于认为（共产党就更是如此了），革命是一种在事物中运作的肯定性原则，而不是一小撮不知所措的领导者和一些犹豫不决的群众。一台日复一日地在人们（他们并不都是哲学家，他们要么喜欢信任他们的领袖，要么喜欢指责他们）之中运作的、最终在肯定性和直接性中产生作用的政治机器，让自己的全部重量都落在了肯定中。辩证法的全部间接认同都转变成了现实的同一：无产阶级就是革命，党就是无产阶级，领袖就是党，这不是差异之中的同一，而是像存在就是存在那样的同一；而从此以后，双重意义或歧义就成了系统的规则，因为所有的证据都表明，不存在否定性的肯定的等价物，因为在人们能够成为否定性的代表的范围内，其代表是肯定的。然而，当马克思把辩证法置于事物本身中时，这种歧义就已经出现了。的确有这样一些被正确地叫作革命的时刻，在这些时刻里，历史的内在机制使无产者依据他们的党而生活，使工人们和农民体验到了辩证法在纸面上为他们所安排的命运共同体，使政府不外乎成为人民的管理员：人们由此达到了我们曾多次讲过的崇高点。托洛茨基展望的始终是这些完美的时刻；他强调，到那时，限制几乎不再是必要的，因为改变世界的意志到处都可以找到共谋，从田地到工厂，每一局部要求都碰巧谋划了整体的行动。他总是幸福地回忆起十月起义的那些日子：无产阶级在那个时候几乎没有流血就夺取了政权。这是革命高潮的奇迹，是体现在历史中的否定性的奇迹。但我们可以设想一种持续的、制度化的高潮，一种一直维持着这种紧张程度的制度，一种持续地接受这种批判的酵素的作用的历史时间，一种没有既得和没有停息的生活吗？不断革命就是这样一种神话，是否定在暗中活动，它从来都不会停止，尤其是不会在革命的社会里停止。无论如何，这种情形对于那些相信普遍历史的人、对于领袖们来说是可能的：在托洛茨基那里，在列宁那里，政府的谎言、各种操控、镇压都会导向世界革命。对于那些不是职业政治家的人来说，存在着的则是工作和娱乐、战争与和平、运动和休息，在他们的眼里，不断革命是行使暴力的一种托辞。因此，在原则上，只是在某些特殊的时刻，否定性才真正降临到历史中，成为一种生活方式。在其余的时间里，它是由一些官员来代表的。这种困难不仅仅是布尔什维克主义的困难，也是所有马克思主义组织的困难，也许还是所有革命组织的困难。不断地自我批评的革命需要暴力来确立自己，并随着自己实施暴力而不再是自我批评的。它是一种获得实现的或无限重复的否定，在事物本身中既不存在纯粹的也不存在持续的否定。只有通过使非资本主义的将来成为一个绝对他者，马克思才能够拥有并提供一种在历史中、在历史的"质料"中获得实现的否定的幻相。但对于一场马克思主义革命的见证者的我们来说，我们清楚地知道革命的社会有其分量、其肯定性，因此它不是绝对他者。通过仅仅把它推进到无限，必须保留同质社会，或最后社会的极限观念吗？这会重新开启幻相、会为一个只具有相对价值的社会提供一种它没有权利拥有的绝对荣耀。这正是托洛茨基做过的事情，而人们有理由说，在其革命的失败已经显露出来的时候重新开始布尔什维克主义是没有什么重大意义的。但是，重新开始马克思（如果马克思的哲学在这一失败中受到了牵连），就像这一哲学完好无损地脱离了这一事件，并且在原则上结束了对人性的考问和自我批评那样行为，同样是没有什么重大意义的。

因此，当克劳德·勒福尔承认，托洛茨基的命运并没有提出哲学问题，他的那些矛盾只是布尔什维克主义的矛盾、只是与一个落后国家的各种特殊性联系在一起的历史形式时，我们无法赞同他的看法。如果说无产阶级革命——"最后"一个阶级的革命，必然会创造真正的社会的革命——是在一个落后国家里发生的，那么，能确信这个事实是偶然的吗？相反，如果无产阶级革命因其本性注定要在落后国家里发生，那么，就应该预计会看到，布尔什维克主义的问题也会在任何一种无产阶级革命中重现。然而，在这里确实有一个有待思考的假设：马克思主义首先是把革命作为一个成熟中的或成熟的事实提供出来的。随后，当它已经在一些"早熟"的国家中出现时，马克思主义通过把这一事件与一种不平衡发展的规律联系起来而使之合理化了：一个没有经历资产阶级发展阶段的国家的历史滞后，一些发达国家对它的压制，一种半殖民制度的建立，一种新的无产阶级的突然出现，这些因素在它那里把一场将超越民主制阶段、跨过资产阶级阶段的革命的各种条件汇集起来了。在马克思主义者那里，这种使辩证法有了其灵活性、使历史有了其不可预见性的分析，仍然处在发展的一般图式的框架内：即使历史从前资本主义过渡到了社会主义，历史所趋向的社会主义仍然理所当然地是资本主义的成熟和衰落所必然导向的那个社会主义。发展跨越了某些阶段，它被缩短了，它避免了某些过渡，但它所导向的终点始终是像马克思所设想的那个样子，历史的成熟图式没有被改变。人们局限于引入了一种补充条件：阐明某些历史预测的落后国家中的革命的"内在机制"。既然革命没有在发达国家中出现，问题就恰恰在于知道，是否并非带有马克思特色的图式应该受到指控，无产阶级革命是否并非实质性地与落后国家的结构联系在一起，革命是否是对资本主义的发展"不可避免地"导向的一些标准阶段的一种预期，而不是正当其时、正当其地在落后国家中的形成，在这个意义上，它只是在存在着历史滞后的地方才有可能，并且反过来说，它绝不代表允诺给资本主义社会的将来。我们或许可以说，落后国家中的无产阶级革命确实是"早熟的"，但要在精神分析学所说的一个人类婴儿的出生是早产的这个意义上来理解：这不是因为，如果革命来晚一些，它就会是"完全自然的"，相反地是因为，不管人们假定它来得多晚，做了多好的准备，它始终都是夺取和再创造。革命与革命的社会是一种实质性的早熟的早产儿，有必要从这个观点来对它重新进行分析。一个革命的社会原则上是这样的一个社会：它不是产生自一个长期存放在前一个社会里的、如马克思所说的在其客观的机能中得以成熟并"孵化"的胚胎，而是相反，通过跨越式增长、通过"内在机制"产生自一种冲突（它扩大自身，直至摧毁它由之而出的社会结构）。在一种意义上，我们已经说过，那些关于不平衡发展和不断革命的论题延伸并发展了马克思的某些思想，但它们也使之"革命化"了：因为它们引进了关于革命及其与历史的关系的新观念。革命不再是历史的实现，它也在一些没有"孵化"它的社会里出现，它始终在那里，又从来都不在那里，因为即使在那些成熟的社会里，它也可能无限地推迟，即使在革命的社会里，它也始终会反复发生。革命变成了与历史的持续断裂，它随处可见，但人们又从来都无法接近它、靠拢它。辩证法在现在和过去之间建立起了连续和不连续的双重关系。资本主义产生了它自己的掘墓人，为它自己准备了将要推翻它的制度，因此，将来来自现在，目的来自它只不过是其整体和意义的手段。但一种革命可以这样产生吗？改变历史的正是历史本身吗？作为断裂的革命不是应该首先放弃那先于它的东西吗？革命难道不会在人与人之间，甚至在无产者与无产者之间产生一种张力，以至于党的民主制、争论的自由、革命的友爱、过去的回归、历史的统一只会在很后来才来临（如果它们来临的话），只会以目的和辩护的名义出现在领袖们的精神中而不是革命运动本身之中？马克思主义不愿在辩证法的两面之间做出选择：有时，它就像谈论一个浪潮那样谈论革命，它在共产党和无产阶级所在之处席卷它们，并把它们带到障碍之外；有时，依据无限的清洗，它相反地把革命置于一切存在着的东西的彼岸，置于作为现在之否定的将来之中。这两个视点是不可调和的，它们在马克思主义那里是被并置的；为了实现综合，马克思能指望无产阶级通过其党而成长。不断革命的观念宣告，革命与其说是过去的结果，或对其问题的当前超越，不如说是最遥远的未来在其每一个时刻的迫近，换句话说，它宣告了历史的一种原初的滞后。因此，毫不奇怪，这一观念可以令人满意地应用于落后国家的革命中。但是，如果说这些"早熟的"革命就像那些旧的社会声称要"孵化"的革命一样，能够创造出那个真正的社会，这是会让人诧异的。人们保留了辩证法的图式，应该有所实现、应该有所破坏；

革命拯救一切、革命改变一切。实际上，依据不同的时刻，两者之一会占据着优势，曲折取代了辩证的发展。人们让清洗和缓和交替出现。其结果是，这两种态度中的每一种都成了另一种的简单面具：人们以真理的名义无中生有地创造，人们几乎毫无顾忌地滥用暴力，因为这种暴力据说是铭刻在事物中的。这就是布尔什维克的精神，这就是托洛茨基的思想，马克思思想的危机和延续。托洛茨基的命运在这一应该把真理和行动统一起来的，一个只是另一个的避难所的哲学中已经隐约可见。

布尔什维克主义的、"单一国家中的社会主义"的各种"偶然性"在苏联及全世界共产主义中引出了这样一些结果，它们如此完全地改变了无产阶级革命的前景，以致我们除了依据柏拉图的理想国为其展示前景之外，再没有更多的理由来保留它们，并把各种事实强行纳入其中。即使布尔什维克主义只是某一时代的表达，它也已经如此专横地形塑了继之而来的时代，以至于问题就在于知道，为了思考这个后来的时代，我们是否应该保留无产阶级社会的那些坐标。被驱逐的托洛茨基捍卫他的历史哲学，他关于党和革命的理论，甚至还有集体经济和计划经济的"拜物教"。这就是为什么他对于苏联的批判是对并非没有任何希望的"扭曲的革命"的批判。勒福尔开启了对布尔什维克主义的背离，他通过关于"社会主义的基础"的论题，放弃了党的布尔什维克实践，他把布尔什维克主义评价为一种被歪曲的马克思主义。但他还是没有让无产阶级的历史哲学处于争论之中：布尔什维克主义把它漫画化了，因为它是一种"历史的预示"，而且走在时间前面。因此，勒福尔本人也以最小代价（minimo sumptu）推进了。他乃是托洛茨基的托洛茨基。然而，历史的成熟时刻——执掌政权的无产阶级在这一时刻不会让政权从它手中失去——的确定性从何处而来呢？布尔什维克们只相信一种相对的成熟，也可以说只相信一种最低限度的成熟：一旦某些客观条件被汇集起来了，他们不会阻止自己粗暴地插手历史。无产阶级的哲学如果让自己产生这些侵越，就会重新发现布尔什维克主义的种种矛盾，如果它完全克制自己，就会变成完全沉思的。当勒福尔写道，布尔什维克主义是一种"历史的预示"时，这个表述是有歧义的。如果它想说，历史在1917年对于俄国无产阶级政权来说还是不成熟的，那么，对于他给出的所有理由来说，这一点都并非是有争议的。但这一点不能证明（而这却是"预示"所暗示的东西），明天，在其它地方，有一个无产阶级政权将是"成熟的"，也不能证明，一种革命政权从来都是有别于"早熟的"。

第五章　萨特与极端布尔什维克主义

如此说来，既然马克思主义哲学相信只有把辩证法整个地定位在客体中才能够表达社会的分量，行动中的辩证法就要么通过以隐藏的真理之名实施的恐怖，要么通过机会主义来对逆境做出反应，而且无论如何都偏离了它自己的路线。但进行这种实验是一回事，承认和表述它则是另一回事。在其最后的几年里，托洛茨基在说事物的进程或许将质疑马克思主义关于无产阶级是领导阶级、社会主义是资本主义的继承者的论题时，他只不过是隐含地承认了这一点。共产主义者远没有承认这一点。对于他们来说，辩证法正是在失败了这一范围之内，必须保持为强有力的：它乃是"面子上的事情"，是对它并未亲自出现在其中的巨大的技术性劳动的"辩护"。在该词的两种意义上，人们都没有"触及"它：因为人们没有改变任何事情，因为人们没有利用它。如果社会像卢卡奇所说的那样是"第二自然"，唯一要做的事情就是像控制自然那样控制它：通过一种只允许在工程师之间讨论的技术，也即根据一些效率标准而不是根据一些意义标准。意义很晚才出现，唯有神知道会怎么样。这将是未来的共产主义社会的事情。对于当前来说，问题只在于用一些手段来"打基础"，这些手段与它们的目的不相同，就像瓦刀与它要造的砖房不相同一样。马克思假定为既有的生产机器一旦被制造出来（这正是俄罗斯缺乏的，中国更加缺乏的），国家生产就将从它自身中结出其社会主义和共产主义果实，我们将看到人道主义和辩证法发了芽、开了花，而国家将会衰亡。①假如，为了创造出生产机器，苏联社会没有设置一种强制性机器，没有建立一些逐步成为其历史的真实面貌的特权的话，这当然是很好的。但共产主义者并没有看到这一点，因为他们只让自己的眼睛盯牢辩证法。他们考虑到了它的失败（在这一意义上，他们知道其失败），因为在所有的情形中，他们都以大量的安全措施来避免其失败。但出于同一举动，他们把它置于未来之中了。不再相信辩证法和把它置于未来之中乃是同一回事；但这是对于一个只局限于眼前的外在见证者，而不是对于进行欺骗的人和已经生活在其目标中的人而言是同一回事。因此，辩证法完全扮演着意识形态的角色，它助长共产主义成为一种有别于它认为自己所是的东西。

在这种情形下，一位独立的哲学家尝试不借助于意识形态直接地分析共产主义实践是适宜的。辩证法和历史哲学的语言如此这般地渗透到了共产主义之中，以致不利用它们来描述共产主义将成为一种全新的尝试，而这乃是萨特近来公开发表的那些评论的极端兴趣之所在。②在这些评论中，辩证法的盖布被拿掉了，共产党人的行动按照它目前的情形被考虑，就像可被某个忘记了其历史的人考虑的那样，它最终以其自身"被理解"。在这里，第一

---

① 斯大林在其最后几年中仍然反复提到国家消亡的论断。
② 萨特："共产党人与和平"（第一、二、三部分），载《现代》，第81、84～85和101期；"答勒福尔"，载《现代》，第89期。

次有人向我们说出了一个共产党人为了完全清晰地为共产主义做辩护应该说的话，①而没有诉诸传统的预设。

萨特"理解"共产党人的政治，从无产阶级的观点出发为之辩护，并因此（在精确表述的范围内）从他自己的角度、以一些完全不同于共产党人宣称的理由来把握它，就像他所说的，"以我的而不是他们的原则为起点来推理"。②真正说来，他们的原则与他的原则不只是不同的，而且几乎是对立的，这证明他提供的辩证法是失败的。当共产主义哲学家，比如卢卡奇，在形式上保留了历史辩证法的原则，并且仅仅把它推进到"第二自然"的在己中（这确实造成了那些中间领域的无限膨胀，分开了共产主义事业与其最终意义，并且无限地延迟了它们的当面对证）的时候，通过拒绝赋予历史以任何生产性，通过使历史对于它自己拥有的可以认识的东西而言成为我们的各种意愿的直接结果、对于

---

① 萨特在其第二部分中很明确地写道："这篇文章的目标是表明我与共产党人在一些确定而有限的主题上的一致"（第二部分，第706页）。其标题表明，他起初寻求的是与他们仅在和平问题上的一致。与此同时，为了促进行动的统一，萨特着手极力说明，当一个人持左派立场却又不是共产党人时，为了有利于共产党的政治，他可以说些什么。这导致他把行动的统一表达为共产党唯一能够做的事情，并导致他集中批判共产党的各个对手，并最终指责他们的马克思主义。在马克思主义争论的阵地上，这乃是就此采取一种立场。真正说来，这一阵地不是萨特的阵地，而且他把斯大林主义者和托洛茨基主义者伪装在了另一种哲学，即他自己的哲学中。即使当他不再以自己的名义评判那些马克思主义的争论时，他也没有放弃他给予共产党的优势地位。共产党始终以萨特的哲学为基础（尽管，正像我们将会看到的，这是由于一些并非出于他本人的理由）。萨特与共产党的一致因此超出了他最初涉及的那些"确定而有限的主题"："我毫不掩饰我对于共产主义事业的许多方面的同情"（"答勒福尔"，第1615页）；应当在"共产党人与和平"中，在那些关于行动的统一的表述之外，寻找他对于同情态度的表述。

② 萨特："共产党人与和平"，第二部分，第706页。

其余的东西而言成为一种难以渗透的不透明性，萨特正当地为共产党人的行动提供了理由。无疑，这一极端的主观主义和这一极端的客观主义有某种共同的东西：如果社会是第二自然，它就会像后者那样，只能被一个技术人员（他在这里将是一种政治工程师）所改变。如果社会不过是我们的过去活动的惰性的、混乱的残余，我们就只能通过纯粹的创造对之进行干预并赋予它以秩序。不管是打着唯有党才能掌握的理论知识的名号，还是打着绝对非知识的名号（而且因为，在一种差不多等于混乱的历史中，一切都好过现存着的东西），党的行动都不受制于各种意义标准。关于纯粹客体的哲学和关于纯粹主体的哲学同等地是恐怖主义的。但它们仅仅在后果方面是一致的。至于说动机，它们始终处于对立状态。辩证法的毁灭在萨特那里公开地、在共产党人那里隐蔽地完成了；共产党人建立在历史进程和无产阶级历史使命基础上的一些相同的决定，萨特把它们建立在无产阶级的非存在的基础上，建立在从乌有出发把无产阶级创造为历史主体的决定的基础上。

因此，萨特与其说以共产党人所思考的东西、以他们所教导的哲学，不如说以他们的行动相对地为他们进行了辩护。或者，如果这一哲学本身也被"理解"为一种辅助性的神话，那么我们从中认识到的真理类型就是象征的，不是它声称的那种类型。我们感觉到，对于萨特来说，辩证法始终是一种幻相，不管它是被马克思、托洛茨基还是其他人所运用，存在着的只有谈论的方式、为行动辩护的方式、导演该幻相的方式的一些差异：就实质而言，马克思主义的行动始终都是纯粹的创造。历史的"真理"始终是骗人的，党的争论要么是一种仪式，要么是一种操练。马克思主义始终是无产阶级（历史地看，与存在着的他者相反，无产阶级并不存在）的选择，而超越各种内部对立的企图始终是柏拉图式的：我们只能够跨越它们。因此，萨特没有在马克思主义史中看到区分辉煌时期和衰落时期、奠基者们和追随者们的任何理由，他从来没有让共产主义与它所宣称的辩证法相对质。为了把共产主义理解和说明为它之所是，比任何人都要武装得好的萨特，针对它所掩盖的一些传统意识形态，却没有这样做，这恰恰是因为，对于他来说，根据使从来都没有存在过的东西存在的绝对意志，共产主义的深层意义的确超越了各种辩证的幻相。他没有问问自己，为什么没有哪位共产党人想到写他在该文中之所写（虽然共产党人每一天都在这样做），或者把他的行动奠定在取消辩证法的基础之上（如果说那些在历史上一无所是者应该变成为人，这是唯一需要去做的事情）。这最终是处于他的思想语境中的共产主义，对于萨特来说就足够了。即使共产党人以另外的方式设想它、推动它（他确信这一点），也不会对共产主义的意义有任何改变。在这里，共产主义在第二层次上获得了理解、获得了相对的辩护：不是像它看自己那样，而是像它所是的那样，也就是说，像黑格尔教导的那样，像哲学家看它那样。如果萨特公开地给出他的理由，如果他说共产主义是一种更深刻的实用主义，他就会让理论与实践之间的差距、共产主义哲学的危机，以及超出于哲学的整个制度的意义变化昭然若揭。如果他充分"理解"了共产主义，那么共产主义意识形态就是骗人的，并且就会对制度的本性提出疑问：这一疑问掩饰在他所教导的哲学中，而不是在那里获得了表达。如果萨特像共产主义所做的那样来创立它是有道理的，那么共产主义像它所做的那样来思考自己就是错的了，因此，共产主义并不完全就是萨特就它所说的那样。说到底，如果萨特有道理，那么萨特就错了。这乃是一个孤独者的处境：他把共产主义纳入到他的世界中，在思考它时没有考虑到它就自身所思考的东西。读"共产党人与和平"，我们常常要问却找不到答案的是，既然有那么多的马克思引文均衡地分布在各处，那么萨特在马克思、苏联共产主义的各种意识形态及他本人的思想之间做了什么区别。这是因为，作为一位优秀的哲学家，萨特把这整个世界都装进了他的思想之中。在他的思想中，仅仅在的思想中：一旦假定了他对历史和历史真理的否定，预设了他关于主体和擅入的他者的哲学，马克思、列宁、斯大林、杜克洛①实质上就是难以区别的，就是与萨特难以区别的。但这本身没有被说出来：要说出来，他就要强调共产主义从马克思到我们的变化，而这一变化对于他来说不过是表面的。他的解释始终是暗含着的。由此，在他那里，有一些保留，而在进行阅读的我们这里，有一点不满意。我们很希望他说过：如果说杜克洛和托洛茨基有同样的权利成为马克思主义的继承者，如果说那些非斯大林主义的马克思主义者是叛徒，这只是对于某个不相信辩证法的人而言的。缺乏对于这一点的精确描述，萨特的旨在向读者进行澄清的分析只会进一步地增加混乱……

---

① 杜克洛（J. Duclos，1896～1975），法国政治家，从 1926 年起一直是法国共产党的主要领导人之一。

我们预期，而为了把萨特的论题置入我们自己的研究中，完全有必要这样做。因此，我们将在"共产党人与和平"中寻找这一新阶段（我们称之为极端布尔什维克主义）的迹象：在这一阶段，共产主义不再通过真理、历史哲学和辩证法，而是通过对它们的否定而获得辩护。据此，我们不得不问一问，从萨特的一些前提中能否引出他所得出的结论，它们是否能够创立共产主义的一种无论什么样的形式，这种完全自愿的共产主义是否经受得住检验，它是否依赖于一种它本身使之不可能的革命观念。

人们或许会认为，评价萨特最初的那些分析为时尚早，因为我们并不能够准确地知道他本人赋予它们什么意义，因为它们应该被后来的分析补充完整。他已经宣布，在证明了共产党在什么方面表达了无产阶级之后，他将证明它在什么方面没有表达之，而我们唯有从这里才能看出共产主义和非共产主义如何能够在精神和行动中达成一致。这一难题可与基督教哲学面对历史上的基督教时的难题相比。人们总是会问，宗教对于基督教哲学来说是不是真正的哲学，或者相反地，哲学是宗教的真理，它包含了宗教，或毋宁会问，它们之间如何建立起了和平共存，因为，如果真理只属于一方的话，冷战就将持续下去。因此，萨特离开了历史恐怖的土壤。他会说出他为什么没有成为共产党人，他的"理解"在什么方面与赞同是不一样的，他赞成共产党人的理由在什么方面有别于共产党人的理由，最后，他将建构一个使共产党人的行动和一个非共产党人左派的行动能够在其中联合起来的混合的世界。

但已经发表的那些分析还是应该让位给它的补充部分，而这正是我们的研究所针对的。在我们看来，如果人们承认那些分析，争论就会以对于共产主义的绝望辩护而结束；这一辩护不承认限制，不承认差别，也不承认严格而言的动机，因为它揭示的是道德：共产主义不应该被评判，不应该被建立，也不应该与有别于它的东西相调和，其行动不应该依据它自身之外的标准来测度，因为它是全新地创造一个让那些一无所是者成为人的社会的唯一符合逻辑的尝试，因为这一就像萨特乐意说的那样的"反自然"，这种英勇的事业不能容忍任何种类的条件和限制。如果这些观点对他而言确实只代表了一个共产主义同情者的思想，如果它们应该与其它观点结合起来以便得出其真实的结论，那么我们的讨论就只能预期他的结论。相反地，如果他从自身的角度把这些观点看成本来就是那样的，我们从今以后就有充分理由说出它们为什么没能让我们信服。简言之，这是因为：(1)萨特提出的共产主义的观念是对辩证法和历史哲学的抛弃，而且用一种关于未知事物中的绝对创造的哲学取而代之；(2)如果这一哲学获得承认，共产主义就是一种未定的事业，人们只知道它绝对地是他者，作为应当，它不容任何讨论，也不容任何证明和任何理性控制；(3)最后，这一没有标准的行动，正因为它是没有标准的行动，只能从那些不能对此做出决定的人那里获得一种有所保留的同情，一种不在场的在场。它几乎不会获得加强，更不会获得改变。最终说来，非共产党人左派在自己的各种推理中而不是在自己的行动中是"非共产主义的"。这恰恰是它会有害于而不是有助于共产主义与非共产主义之共存的原因。

一

萨特的研究首先诉诸于各种事实。确实，工人阶级中最积极的部分如今都加入了共产党，加入了劳工总联盟①。因此，共产党的任何失败确实都会减轻工人阶级在政治斗争中的分量，那些把共产党组织的罢工的失败当作工人阶级的胜利来庆贺的人确实抛弃了现存的、多数是共产党人的工人阶级。左派反共产党人通过把工人阶级的疲倦说成清醒，把工人阶级的厌倦说成革命精神来勉强应对。他和一个想象中的无产阶级一道通向最终摆脱了共产主义监护的革命，并把与比内②政府一同获胜或遭罪的政治美化为无产阶级政治。萨特问他："您在干些什么呢？"如果世界停留在这一瞬间，如果您是依据您的不怀好意的喜悦被评判，那您就是为工人阶级的解体而鼓掌欢呼的人。您说有必要进行区分，您把这一事件当作共产党的失败和解放了的工人阶级的觉醒来庆贺。但您完全知道，政治在多数时间里是把那些意见分歧组织起来并从侧面打击敌人的艺术。当政府逮捕杜克洛并强行构织证据时，它并没有公开地针对工会和工人阶级：它针对的只是党的一个领导者。但是，当那一场为了捍卫他而组织的罢工遭遇失败时，则是请愿罢工提前受到了打击，是冷漠在工人阶级中扎了根，是工

---

① 法国劳工总联盟或法国总工会（Confédération générale du traval，缩写为 C. G. T 或 CGT）成立于 1895 年 9 月 23 日，是由劳工议会联盟（Fédération des bourses du travail）与全国工会联盟（Fédération nationale des syndicats）合并而成的。

② 比内（A. Pinay，1891～1994），法国政治家，做过市长、议会主席、财政部长，是第四共和国时期的总理。

人阶级受到了削弱。在目前情形下,在面对罢工时,共产党的失败乃是工人阶级的失败。如果您同意把共产党作为头号敌人对待,并因此而考虑您的全部政治,那么您的二号敌人资本主义就相对地说成了您的同盟:如果您首先把全部心思用于削弱共产党,您就缺少时间和兴趣去削弱其敌人。如今,如果共产党反对您,现存的无产阶级反对您,您就只能以观念中的无产阶级的名义说话,您在这一时刻就只能表达一些思想,而不是像您的马克思主义所要求的那样表达工人运动本身。

这一切都是真实的,而且应该被说出来。萨特以急迫的方式直接地提出了问题:不赞同共产党的人就是反对它和反对围绕在它周围的无产阶级。然而,有人会回答说,任何反对都冒着毁掉它打算纠正的运动的危险,而如果它不这样做,一个组织永远都无法纠正其政治。如果人们不在有些时候让今天的无产阶级召唤明天的无产阶级,如果人们不敢更倾向于观念中的无产阶级而不是现存的无产阶级,就不会有无产阶级的政治:在每一情形中有着的都只是对于无产阶级政党所做的事情的盲目忠诚,人们甚至不知道它是否还名副其实。没有哪种政治,尤其是共产党的政治会接受依据其行动的某一时刻而被评判。没有哪种政治会简单地对事件做出是或否的回答,没有谁会放弃以不同于问题在那一时刻被提出的方式提出它的权利:因为存在着准备了这一陷阱的过去,也存在着人们可以致力于让它停止作用的未来。一种缺乏克服事实处境及其各种困境的办法的政治不是一种有活力的政治:它乃是一个被判处了缓期死刑、每一时刻都受到被传唤到法官面前之威胁的人的政治。"我当时在国外,我与共产党人的关系不错,但绝不是非常愉快……听到罢工失败的消息,我有许多理由对此无动于衷……可是,消息对我产生的是相反的效果。"① 就算是这样吧。每个人都对事件有其思考。但恰恰是从远处,而且是在度假时,危机成了沉默中的晴天霹雳。政治家本人已经看见事件开始出现,而当它爆发时,他已经想到其明天了。简言之,他思考它,他体验它,他不对它说"是"或"不"。

萨特原则上保留了拒绝事实的最后通牒的权利:"共产党人指责你背叛还不足以让你成为叛徒。"② 共产党可能造成工人阶级反对我们,而不是我们反对工人阶级。意识的要求继续存在,我们借此保留着后退一步、思考这一事件、为我们所做的事情赋予意义的权利。但处境、"右派的暗笑"把我们置于接近背叛的危险。因为——这是关键之处——摆脱了困境、打算把某种革命观念与共产党的政治相对照的意识,不会在事实中发现任何使它能够确定这种观念是否是革命的并且勾画出另一条革命路线的东西。工人阶级与共产党的团结并不是一种偶然,不是由共产党维护而政府从中获益的一种混同。它是有理由的,它永远不会停止,因为没有任何办法可以把共产党的政治与无产阶级运动区别开来。有人说:6月2日罢工带有共产党的标记,偏向于采取非法手段,把政治和经济相混淆,效忠于苏联的外交,它是共产党人的,而不是无产阶级的。对于萨特来说,在共产党的政治和无产阶级的暴力之间没有可确定的不同。工人运动不仅仅是在精神上并且由于一

---

① 萨特:"共产党人与和平",第二部分,第705页。
② 萨特:"共产党人与和平",第一部分,第5页。

种可以原谅的错误才与共产党、与苏联结盟，而且是在现实中与之结盟；左派反共产党人也不只是由于一种可以纠正的漫不经心才让他对共产主义的仇恨漫延到了无产阶级暴力，这是因为，即使他是一个"马克思主义者"，但由于处于工人阶级的实际状况之外，他已经不再根据无产阶级来进行思考，因为他通过共产主义要排除的正是无产阶级。确实，人们无法证明革命的目标要求 6 月 2 日罢工、要求这一非法活动、这一经济和政治的混淆、给予苏联安全的这一支援。但人们更无法证明其反面。模糊不清存在于事物之中，正是历史是模糊不清的。"就像通常那样，事实既不说是也不说否。"① 使用各种非法手段？但它们是无产阶级的手段，因为资产阶级的法律是针对它而制定的。把经济和政治相混淆？但这是无产者的法则本身，因为它从来没有进入到纯粹的政治生活中（尤其是当一条选举法把相当部分的共产党人难民排除在外的时候），因为政治活动纯粹是以整个社会机器为目标的活动，因为不参与这一领域，无产阶级就会像一个没有意识的身体。效忠于苏联？但苏联是革命的国度，即使革命无处不在、处处都是不可避免的，但它怎么能够与它受到的第一座堡垒的支持相比呢？就算共产党的政治总是通过某种间接的方式与革命暴力联系在一起（尽管这无法从它自身出发获得证明），试图自由地对此进行评判的意识也没有办法有效地利用这种自由。要么是"是"，要么是"不"，这就是全部。"是"和"不"一样出于意志，都是以模糊不清的方式说出来的。共产党总是因为这一永恒不变的理由获得辩

---

① 萨特："共产党人与和平"，第一部分，第 8 页。

护：它的暴力或许不过就是无产阶级的暴力。"是"与"不"很难区别开来，就像在克尔凯郭尔①那里，信仰与不信难以区分一样。共产党无论如何有一个否定的使命：它或许不是革命，但它确实不是资本主义；它或许不是纯粹的无产阶级暴力，但它确实没有缺席于无产阶级所做的事情。作为纯粹的否定，意识与那些相反地"既不说是也不说否"的事物形成对照，它不能够介入到外部去，除非它在那里找到一种与它相似的否定，并且在那里认识到它自身：作为资本主义的否定，无产阶级暴力的象征，党乃是意识的一个复本。关于党之所作所为，意识可以讨论，它甚至不会停止讨论。意识保持为自由的。但是，意识只能尊重地利用这一审查的权利，这一权利不能有损于意识把党作为其否定的载体的基本评价：这一决定是先天的，出自另一秩序。

由此，观察到工人阶级与共产党的团结，人们过渡到了一种原则，因为正像人们想要表明的，那些事实有多重意义或没有任何意义，它们能够获得单一意义只是由于自由。在萨特那里，他关于党和阶级的整个理论都派生自他关于事实、关于意识的哲学，以及在事实和意识之外，他关于时间的哲学。他常常说：我不从事理论，我一般不谈理想的无产阶级、不谈党，我关注当下发生在法国的事情。但正是对现在的如此这般的参照构成了理论，之所以存在着理论，恰恰在于这种把事件当作不可避免的、当作我们的意向的决定性检验、当作整个未来和我们自身的即刻选择的方式。这意味着，政治问题能够而且应该在一瞬间就被提出来并

---

① 克尔凯郭尔（S. Kierkegaard，1813～1855），丹麦哲学家，基督教思想家。

且加以解决，不需要回顾或重复；应该接受直接面对独一无二的事件；在事件中与看似孤立的东西从来都连在一起的扭曲，对立于那种只不过是他者的东西。不要谈无产者、在己的阶级和永恒的党，而要在这里提出一种关于无产阶级和党的理论，无产阶级和党则是连续的创造，也即延期的死亡。

　　战士、党和阶级将从一些相似的紧急情况中诞生出来；它们乃是一种在事物中没有其支撑的意志针对事件的陷阱做出的反应。让我们甚至不要说诞生：它们并非不是来自于某处，它们不过是它们应该成为的、不过是它们让自己成为的。战士不是一个在战斗的工人，不是变成了政治行动的某种受苦受难的过去。受苦受难属于生产者、属于"具体的人"，[1]而正是在具体的人之外，主动的无产者出现了。如果一种纯粹的拒绝不会把他造就为战士的话，他就会被迫承受那些苦难。萨特总是认为没有任何东西会成为一种意识行为的原因。他至少在以往还谈到过一些"温和的力量"和一些"动机"。他如今仍然在谈"持续贫困化与不断革命的互为条件"。[2]但这对于他来说是统计上的、第二位的思想。完全严格地说，无产者不是战士的条件，对于他来说，革命意志不完全出自于苦难就足以认为它似乎根本不出自于苦难，就足以把它看作是从无中涌现的"发明"，是对工作条件的拒绝，[3]是工人借以"死亡和再生"的

---

[1] 萨特："共产党人与和平"，第二部分，第731页。
[2] 同上书，第711页。
[3] 萨特在其"答勒福尔"中解释说：工人拒绝的是工资制度，而不是体力劳动。可是他在第一部分中却写道："工人有什么兴趣吗？在我看来，工人的兴趣不如说是不再做工人"（第27页）。萨特差不多把马克思所说的实存条件的革命理解为职业的改变。

"转变"。拉缪①说,生活始终都是去劳心费力地生活。这样的劳心费力者不是充满痛苦和疲劳的人,而是那个在他那里,在绝望和希望之外,对这一生活说"不"并且把它转变成另一种生活的人。在这里甚至不应该谈决定,即不应该谈在各种可能性之间的精心考虑以及一些预示它的动机。"自由就像一只鹰一样向我扑来",《苍蝇》中的俄瑞斯特②大致这样说道。同样,革命意志在战士那里更多地是他本身而不是他的生活,它不是从他已经所是的东西中,而是从未来、从他自此以后据以安置自身的非存在中涌现出来。"……如果说行动选取了他,他会相信,行动就其本身来说是一种信任。它为什么选取他?因为它是可能的:他没有决定采取行动,他行动,他就是行动,历史的主体。"③战士相信革命和相信党,就像康德的道德主体相信神和不朽:不是因为意志在这里专注于外部存在,相反地是因为,没有任何根据地、在尚未涉及任何动机和纯粹价值断定之前,它已经另外在存在中设定了它为了发挥自己所必需的东西。它相信的从来都只是它自己,它乃是唯一的源泉。革命不可能来自工人,尤其不可能来自熟练工人:他有一种公认的价值,他被自己的才能缠住了,他还没有准备好被自由俘获。他设想的是:人实存着,治理好社会就足够了。萨特说,让我们摆脱职业。唯一有价值的人道主义是那种关于绝对匮乏的人道主义,就像拉缪的神一样,它因为在存在中没有其支撑,所以更有价值。"人

---

① 拉缪(J. Lagneau,1851~1894),法国哲学家。

② 俄瑞斯特(Oreste)是希腊神话中的悲剧英雄。在《苍蝇》这部实存主义悲剧作品中,萨特描绘了主人公俄瑞斯特自我选择的英雄气概,号召人们正视悲观和绝望,积极地介入现实生活。

③ 萨特:"共产党人与和平",第二部分,第717页。

还有待于形成：他是尚未成为人的那一个，是成问题的那一个，对于我们中的每一位而言，在每一时刻，他都是从来还没有存在、却有着不断消失的危险的那一个。"① 换言之，他是一个应当存在，甚至是一个纯粹应当，因为我们并不真正明白人如何能够不丧失其价值而为人。正是应当或虚无对存在的叮咬，即自由（萨特一度称其为"致命的"）构成了战士。

人们要问，为什么他在共产党那里战斗，而不是像拉缪那样在"道德行动联盟"中战斗。这是因为在萨特那里，意愿的绝对只不过是内部的真理，因为存在着关于主体的一种不同的视点（不同与相同，因为正是他自己的自由被最悲惨者的目光涉及和伤及），他人，尤其是他人中最悲惨者针对他的视点。自由在这一作为他的嘲讽、他的漫画的悲惨状况（一种并不属于他的、相反敦促他向之妥协的匮乏）中获得了承认。因为他人在萨特那里并不是自我的一个模糊的复本，因为诞生在我的生活场中的他搅乱了我的生活场、使我的自由偏离了中心、为了让我重新出现在那里而毁掉了我，所以在一种盯牢我的目光中，做不是像在康德那样超出这一生活，甚至也不是像在拉缪那样先于这一生活把它的各种假定放在良心、纯粹友谊关系和精神交往中，而是把它们放在这一生活中，放在把我与他人分开又使我与他重新统一、并且逐步把全世界包括在内的空间中。

可是，在这一时刻本身中，在向外部的这一过渡中，某个东西证明我们仍然停留在主体哲学中：这恰恰因为党如同战士一样

---

① 萨特："共产党人与和平"，第三部分，第 1792 页。

是纯粹的行动。如果一切都出自自由，如果工人们一无所是，在创造出党之前甚至不是无产者，那么党就不取决于任何给定的东西，甚至不取决于它们的共同历史。要么无产者的党永远都不会存在，要么，如果它存在，它就会是他们的连续创造、他们的非存在之标志，它本身是纯粹的行动或纯粹的关系，就如同它由之诞生的绝对命令一样。因此，只会有一个党，①而且在它那里不会有多种倾向："联合的有机体应当是纯粹的行动；如果它包含有最小的分裂种子，如果它在自身中还保留有某种被动性，——一种重力、一些利益和一些意见分歧，那么谁来把统一机器统一起来呢？"②如果只存在一个组织，它的那些决定是"仅有的可能性"，③那么它就是无产阶级本身，无产阶级在它那里是它能够是和应该是的一切。④如果存在着多个组织，那些决定，哪怕是出自多数的决定也只不过是出自偶然，因为其它决定也是可能的，领袖们不再是无产阶级本身，说他们是好的，就已经等于说他们可能是坏的。⑤群众"不是在一种没有分歧的反应中肯定自身，而是被引导到在多种概率政治中进行选择"。⑥多元论由于是对无产阶级的摧毁，所以甚至不需要对它加以讨论。因此，应该说，依据定义，党是无产阶级精神的载体：这是苦行命令和职业命令意义上的命令；它接受这一出自某种灵感或出自某种荣耀的托付，并以

---

① 萨特："共产党人与和平"，第二部分，第 760 页。
② 同上书，第 766 页。
③ 同上书，第 716 页。
④ 同上。
⑤ 同上。
⑥ 同上。

充分的权力来管理它。在它那里,命令一词的三种意义结合在一起:"这是一种让命令进行主宰并且发出一些命令的命令。"① 不应该说,它之所以表达了无产阶级是因为战士选择了其引导,甚至因为他们心照不宣地赞成它:它之所以永久地获得了全面授权,只是因为,没有它就没有无产阶级。黑格尔式的国家实质上是社会,因为它是从社会中预先存在着的一种观念中涌现的。相反地,党实际上是无产阶级,因为在它之前不存在无产阶级。因此,人们所谓的无产阶级信任不是一种可能会逐步消退或扩大的心灵状态或感情,这就如同对国家的感情:只要存在一个无产者,他就会信任党。这是一种不需要被感受到的感情:它铭刻在或暗含在什么都不是的无产阶级需要一个党才能够历史地存在的必然性中,最终铭刻或暗含在构想了这些可能性和它们的相互关系的萨特思想中。无产阶级的历史要么就是这样,要么不存在:不是由一些获得表达和沟通的意见,而是由就像被扔在大海中的瓶子那样被托付的使命,由作为接受加冕的授职,在一种没有手段、没有条件的意愿的绝对中构成的,因为创造一个无产阶级以及一个无产阶级社会本身就是一种没有先例的事业,完全对立于到目前为止称之为自然和历史的一切。因此,任何制约领袖的想法都是不适宜的:相对于党的无限任务——它要从乌有中产生出某种东西来——而言,多数人的意见算得了什么呢?更不用说少数人的意见了。当党在每时每刻都只能有要么存在要么死亡的选择时,当然会存在着一些意见。因此,这些"几乎什么都不是:各种坏脑

---

① 萨特:"共产党人与和平",第二部分,第 759 页。

筋、渣滓；多数人对此不予理睬，并自称意见一致"。① 开除少数派② 在无产阶级政党诞生时就已经萌芽了。因为对决定的意见一致在它那里不过是这样一种说话方式：这些决定是冒着死亡的危险做出的，它们关系到无产阶级生存下去的全部机会，而且，因为这种危险处境是永恒的，任何决定依其字面定义都是"意见一致的"。这一没有秘密选举、没有少数派、没有反对派的体制被称为"真正的"民主，这不是因为它把资产阶级政体的那些流于形式的保证延伸到了统治和生产的现实中，而是因为它整个地为无权者创造了权力，这是一项特别宏大的、不适宜于争论的事业。因此，战士的功能是"服从命令"。③ 萨特确实没有把无产阶级与党的机构相等同。④ 他正当地提出异议说：如果不能获得无产者的支

---

① 萨特："共产党人与和平"，第二部分，第715页。

② 萨特在其研究的第三部分把此描述为群众中的工联主义（syndicalisme）的一个特征（萨特："共产党人与和平"，第三部分，第1812页）。但没有一个词表明人们不知道工联主义将沿着这一道路走向何处，或者有必要重新提出问题：相反，各种嘲讽对着熟练工人倾泻。萨特想说的是，必须一直持续到混乱为止，而且必须通过一个人们只知道它完全是另一回事的体制重新开始？这或许是他的观点。或者他想说的是（人们可以通过阅读其第三部分的文章相信这一点），一种革新的资本主义会走出死胡同，至少给予那些到目前为止只知道有各种奴役的法国无产者一种生产方式的诸种好处？萨特如此充分地"理解"群众工联主义，以致人们看不出他追随它到了什么程度。

③ "当他们（工人）全体服从领袖时，他们就让阶级诞生了"（萨特："共产党人与和平"，第二部分，第760页）。

④ 他问道："我在哪里写过党是与阶级同一的？"（《萨特："答勒福尔"，第1572页）可是，当他写道：党不过是阶级借以形成的手段，或者一捆芦笋的绳子时（同上），他谈论的乃是机构。从另一方面说，整个党、机构、战士和同情者是与无产阶级同一的："总之，党是通过吸引工人夺取政权而统一工人的运动本身，因此你怎么会希望工人阶级不赞同共产党呢？没有工人阶级，党确实一无所是，但是，一旦党消失，工人阶级就会像重新落地的尘埃"（萨特："共产党人与和平"，第二部分，第761页）。

持,党的机构就会什么都不是。但如果无产阶级不支持党的机构,他们也什么都不是。他们并不是像服从一个外在要求那样服从它:而毋宁说,在哲学的意义上,战士醉心于党,在它那里得以完全转变,以致服从命令是他的最高行动,而服从又使他成为纯粹的行动:"党就是他的自由。"人们要说:无批评、不审查、没有保持距离地服从还是主动的吗?但在无产阶级始终都面临着的危急处境中,采取行动并不是做出选择或做出决定。"批评就是保持距离,就是把自己置于团队或体制之外,把它们视为客体。"① "怀疑和犹豫不定看来是知识分子的品格:但(无产者)必须为改变自己的状况而斗争,而这些理智品格只会让活动瘫痪……他恰恰需要的是相信存在着一种真理:因为他不能够独自确立它,所以他必须让自己由衷地相信阶级的领导者,以便承认由于他们而掌握了它。"② 行动并不来自先于党而存在者,它定位在党的生命中。只能从他最初改变信仰出发,在党的框架内,"探讨党向他提出的问题,而且从党给予他的原则出发"。③ 换言之,问题只能是在党的方向上丰富并超出其政治,加速并提前达到其目标。对党的行动的抵制永远不会来自一个无产者:只要工人抵制党的行动,他就不再有资格作为无产者。因此,抵制永远不会有评判的价值:它在党那里不过是惰性的残余、其前历史的后遗症。战士甚至群众有理由反对党,如果他们在进攻方面比它走得要远的话。④ 这是因

---

① 萨特:"共产党人与和平",第二部分,第 755 页。
② 同上书,第 758 页。
③ 同上书,第 761 页。
④ 群众"在追随他们的领袖时,而不是在不追随他们时评判他们"(同上书,第 752 页)。

为，他们只有一次比党更好地感受到了党的永恒法则：要么行动要么死亡的二者择一；感受到了无产阶级整个行动的最初耽误①：之所以出现这一耽误，是因为行动并不依赖于一个现存的阶级，它乃是对未来的创造。但是，群众对党的超越首先假定了群众是由党造就和组织起来的，正是从党那里产生出了漫过党的潮流。即使这样，党也没有服从于有别于自己的另一种机制，也没有依据自己的标准之外的另一些标准进行评判：正是它的急躁和它的狂热（它们有理由反对它），正是危急状态（它十有八九是其最敏感的指示器），正是关于要么一切要么乌有的法则（它的基本法则），让它恢复为它自身。这一例外在原则上不能够被扩展到群众脱离党的情形中，也不能确立党被群众所控制。②

由于被冠以了不承认最多数和最少数的粗暴意志，而且党自身又要么是纯粹的行动要么什么都不是，所以党不再把大事情委托给（工人）阶级。存在着一种生活，居住，吃饭，考虑生死、爱情、劳动的方式，最后还存在着源自生产者的工人的处境的思考方式。这些是我们可以将其描述为某一个类别的习俗的一些特性，这些是无产阶级的各种波纹、是它受奴役的标记。这是那个失去勇气、不主动、历史地分散的阶级。"客观"社会学乐意描绘

---

① 萨特："答勒福尔"，第706页。
② 真正说来，这种服从把一切都置于疑问之中。如果容许无产阶级诉诸党的教导来反对它的决定，诉诸它的本质来反对它的如此这般存在，那么人们就从残酷的、卡住咽喉的危急状态过渡到了对危急状态的评价，自此以后，一直局限在对行动主义的竞相许诺上的争论将扩展到所有方面：机构会坚持认为攻击乃是挑衅和背叛。自从人们区别了战略和战术后，行动主义的优先就不再起作用，而攻击和防御的观念就被相对化了。像萨特构想的那样的党甚至排除辩证法的这一基本原理。

的正是它，为的是把无产阶级维持在不行动中。因为归根结底，萨特说，如果社会学重新回到原始社会，它会很乐意把阶级看作是一个活的、充满意义的整体。人们会回答说，原始社会的阶级在很大程度上真的是为了参与一些神秘关系才被构成的，相反，在先进的资本主义社会，生产关系起主宰作用，因此在前一种情形中应该"理解"，在后一种情形中应该客观地描述……这都是白费力气：人们被怀疑对无产阶级吃的是什么和想的是什么过于感兴趣，这使他们陷入到他们之所是中，使他们远离了他们应该所是、远离了党。像共产主义所做的那样，人们只能通过拒绝就无产阶级谈论什么，才能够完全避免指责他们。让我们最好谈论他们在那里死亡和再生的党。但就党还会有什么要说的呢？于是应当把知识的嘴巴封起来了。让我们甚至不要谈论阶级展示自身或掩饰自身，强化自身或弱化自身：让我们谈论它"永无止息地创造自身、瓦解自身和重造自身"。① 历史是有意志的或什么都没有。"阶级并不存在，人们创造了它们。"② 无产阶级"只能处于行动中，它就是行动：如果它停止行动，它就自身瓦解了。"③ "阶级是一个在运动的系统：如果它停止下来，个体就会退回到他们的惰性和孤独中。"④ 萨特说，"一个阶级，它把自己组织起来了。"⑤ 他这样说想要表达的或许是，不是它把自己组织起来了，不是他者把它组

---

① 萨特："答勒福尔"，第 1573 页。
② 萨特："共产党人与和平"，第二部分，第 732 页。
③ 同上。
④ 同上书，第 733 页。
⑤ 同上。

织起来，而是工人通过一个无主体的、作为工人和党的交流的单一运动，把自己创造成了战士，而纯粹行动也面世了。在工人与战士之间、在怀疑者和皈依者之间、在战士与"容忍"他们争论的党之间，各种关系都是脆弱的，因为它们处于无产阶级与资产阶级之关系的最高点上。

正是整个社会组织变得像玻璃一样脆弱了，正是整个历史成为了在道德绝对命令的指控性注视下的一场没有歇息、无法掉以轻心、不能碰运气的决斗：工人的被动就是资产阶级的主动，它在工人圈子里做工作，在那里设置了许多让他们产生背叛的陷阱和诱惑。利用阶级来反对党，以阶级为尺度来评判党，这乃是资产阶级的最狡猾的胜利，因为它从背面瓦解了无产阶级的统一，使资产阶级避免了正面打击。为了对资产阶级从各个地方进行的这种进攻做出反应，萨特似乎并不怎么指望反击手段：因为资产阶级本身也有自己的一些"油滑的家伙"，一种征服性的政治会卷走他们，并且在行动中重塑党的统一。萨特或许会在后面谈论这个问题。但这一辩证法把边界给消除了：人们不再知道敌人在哪里，同盟者在哪里。萨特暂时还强调这些边界；为了对共产党做出作为一种政治行为的评判，需要的无非是共产党。因此，依据同一性原则，不存在着对共产党的评判，尤其是不存在着以阶级的名义进行的评判。甚至在无产阶级逃避由党所组织的一场罢工的时刻，萨特还一本正经地写道："无产阶级在党以它的名义进行的力量检验中认识到自身。"① 这是因为，就像"意见一致"一样，

---

① 萨特："共产党人与和平"，第一部分，第49页。

"认识"指的不再是一些可以认定的关系。这些话只不过是表达会在死亡中获得实现的一致或者在生命之外获得交流的誓言的方式。既然党为了无产阶级而承担重负,那些没有参与罢工的人就已经置无产阶级于危险之中了;党因为总是完全地投入并且孤注一掷,所以就会受到死亡的威胁,而且如果它愿意的话,每一次都是肯定有效的。但是,由于党和阶级的这一共同危险不是在它们之所是或所做中,而仅仅是在失败中把它们统一起来,所以,萨特给予党的一般的、形式上的赞同就没有把党与党决定在特定时刻遵循的特定政治结合起来。如果不是阐明无产阶级和党的阴暗面在其中有其根据的死亡,而是像在第三部分中那样,让争论之光重现天日,读者或许会重新发现萨特预备了一种联合左派对抗经济学上的马尔萨斯①主义的政治智慧。

二

依据他对事实的模糊性的看法,萨特显然离开了马克思。我们已经看到,在事实的领地上,萨特不考虑共产主义和反共产主义任何一方,对于他来说,观念与事实之间不存在严格的对抗,没有任何手段可以确认观念可以在事实中获得实现与否:通过某些辩证的修正,观念能够覆盖不管何种事实,而且它确实应该如此,因为它是现存无产阶级的表达,在一个既定的时刻,党的行动乃是无产阶级的全部实存。各种"事实"总是受到决定的无休

---

① 马尔萨斯(T. R. Malthus, 1766~1834),英国经济学家,主要探讨人口增长与经济之间的关系问题。

止的纠缠。它们不能够给予我们任何用来反对决定的手段,那些决定无论如何不是产生自争论,不管它们是什么样的决定,它们都持续不断地牵涉无产阶级的命运,也因此是无产阶级的决定。当然,时不时地也存在着一种外部裁决:党失败了、群众退却了、纯粹行动被停止并被重新考虑。但是,即使这样,我们还是永远不能够准确地知道事实对什么说"不",失败允许一些对立的解释,人们还是在晦暗不明中选择了其中之一。……事实——就事实存在着而言——并不带有其意义:意义出自另一个秩序,它隶属于意识,而正因为这一理由,它不能够严格地被各种事实所证明或排除。因此,我们从来都只能遇到一些倾注了意识的事实。没有任何东西能够阐明党或其战士,它们从来都不是与一种真理,而是与一些已经是偏见的观点打交道。在具有人们所希望的意义的"纯粹事实"与给予它某种单一意义的决定之间,不存在着中介。中介将是可能的东西,是各种事实似乎要托付的意义。但这种不稳定的含义不能够为无产阶级政治提供根据,它自身是不可能的,它只有通过一些突然闪现的决定,并且全然不顾及事实才会开始实存。我们甚至看不出争论在这里针对的是什么:它假定了一种人们尝试着让意义与之相适应的处境,人们运用一种意义,然后运用另一种意义,并采用最起作用的意义。但是,问题不在于做最有意义的。为了不至于把世界让给资产阶级,关键在于做会取得成功的,但为什么这是最可能的呢?萨特甚至没有考虑党对处境的了解:它"试用一些钥匙"。① 既然问题不在于解释世界,

---

① 萨特:"答勒福尔",第 1587 页。

而在于改变世界，既然一些纯粹给定的东西（如果它们存在着的话）和一种决定没有公共尺度，最后，既然给定的东西本身不是纯粹的，而只是向我们提供了其它决定的反映，我们还要争论什么呢？

马克思主义完全知道任何处境都是含混的：既然人们对处境的意识仍然是处境的一个因素，既然在这里既不存在观察者与被观察者的分离，也不存在用以知道是应该深入未来还是应该等待的客观标准，处境为什么就不能是含混的呢？没有比把事实与含义相混更马克思主义的了，只是马克思主义不是在模糊不清中，而是在真理的某种发生中混合它们，只是它不让对立双方一个压倒另一个，而是让它们成为同一道路上的两个路标。对于萨特而言，意识的觉醒乃是一种绝对，它赋予意义，当关系到一个事件时，被赋予的意义是无法改变的。对马克思而言，意识的觉醒——领导者的以及战士们的——本身就是一个事实，它在历史中有其位置，它要么回应要么不回应时代所期待的东西，它要么是全面的要么是部分的，在其诞生时，它就已经在一个将要对它进行评判的真理之中了。如果说，在目前情况下，我们其实并不拥有可以用来与之比较的外部样式，那么，意识通过关于党的争论而接受的考验，它从党那里受到的接待，它要么拥有要么不拥有的引导无产阶级、在无产阶级那里增加意识与潜力的能力，就成了真理的标准。这并不是在那些论题与一种既定的实在符合的意义上：实际上，这种符合并不是马克思主义的；真理还有待于产生，但它的产生取决于无产阶级及其敌人同一时刻之所是和所为。——这一可疑的关系是什么，萨特要问，现在的意义在这一关系中被给出还是没有被给出？——它没有在这一关系中被给出，也不是完全被创造出来的，它是从现在中被引出来的，而这就是议会的功能。这里的问题是把一些论题与一个现存的无产阶级相对照，但不是像人们比较两个东西那样，而是通过说明这些论题，通过谈论无产阶级，通过由它自己、由它的全人类处境给予自己一种并不拥有的认识。如果无产阶级最终通过这些观点认识到了它自身，这些论题就成为真实的了——不是依据字面上的界定，不是因为无产阶级把自己的性命押在它们上面了，而是因为在一种认为世界不可能完全缺了人而存在的实践哲学看来，无产阶级针对它自身持有的、已经参考了自己的力量和全部既有说明的这一观点，乃是真理的现在形态。观念既不是由党从无产阶级那里获取的，也不是由党给予无产阶级的，它是在党那里被设计出来的，而基于这一状况，它代表了现存无产阶级对于它自身的最清晰的阐明。萨特没有构想行动对于处境的这种调节，因为他从来考虑的都只是一些已经做出的决定。可是，从其产生方面考虑，行动首先是一种观点，它提出了一些直接的和远期的目标，它遵循一条路线，它有一种内容，它假定了一种检验，它并不是"纯粹的行动"。读萨特，我们会相信，党的行动乃是党借以避免自身死亡的一系列暴力活动。但是，它在那时不过是动乱。如果说存在着行动的话，完全有必要求助于一些信息、一些事实、一种争论（当这只不过是领导者与他自己争论的时候）、一些论据、给予这个而非那个的偏向，简而言之，萨特不想谈论的可能——因为他把它视为纯粹理性主义的，是一种最小的确定性。但他在其它时候却深刻地指出，整个被知觉世界都是可能的。让我们补充说，这乃是它的实存方式：可能是实在的另一个名称，是存在着的东西的样式。在这一意义上，党的路线是可能的：不是作为一种不确定的意见，而是作为通过把无产阶级与它的"意识"相对照而引出的立场（这一对照给予该立场一种绝对权威），因为在未来面前，不管正确还是错误，"路线"都是历史能够声称的最高的真理。萨特会说，这一切当然都是很好的。但是，最终说来，这些标准在哪里？这一真理在哪里？我们让党服从些什么呢？在没有党，只存在着一些游移不定的群众时，这一革命路线在哪里呢？在没有党，根本就不存在着无产阶级时，党所属于的这一无产阶级历史在哪里呢？一种真理，始终意味着某个人在进行评判。这必定要么由战士，要么由领袖来评判，如果让战士来评判，无产阶级就消失了。谁来评判真实的路线、真实的处境、真实的历史呢？马克思主义的回答是：没有人，也就是说，作为历史的实验室，作为无产阶级与自己的意识的联系，作为对现时的阐明，党通过它自身成为了真理。不存在着人们借以测度党的行动的外在标准，但存在着人们用以认识这种行动的内在逻辑。萨特处在现实主义的顶点，因为他依据纯粹事实的范畴进行推理，因为政治时间在他那里被原子化为面对死亡而做出的一系列决定；处在形式主义的顶点，因为每一次不加区分地受到质疑的都是党的实存和赤贫的、非熟练的无产阶级的实存。马克思主义想要成为一种内容哲学。萨特之所以有道理，是因为历史已经瓦解了马克思主义统一起来的东西：无产阶级或党和它们的变化的某种方向、实际的无产阶级和领袖们形成的关于它的观念。党对马克思主义的忠诚，不是对一场赌注的忠诚，而是对反对派和多数派共同具有的、不会在每时每刻都受到质疑的一些整体视角的忠诚。对于一个马克思主义者而言，事件的意义只存在于党那里：但并不是依据于一种永远的模糊不清（因为党制造了意义，因为无产阶级始终受到人们以它的名义所做的一切的连累），而是相反地依据于一种使党的决定有吸引力的内在真理。

　　萨特与马克思的全部分歧就由于这一点而给出了。因为他关于党的刻板看法只不过是事实的模糊不清的对立面：这乃是意识的补偿，因为事情的进程不那么确定，它就显得更加断然无疑。①萨特说，作为纯粹行动的党在这里只不过是一种理想。但我们看不出纯粹行动在现实中为什么会产生差别：它要么是完全纯粹的，要么什么都不是。在这一名下，它乃是进攻，并且倾向于有形的斗争。实际上，它将不得不把自己转变成"路线"，根据某一视角调整自己的方向并且引导这一视角。在6月2日罢工的第二天，萨特轻松愉快地说道，中央委员会已经解决了它与工人阶级的家庭内争吵。接下来的事情已经表明一切并非那么简单。不管是在中央委员会还是在党那里——通常是同时在中央委员会和党那里，都必须展开一个视角。为了斗争，知道资本主义是敌人还不够。必须在此时此地找到这一敌人，知道它以什么外观呈现自身，这一罢工是一个挑衅还是相反地宣布了一场群众运动。这一检验断了纯粹行动的气，因为在此多种评价都是可能的，而最好的一种还有待于讨论。此外，如果一无所是的无产阶级只能依靠它自己，那它事先就被打败了。它必须攻击敌人，不是从正面，

---

　　① "马克思承认持久解放的努力的必要性，并且因为无产阶级明白其状况的进一步恶化而更加突出"（萨特："答勒福尔"，第1611页）。

第五章 萨特与极端布尔什维克主义 145

而是从侧面和后面,它必须了解资产阶级的内部运作。这里依然有许多需要评估的可能。没有行动配得上"纯粹行动"这一名称。纯粹行动,"意见一致的"党,乃是从外部来看的行动和党,就算萨特加入其中,就像所有的人一样,他还是不会放弃争论,如同不会放弃呼吸。纯粹行动,在其极限情形中,要么是自杀,要么是杀人。在其一般情形中则是一种想象的(而不是像萨特所说的理想的)行动。当这一纯粹行动打算把自己强加给事物时,人们突然发现它转回到了它由以产生的非实在中。它变成为……剧场。由此出现了5月28日示威游行是巴黎群众在那里"扮演巴黎群众角色"①的"街头剧场"这一奇异的描述,由此有了萨特对无产阶级在那里"展示自身"②的示威游行的同情。应该激发纯粹行动的热烈的否定变成了展示,决斗变成了表演或目光的交流。萨特说得很对,这是一个人在没有任何其它办法时不得不求助的一种权宜之计。但从他的那些原则出发,任何行动都趋于像这样结束。尚需要知道的是,工人阶级的领袖们是不是在任何情况下都能够以"没有任何其它办法"为借口,他们是不是已经获准组织这些场面,因为警察的武器可不是用纸板做成的。5月28日的示威游行的确是这一类型的东西。萨特在其第三部分对于新无产阶级和对于群众工联主义的分析让我们明白了,我们应该回到这里来。一些通常不战斗、不选举和不控制其领导者的非熟练工人都

---

① 萨特:"共产党人与和平",第二部分,第696页。
② 同上书,第710页。在意大利,在针对陶里亚蒂(P. Togliatti, 1893~1964,意大利共产党领导人,从1927年至1964年任总书记,曾任司法部长)的谋杀发生后,"以一种奔放的激情,工人阶级通过行动在本国面前、在欧洲面前获得了自我肯定;……屏障撕开了,无产阶级得以自我展示"。

不参加政治活动，萨特说，他们不懂得在资本主义面前使用计策：向它施加压力、使用战术，更不用说使用战略了。他们突然举行一些一触即发的罢工，人们很难预料这些罢工会不会引发一场群众运动，因此，机构对它们无法进行有效的控制，这一控制对它们来说不是过早就是过迟。这一切都似乎是真实的，充分反映了工人运动的状况，以及当今共产党人的行动的状况。还需要知道的是，这是否就是马克思主义所设想和实践的那样的活动。萨特写道，新无产阶级已经丧失了它对历史的掌握，而日常问题和革命之间的距离已经过度地扩大了。[①] 在工人运动的那些辉煌时代里，工人阶级的各种要求、各种问题结成一体，它们导向对必须解决它们并通过它们解决整个现代社会问题的资本主义的颠覆。然而，这涉及的并不是纯粹行动。对于党来说，问题在于组织无产阶级对于整个社会的掌控并由此取得一场胜利，以其最大的效率延伸、集结和引导已经被铭记在各种生产关系和各种局部要求中的斗争。已经被铭记？萨特要说，但这只是回顾性的幻觉。您把党已经采取的行动投射到一个以前的真理中——根本不是这样。我们要说，受到党的领导，通过党而具有了一些已经分化的感知和行动手段，工人阶级在党那里却完全不是作为党创造了其起作用的地方和起作用的方式的一种牵引力量起作用。在一个有机体中，没有神经系统就没有行动，但是，神经系统使这一机体的生命得以可能却不能够充分地加以说明：此外还有那些体液调节和经验的作用，尤其还有在面对它应该对之做出反应的某一被知觉情景

---

① 萨特："共产党人与和平"，第二部分，第 722 页和第 723 页。

时对所有这些资源的调动。工人阶级在党那里（没有党，它事实上是惰性的、潜在的，就如同没有头脑的躯体一样）进行一种真正的工作。它并非只能在让它认同于党的机构的皈依与把它还原为群众状态的泄气之间进行选择。它或多或少吞噬了行动，而党不是把这视为任性，而是视为温度计的一些指标。萨特写道：党向无产阶级发布一些"命令"（des ordres）。马克思主义者说：一些"口号"（des mots d'ordre），全部的差别就在这里。党给予战士某种可以在他自身之外期待的东西：一条路线、一种行动的前景，两者都在考验之后确立起来，不只是出于力量关系，而且也出自无产阶级实际地体验和解释处境的方式。无产阶级在党内的政治生活有其潮涨潮落。萨特也有一次说过，党本身有历史。是的，而且用马克斯·韦伯的话来说，这一历史不只是由它的一些目的合理的（Zweckrational）行动、它们的后果，以及党面对它们所采取的一些新决定构成的。它乃是党为了利用构成为无产阶级以及整个社会之呼吸的潮涨和潮落而做的事情的历史。阶级的历史不能说明党的历史，党的历史也不能说明阶级的历史。它们一个接通另一个，它们在整体上只不过就是一种历史，但在这里，无产阶级的反作用与党的作用同等重要。因此，把萨特所拒绝的这种多样性或惰性包纳进来对于党来说是很重要的：这种多样性或惰性是党的肉，是党的力量原则，就如同在别的时候是其软弱原则一样，是党的方向盘，它在这一时刻约束着党，但或许明天就会把党推进到比它提出的那些目标还要远。萨特用群众对党的皈依及他们退出党时的原子化代替历史的潮涨潮落（党是其解释者，并因此是其非常特殊的一个构成部分，而永远不是其原因）。

因此，很自然的是，他设想党的行动①是一种"群众技巧"，它把群众作为乳液"搅拌"，使他们"成形"为黄油，或者使他们保持"情感上的兴奋"状态。②这完全是党和工人阶级在其中一起经历相同的处境、并因此构成相同的历史的一种行动的反面，这不是因为所有无产者和领导者同等地再现了这一行动，不是因为唯有党构想了它，而是因为行动锤炼他们，促使他们明白党的各种口号，而且把机构带向了其最大的张力状态。通过证明工人都有他们的个人动机：一个说他厌倦了政治、另一个说工人联盟没有行动、第三个说他不会在带薪休假月里罢工、最后还有一个说他有三个孩子且妻子刚刚生病了，萨特想证明他们不参与6月2日罢工并不是对共产党的政治的评判。但诉诸于这些个人动机恰恰就是政治评判：如果党已经抓牢了群众（而且群众抓牢了历史），那些个人动机就溢出考虑之外了。萨特似乎是这样推理的：群众的政治生活属于评判的序列，而为了证明他们不赞同党，需要等待他们说党错了。但不管忠诚还是分歧，工人史还是革命史都不属于评判的序列：党的口号对于工人来说重要还是不重要、存在还是不存在，取决于这些口号与他所经历的处境的关系以及这一处境本身。他对党的那些评判、他给予自己私人生活的重要性，实质性地表达了这一无言的参与。马克思主义相信，历史在通常时刻乃是各种象征的累积：日复一日，这些象征或非常清晰或不那么清晰地被记录在关于过去的登记簿中，它们要么被抹去要么被

---

① 在新无产阶级的阶段。但没有一个词谈到这是马克思主义政治的危机和没有出路的处境。

② 萨特："共产党人与和平"，第三部分。

强化，留下一种不太容易辨认的残迹；但在另外一些时刻，历史在一种引起历史、并让不断增长的大量事实服从于其节奏的运动中获得把握。那些政治决定预备好了这些时刻并对它们做出反应，但并没有创造它们。在那些所谓的革命处境中，一切都作为一个系统起作用，问题都表现为是相关联的，而所有的解决方案都已经包含在无产阶级的力量中了。透过历史的混乱，真理的这些环节为马克思主义的行动提供了坐标，而这种行动正是依据这些坐标引导自己的。它从来都不是把革命作为人们所想象的目标提出来，而是使它从各种要求、它们的汇合和它们的共谋的链条中涌现出来，它对整个国家机器提出质疑，并且最后使一种新的权力面对它而出现。这不是因为党利用各种情势的偶然汇合让其政治获得认可，而是因为，在这些有利的时刻，一切都以其首创的方式获得了成功，整个社会都奇迹般地做出了反应，而斗争的逻辑使无产者突然涌向一场革命：如果作为目标向他们提出来的话，他们或许不敢进行这一革命。人们不能够用纯粹行动观念表达的正是党和无产阶级在历史处境中的这一生命，正是在其进展中作为火或作为雪球肯定自身的这一事件。萨特有时承认历史的模糊不清具有不同的程度，[①] 正像他有

[①] 拒绝区别苏联和革命、共产党的暴力和无产阶级的暴力的萨特，最终谈到了在苏联和兄弟党之间、在党和无产阶级之间的持久张力（萨特："答勒福尔"，第1616页），这种张力并不是一种中介，它最终标志着一些差异，并提出了一个难题。就像资本家一样拒绝区分政治和经济的萨特，最终说它们在当代历史中分离开来了，而那些有其双重目标的罢工乃是为了补偿这一历史分离而发明的人为的东西（萨特："共产党人与和平"，第三部分，第1778页和第1815页）。因此，严格意义上的模糊不清——对立面的不加区分——作为一种极限情形出现，而辩证统一的问题被提了出来。

时会谈到党所辨别①的一些"无产阶级潮流",甚至谈到党和群众的辩证法一样。②如果群众在政治上什么都不是,如果党是他们的政治存在,这就有些奇怪了;而且我们要问,从要么紧跟着党要么消失的二难困境中,从不论谁要区别无产阶级和党就是背叛无产阶级的明确指责中,还剩下些什么。但是,为了消除这些张力,他考虑的只是"一些让步、适应和妥协",③或者,在这些都不可能的时候,或许还有纯粹行动,即暴力。他从来不诉诸符合马克思主义期望的东西:超越到一种真实的,也即依据历史处境的内在关系而调整的行动中——这些关系只是期待行动在运动中"获得"和构造其形式。换言之,萨特从来都不谈论革命,因为有待形成的真理,用马克思主义的语言来说,恰恰就是革命。他无疑感受到革命不在日程之上,而这在我们看来是毋庸置疑的。但共产党的没有革命的行动是什么呢?革命提供给党的内在保障还剩下什么呢?用关于人的策略取代关于事物的策略、用纯粹行动取代一个社会的大动乱,这或许是共产主义面对危机中的历史的一种权宜之计。但是,从它试图掩盖的危机中产生出来的权宜之计不会把历史重新导回到一条马克思主义航道中,它准备了其它东西,有待于知道那是什么。

因此,与萨特关于无产阶级的论题相对立的东西,并不只是那些"乐观主义的废话",阶级-单子,"只需接受引导"④的自发

---

① 萨特:"答勒福尔",第 707 页。
② 同上书,第 1572 页。
③ 这是就苏联与兄弟党的关系而言的(同上书,第 715 页)。
④ 确实,勒福尔在前面一篇文章中得出结论说革命的领导产生了问题,并且指出,需要一种不脱离阶级和党的领导。但他从来没有说过阶级可以不需要组织或领导地行动。

性,"就像一个很有天赋的小学生那样完全独自地成长的无产阶级","无产阶级-果实","只需与它自己、只需与它自己的活动打交道"的"无产阶级-花朵",①而且是这样一种马克思主义信念:阶级在战士面前并不是他的意志要塑造或操纵的一个对象,它也在他的后面,准备理解他的政治,如果他向它进行说明的话。问题不在于知道,是谁从阶级或党那里形成了无产阶级的政治史:这些因果性问题在自然中已经不再具有意义,在探讨社会问题时更无意义了。没有人会断言先于党的阶级包含了整个收拢的无产阶级政治,而党足以把它展开。更不用说党的领导班子了:它联系群众创造了这一政治,并把它作为他们的表达。"这是用词问题",萨特说,"表达之所以能够决定这一巨大的震荡,那是因为表达也是行动。"②谁会说与之相反的话呢?但是,一种行动是无产阶级的行动,不是依据其字面规定且因为它是党的行动,不是由于它受到了"革命本能"的启发,而是因为无产阶级采取了这一行动,在行动中发现了自己,使行动成为自己的行动。萨特写道,即使是在1936年,也只是在5月20日和24日的《人道报》分析了最初三次罢工且强调"战斗方法的新颖性和同一性"后,运动才得以展开。因此,党的报刊在"一场所谓的自发运动中"③扮

---

① 勒福尔写道:"无产阶级从来都只需要与它自己,只需要与它自己的活动打交道,只需要与它自己的处境在资本主义社会中向它提出的那些问题打交道"("马克思主义与萨特",载《现代》,第89期,第1555页,强调为我们所加)。因此,他没有忘记斗争。他说:斗争开始于生产的层次;这一属于无产阶级状态的斗争,乃是它的政治行动的土壤或压舱物;因此,他者并不像萨特所说的那样在"每一分钟"都能够摧毁无产阶级。

② 萨特:"答勒福尔",第1609页。
③ 萨特:"共产党人与和平",第三部分,第1807页。

演了一个非常重要的角色。但是，是谁曾经说过无产阶级可以不用眼睛看，各种政治事实在群众运动中算不了什么呢？我们要说（而这完全是另一回事），透过党的机构，利用它的各种情报和沟通手段，无产阶级在一种没有与领导班子序列相混的政治生活中诞生了，而阻止萨特承认这一重大行动（在此不存在纯粹权威和纯粹服从，它在其高潮阶段被称为革命）的东西，乃是一种哲学，它把完全精神的、就像闪电一样不可触知的意义与有分量的、绝对盲目的存在绝对地对立起来，而这一哲学当然是马克思哲学的对立面。"不再有人相信无产阶级-偶像，这一劳动者因此而自我异化的实体。存在着的是一些人、一些动物和一些事物……"① 马克思本人认为存在着一些"被事物中介"的人与人的关系，在他看来，革命就像资本主义、就像全部历史实在一样，隶属于这一混合的秩序。对马克思来说存在、对萨特来说不存在意义在各种制度中的生成。对萨特来说，历史不再像马克思认为的那样是这一既非事物又非人的混合中介（各种意向在这一中介中被削弱、被转化、趋于消失，但有时也重新产生、被激化、一个与另一个联合起来、一个通过另一个而得以扩大），它要么是由犯罪意向构成的、要么是由正直意向构成的，至于其它，则是一些有行动价值的偏好……萨特今天就像他写《唯物主义与革命》时候一样远离马克思，在他那里并没有任何的前后不一致：他不同意共产党人的是唯物主义，表述得或好或不好的物质辩证法的观念。他如今赞同的则是他们对于历史"物质"、作为行动尺度的阶级和作

---

① 萨特："共产党人与和平"，第二部分，第725页。

为真理的革命的否定。①

真理、革命、历史，这些因此是萨特为自发性的或混乱或过于清晰的争论下的真正赌注。这个词有马克思主义其实没有必要去考虑的一种意义：这就是列宁曾经说过的"原始主义"，即完全由经济前提引起的一场革命和局限在这一领域的工人行动的神话。但这个词还有另外一种非常重要的意义，不仅对于马克思主义，甚至对于布尔什维克主义也是如此，因为它与无产阶级革命的意义混同在一起：群众对政治的参与，群众与党的共同生命。列宁之所以从来都既没有放弃自发性这个词，也没有放弃事物，②

---

① 在一种像萨特的哲学那样的完全展望性的哲学中，把行动扎根在阶级中的那些表述本身最终以把阶级扎根在行动中结束。当马克思对无产阶级说"它的目标和它的历史行动无法改变地、明显地可以通过他的生活环境本身被勾画出来"时，我们应该相信无产阶级的历史角色已经在它的实存中预备好了。萨特重新采用了这段文本，但为的是描述无产阶级在一种独特的工会中受到管理：因此，为无产阶级规定了一个目标的"他的生活环境"，是他通过把自己组织起来而首先创造出来的环境（同上书，第715页和第716页）。

② 正好是在他生动地批评"原始主义"的《怎么办？》中，我们可以读到："那些没有看到这一点的人表明，他们的意识落后于群众的自发冲动"（第89页）；"我们可以说，自发的造反浪潮涌至我们，即运动的领导者和组织者"（第102页）；"我们有理由认为俄罗斯社会民主的现实危机的基本原因是（意识形态的、革命的、社会民主党的）领导者落后于群众的自发冲动"（第107页）；"自发的革命运动造成了快速的进步"（第137页）；"……对于一个领导小组而言，各种政治任务在意义一词的最真实、最实际的意义上是可以达到的，这恰恰是因为且仅仅因为他们的积极宣传在自发地觉醒的群众那里获得了反响，仅仅因为它的沸腾能量获得了革命阶级的能量的仿效和支持。普列汉诺夫有充分理由不仅指出了这一阶级的实存，而且证明了它在行动方面的自发觉醒是无法阻挡的、可靠的，甚至加予'工人小组'一种崇高而巨大的政治任务"（第108页）（社会出版社版）。因此，组织的形成既是为了扩大一种已经属于政治的自发性，也是为了让政治思想和行动在无产阶级那里成为"自然的"。萨特本人则把"群众的本质本身阻止他们政治地思考和行动"视为既定的（萨特："共产党人与和平"，第三部分，第1815页）。

185 是因为他在一个走得更远的段落中让我们隐约可以看到的一个理由：最终说来，"自发性"和"意识"并不构成为二者择一，如果我们取消党的理论的自发性，我们就剥夺了它成为无产阶级意识的全部手段。列宁写道："……单是谈论'对自发性和意识的相对重要性的评价'这件事就表明了'意识'的完全缺乏。如果'发展的某些自发因素'一般来说是人类意识可以通达的，对这些因素的错误评价就等于'对意识因素的低估'。如果它们不是意识可以通达的，我们就不能认识它们，我们就不能谈论它们。"① 这几行反对"自发主义者"的话也反对对于意识的过分崇拜，因为它们表明，尽管存在着一些暂时的不协调，自发性和意识仍在相同的方向上发生变化。领导班子没有超感觉的官能，我们也真的看不出来，为了决定一种政策，除了无产阶级在不同国家的处境和他们的"自发"反应外，党自身还能够为自己找到什么根据。即使有必要协调和纠正它们，应该针对的仍然是无产阶级，应该向它说明党的路线，应该让这一路线在它那里成为熟悉的和自然的。

186 列宁从来没有把党和无产阶级的关系设想为一个领导班子与其部队的关系。② 阶级有其政治生活的学徒期，这使它能够明白党做了

---

① 列宁：《怎么办？》，第 52 页。
② 萨特说，民主集中制是一种不断的动员。但人们必须加入其单位，违者面临死亡处罚，至少从这一意义上说，没有任何动员是民主的。对于列宁来说，"民主制"在独裁政体中、在一个地下党内是不可能的。但是，选举原则"在那些政治自由的国度中是不言而喻的"。由此有了德国社会民主党内的民主控制的并非讽刺的图画。我们将看到，这涉及到的不是一种形式："人们知道这样一位政治战士有了这些或那些开端，他从事了这样或那样的革命，他在其生命的如此困难时刻以如此方式表现自己，他通过这些或那些品质宣告自己；党的全部成员也能够认识到选择或不选择这一战士担任党的这个或那个职务的理由。由党的一个成员所做的每一

什么,并且让它在党那里表达自己,正像我们在我们之所说中表达自己一样:我们并非没有工作、并非没有尽力,但也并非没有从中为我们自己获得益处。不仅仅是无产阶级应该追随,而且党应该领导它,引一段著名的话来说,"为的是提升而不是降低无产阶级的意识、革命精神、斗争并取得胜利的能力的普遍水平"。①党不是加尔文派教会:一些过于人性的手段,恰恰因为它们服务于一种存在之外的存在。它把无产阶级接纳到政治生活中,而在这一名义下面,它对于无产阶级来说既非目的也非手段。它不是目的,因为萨特在写党发布命令时暗中包含了这一点;它更不是"手段",因为萨特最后写了这一点,以便补全他的最初的分析。②我的职业、我的孩子对于我是一些目的还是一些手段,或者时而是目的,时而是手段?他们绝不是这两者中的任何一个:当然不是我生活的手段,我的生活消失在他们之中而不是利用他们;尤其不是目的,因为一个目的乃是我想要的东西,因为我要我的职业、我的孩子,却并没有事先衡量这会把我一直带到何处,至少超出于我能够对他们进行的认识之外。不是因为我献身于某种说不上来的东西:我通过包含在现存事物中的精确性看到了他们,我在全部事物中认出了他们,却不完全知道他们是由什么东西构成的。我们的各种具体决定并不指向一些封闭的含义。党只是借

步骤上的整体控制(在该词的严格意义上)在其政治生涯中产生了一种机制,它自动地起作用,并且确保了人们在生物学意义上所说的'适者实存'"(列宁:《怎么办?》,第139页)。萨特会说,最终还是生物学和无产阶级-果实。不是生物学,而是历史学,以及无产阶级的历史使命。

① 列宁:《共产主义运动中的"左派"幼稚病》,第44页。
② 萨特:"答勒福尔",第1572页。

助于它向战士呼唤的行动才对他有价值，而这种行动不是一开始就可以界定的。它就像实存着的任何的东西和我们借以生活的任何东西一样，是正在成为表达的事物、是在呼唤续篇的运动、是将产生出未来的过去，简言之，是可以根据某种方式认识的一种存在。我们在别处已经说过，一个无产阶级政权通向国际主义、通向劳动者对于生产和国家的占有、通向现代生产，尽管需要向工人说明那些必要的迂回。应该排除经由反犹太主义或警察的假面舞会，因为它们两者都会模糊无产阶级的意识。萨特在某个地方嘲笑那些纯粹主义者，他们仍然在谈论斯大林宣布在单独一个国家建成社会主义的那个时代。他说，在那个时代，天使们在哭泣。然而，马克思主义确实对某些征兆过于敏感，因为它相信历史就是一个整体，每一细节在其中都很重要，它们一起构成了或健全或不健全的一道历史风景。以无产阶级的名义说话，对于一个马克思主义者而言，并不是已经获得了一种完全的授权，而且，正因为以资产阶级方式进行民主磋商是不可能的，就更有必要通过这一避免历史的谵狂的平衡力量——无产阶级的赞同——来夯实党的行动。无产者不是神灵。领导者不是神灵。在一种充满反讽的历史中，无产者和领导者的结合乃是唯一确定的标记：就像卢卡奇复述韦伯的话所说的，在那里出现的是无产阶级的客观可能性，不是无产者的思想，不是领导班子为他们假定或提供的思想，而是在两者的冲突后剩下的完全被磨平了的思想。列宁从来没有为了意识而牺牲自发性，他在与党共同的工作中要求它们的一致，因为他是马克思主义者，也就是说，他相信一种通过成为无产者的政治而证实其真理性的政治。他在妥协、手腕、计策的艺术方面走得非常远。他不是把党的路线不断地与革命的概念，即观念中的革命相对照的那些眉头紧锁的意识形态家中的一个。但是，恰恰因为他不是一个意识形态家，他没有把意识或概念置于一边，把服从和执行置于另一边，他没有像萨特那样完全授权领导者"自己承担一切后果"。在他看来，领导者走在工人阶级前面，但"仅仅领先一步"。没有任何标准或几何学定义允许我们抽象地、不考虑处境地谈论什么是无产阶级的，什么不是。但应该存在着一种实践的标准：可以向无产阶级说明的且可以为它接受的就是无产阶级的——不是在纯粹服从中，而是在意识中。党的行动不应当从一个细节上来评判，正像一个人不应当依据他的一次面部抽搐或一颗美人痣来评判一样。但它可以依据一种方向、一种方式，归根到底，依据战士与党的关系来获得评判。

人们或许会回答说，布尔什维克的从事正确的政治的抱负从来都只是一种幻觉，从来都只有助于更稳定地确立政权的权威。因为，如果说无阶级社会真的已经在资本主义的各种基础结构中预备好了，如果资本主义生产的内在机制是社会主义生产的一种特殊的、反常的、必须依据它来理解的例子，而且社会主义生产已经存在，那是因为无产阶级政权的各种首创性一劳永逸地在事物中获得了保障，而且是事先就证明了的。人们怎么能对它们加以限制呢？它们只是为了释放生产力将通向的一场革命才存在的。"释放"可能是粗暴的。在事物中存在着一种逻辑，它使资本主义的各种残余始终趋向于再生，即便只是在精神中。因此，革命不是一次完成的：它结束在一种没有止境的清洗中，它要求一个具有铁腕的党。但是，社会主义的隐蔽的现实担保了这些暴力，并且把它们确定为真理。既然社会主义是真实的，具备只有《资本论》的读者才能够通达的真理，那么无产阶级政党，更准确地说它的领袖（他们读过《资本论》）就比其他人更好地看到了通向社会主义的正确道路；他们对党的指导也必定是正确的，他们对无产阶级处境的意识必定符合于已经获得适当启蒙的无产阶级的各种自发的反应。说到底，如果这不是正确的，他们怎么会有所期望呢？确信乃是真实的载体，它让人产生眩晕。它就其本身来说就是暴力。库封丹①说，如果不去尝试，我怎么知道神想要什么呢？如果我成功了，是因为神和我在一起。同样，掌握政权的布尔什维克，在别的方面被偶然事件所纠缠，更加倾向于大胆作为——由于对日常政治不太清楚，又不能够从普遍历史中推演出对当今问题的解决方案，所以，他所做的事情如果获得了成功，他就确信是根据真理而行动的：因此，它是为事物所允许的、为社会主义的不可抗拒的真理所允许的。在这里，关系被搞颠倒了：在其出发点上，党和领袖的行动取得了成功，因为它是正确的。但是，某一时刻的正确只能通过行动才能达到：因此，应该尝试，将取得成功的就是正确的。当人们把自发性和意识相等同时，布尔什维克眩晕得还不够，而萨特要把它推到其顶点：当人们认为党的决定完完全全地是"自发的"，它们原则上表达了历史的运动时，他们走得并不远。这乃是萨特说的，但并不是列宁所期望的：列宁赋予意识一种义务，那就是让自己知道无产阶级自发地

---

① 库封丹（Coufontaine）是法国作家、诗人、外交家克洛岱尔（P. Claudel, 1868～1955）在剧本《人质》中塑造的一个人物。

所思和所做的一切，并且向它说明其路线。但最终说来，他的表述——就像我们刚才提到过的：意识不能够忽视自发性，领袖不应该看不见无产阶级的自发反应——突然授权一种仅为领袖独有的狂热，如果是他来评判自发反应的重要性和意义的话。既然他对远景和近景有最好的认识，如何会不是他呢？无产者不能理解吗？他们理解明天，而且感谢领袖已经把他们推向真理。这并不仅仅是为暴力提供根据的"科学社会主义"意义上的真理。真理即使是辩证的，也仍是独断的。确定的是：革命行动在超越中保留，摧毁只是为了实现，它保留一切，它调和个体与党、过去与未来、价值与实在。但这种向肯定的回归只能在否定之后发生：首先应该摧毁、超越，而为了推动这一让古典精神着迷的辩证功能本身运转起来，应该牢固地建立革命政权。无阶级的社会使全人类和解，而为了实现这一社会，无产阶级必须首先作为一个阶级获得自我肯定，并为了自身利益夺取压迫它的国家机器。那些遭枪杀的人明天会明白，他们是不会白白地死去的：唯一的困难是他们不再能够活着去搞明白了。革命暴力让他们承受这一最大的不公正：没有严肃地对待他们的造反：他们不知道他们之所为。这些乃是被意愿的真理的有毒的果实：这种真理授权我们去反对所有的显象，而它自身则是一种狂热。"一个幽灵，共产主义的幽灵在欧洲徘徊。"① 共产主义不仅存在于事物之中，它甚至存在于敌人的思想之中，有一种历史的想象力把它塞进他的睡梦之中。无产阶级政权会犹豫不决吗？"共产党人的理论观念绝不取决于一

---

① 马克思、恩格斯:《共产党宣言》，Molitor 出版社，第 53 页。

些观念、一些由世界的这个或那个改良者所发明或发现的原则。它们不过是在我们眼前进行的阶级斗争的各种实际状况的一般表达。"① 当一个人知道这一点时，他怎么会犹豫于跨越一个障碍呢？

实际上，掌权的布尔什维克完全就是这样进行推理的，这正是造成它会在某一天与斯大林冲突的东西，正像我们已经说过的，这一展开已经由关于唯物辩证法的观念预备好了。但是，斯大林式的共产主义与列宁、更不用说与马克思之间，仍然有着这一差别：不是哲学家但理解最准确的马克思主义意义上的党的生命的列宁，中断了真理与理论家的单独面对，在事物的辩证法和它在领袖的头脑中的反映之间悄悄塞进了一个第三者，即无产阶级，而黄金法则（régle d'or）没有做任何削弱其意识和其潜力的事情。这里不存在着严格的、概念上的标准，人们仍然可以为了标准的运用要求一个标准，但当人们把这个标准运用到一个相当长的发展中时，它就是非常清晰的，而且它至少对于党的教育的而非战斗的方式来说是明确的。《费尔巴哈提纲》从哲学上把马克思主义的行动界定为一种"客观活动"。旧唯物主义从来都只是把物质理解为惰性的，并且让观念主义垄断了活动性：应当从客体，尤其是历史客体中提升关于一种活动性的观念。这一沉重的活动性构成为独自面对真理的理论家的各种辩证的壮举的平衡力量。这些脆弱的栅栏捍卫着马克思主义的实质，即关于一种真理——为了完全成为真理，它不仅应当在使其成熟并完全理解了它的哲学家的孤独思想中，而且在思考并说明它的领袖与体验并采纳它的无

---

① 马克思、恩格斯：《共产党宣言》，Molitor 出版社，第 81 页。

产阶级的关系中被生成——的观念。① 各种栅栏都已经被移开了。但是，人们在谈论共产主义时不可能不谈到偶然事件。萨特描绘了一种不再相信真理、革命和历史的纯粹行动的共产主义。就像青年马克思一样，十月革命的一代相信一种获得证实的行动、一种在党和无产阶级的生命中生成的真理。这或许是一种幻想。至少，借用萨特的话但用不着窃笑地说，这是马克思主义的"说不上来的东西"。

三

我们可以指出，通过把他利用的每一个马克思主义观念放入他的哲学阐明中，萨特脱去了它的光晕，此外，他也按照这样的方式逐点地说明了当今的共产主义。《费尔巴哈提纲》中用来指称内在于历史客体的活动的实践这一个词，萨特用来指称使无产阶级在历史中得以存在的"纯粹"活动。萨特式的"说不上来的东西"——激进的自由——占据了实践。萨特说在想象的爱与真实的爱之间没有不同，因为主体依其定义就是作为思维主体的他认为自己所是的东西。他会说历史地"真实的"政治始终是被捏造出来的政治，只有回顾性的幻觉才会相信看到它已经在它起作用的历史中预备好了，在一个社会中，革命乃是对自身的想象。因

---

① 马克思主义者有一个词——其使用只是仪式性的——用来指既考虑了客观处境也考虑了各种自发反应的路线：这是正确的（juste）路线，它不是专断的，不是完全真实的（vraie），仿佛涉及的是复制一种已经形成的但是正确的历史似的，即同时是有效的和无产阶级的历史似的。

此，在他看来，实践是眩晕的自由、是我们拥有的进行制作并且把我们做成无论什么东西的神奇力量。因此，"一切现实的都是实践，一切实践都是现实的"①的这一表述——它本身可以非常好地用于准确地描述马克思与黑格尔的关系——最终意味着：我们是我们打算成为的东西，至于其余的一切，我们要为之负责，就如同我们创造了它们。各种可能是距离同等的，在一种意义上是零距离的，因为需要做的只是去意愿；在另一意义上是无限距离的，因为我们永远都不会是它们，因为它们永远都只是我们不得不是的东西。转移到历史中，这想要说的是入党的工人一下子就进入了从来都只不过是他自身的一种可能中，即对他的自由的外部反思中；可是他永远不会是他宣誓要成为的这一战士，因为他就是那进行宣誓的人。按照两种方式（因为党和革命既过于接近又无限分离），都不存在从已经成为的东西到将成为的东西的通道，而这就是为什么党的政治不会在严格的意义上是"正确的"或"错误的"。当然存在着一些疯狂的决定和一些明智的决定，党要么消息灵通要么不灵通，但就像在战斗中一样，问题从来都只在于了解敌人的强与弱，不存在着从内部瓦解敌人的同谋，就像在无产阶级那里不存在着内部的行动规范一样。行动是仅有的可能，不是因为它用当今的各种术语严格地表达了无产阶级政治的诸主题，而是因为没有谁为提出另一种可能而说话。因为合理在一种晦暗不明的历史中是由党的行动创造出来的，如果说您与党，唯一的历史动因有冲突——尤其是它把您排除在外——那您在历史上就

---

① 萨特："共产党人与和平"，第二部分，第741页。

错了。如果它制服了您，它反对您就是有理由的。①

当萨特不给予马克思主义观念一种绝对新的、萨特式的意义

---

① 萨特为此引用了我们把历史的目的作为每一决定的确定性的评判的一个句子。或许在我们看来偏离正确路线的东西，在他看来从整体上说是必不可少的。就我们而言，我们要立刻补充说，"但是，除非这里涉及的并不是对于赞成或反对的简单的颠倒，除了以某种方式在现在的样式中显露出来，除非希望并不仅仅是信仰，而且除非我们知道我们将走向何处，否则这种诉诸于未来的评判就无法区别于神学上诉诸于最后的审判"（《人道主义与恐怖》，第153页和第154页），这恢复了一条可理解的路线的必要性。诉诸于人们假定已经实现的普遍历史，乃是在掩饰实用主义和唯名论。如果我们假定自己是一种已经终结的、因此是人性应该已经是的一切之图表的历史的观众，那么我们完全可以说，我们在眼前拥有了曾经可能的一切：根据假设，图表是完整的，它是关于人性的图表，我们想要梦想的整个其它"可能"是没有可能的，因为另一个种类的特殊性并不构成为一个活跃着的种类的特殊性的任何证明。但是，只是对于一个根据假设被置于人性之外并对它进行总结的裁判，即对于思考死气沉沉的人性的绝对精神而言，人的可能才会被混同于人的实际历史。没有哪一个写历史的人或创造历史的人会持如下这种姿态：他们全都拥有过去和未来，即他们会继续存在。因此，对于他们来说，没有哪一种曾经是的东西完全成了过去，他们把他们所讲述的或他们提供了一个续篇的历史重新体验为他们自己的历史，他们在决定性的时刻诉诸过去，诉诸应当产生了另外一个续篇的其它决定。只是对于一个自身属于历史的主体而言才有历史，从外面获得实现和思考的普遍的历史没有意义，诉诸确定性的总结和假定我们的各种决定在事后被一本正经地披上其外衣的严格必然性也是如此。"唯一可能的决定"现在想要说的和将来想要说的都只是一种东西：在向未来开放的行动场中的，伴随着由此暗含的各种不确定性的，可能会把事情引导到为我们所意愿、为事情所允许的方向中去的那种决定。普遍历史从来不是，也将永远不是人性已经是的东西加上它通过谈论人性的人期望过并且仍然期望着的东西的整体。因此，说在普遍历史中现实的全都是可能的乃是在玩弄字词，如果我们把普遍历史理解为一种完全现实的和实现的历史，说普遍历史不存在就更为干脆，这是因为，我们能够谈论的现实的历史只是对于一个置身其中，而且打算超越它，也即处在各种可能的框架内的人而言才是可以理解的。我们只不过展示了绝对辩护的梦想，这种梦想为存在的东西辩护是因为它是存在的，只不过展示了"既然我脱离了你，所以你历史地错了"作为历史恐怖的特点。紧接着，我们已经表明，正因为未来有待于被创造而不是被思辨，所以马克思主义不会用任何超越的观点来为自己的行动作辩护，因此恐怖必定会向着"人道主义视角"开放，而革命行动必定以某些不容置疑的征兆宣布这一未来，以便我们可以谈

时，他就把它们理解为它们在当今共产主义中呈现的那样（这两种运作并不相互排斥）。革命的概念就是如此。我们已经说过，他观察到，在工人历史的那些辉煌的时期，革命是各种日常要求的顶点和地平线。日常斗争向着社会整体开放，存在着各种诉求与革命之间的辩证法。他补充说，革命已经远离了，它在视野之外。他无处不问，当革命无限远去的时候，它是不是真的依然保持为相同的。① 就像共产党人一样，他继续谈论"改良主义者"和"革命者"。② 他保留了1917年的语言，并因此捍卫共产党人的无产阶级革命的道德权利。可是，如果革命是各种请愿斗争的地平线，那么，自从有了无产阶级，它就已经存在了，解放运动不会随它

论一种马克思主义的、革命的政治。到目前为止，恐怖与人道主义视角的这种对照正是萨特的那些研究中完全缺乏的。可是，那种不依赖于任何历史经验，不包含任何战略和战术的改变世界的直接意志，在历史中乃是内心的法则和"作为"的眩晕。至于马克思主义，萨特注意到它总是承认整体的辩证必然性和日常历史的偶然性。他由此引出的是：战士有权利诉诸于各种各样的可能，理论家则没有这种权利。"理论家可以宣称向我们提供了一种确定的真理，条件是把自己局限于存在的东西，而不是着眼于应该存在的东西"（萨特："共产党人与和平"，第二部分，第741页）。假定马克思从来不承认实践和理论的二元论，假定他相信理论的实践价值和实践的理论价值，这是不是把过多的东西归功于他了？因此，不应当把整体的辩证必然性与各个细节的偶然性对立起来，最好去研究在马克思主义那里是不是真的有一种必然性，辩证法是不是没有把偶然性包含在它的定义之中。萨特并不是这样读马克思的，他牢牢抓住的是根本的偶然性与神秘的合理性的二元分离。我们由此很容易地过渡到萨特本人的看法：明确承认神话就是神话就足够了。

① 他就新无产阶级写道："我在另一次说过，他始终相信革命：但他只是相信它，它不再是他的日常任务"（萨特："共产党人与和平"，第三部分，第1718页）。

② 同上书，第1819页。——他同时评论说，某些职业工人抗拒"群众民主"，然而在目标和战术方面却赞同劳工总联盟。应该说他们要么是"改良主义者"，要么是"革命者"吗？这难道不是证明了这两个常用的概念不再能够让我们理解当今的历史？

而停顿：它是一个进程，一种生长。相反，如果日常行动没有历史的抓手，它就是一种动乱，它既是爆炸性的，又是没有将来的，而我们仍然在谈论的革命成为一种未来状态，我们只知道它会颠倒现在的各种关系。它不再是现存社会和全部社会的真理，它乃是一个让自己被当作为真理的梦想，就日常生活而言，它不过是一种安慰人的彼岸。一言以蔽之，这是一个神话。萨特没有这样说，但这是他的思想所要通向的。① 他说，那些不懂得斗争②的专家型工人，新无产阶级，始终是革命的。他们从现存秩序中期待什么呢？但问题恰恰在于知道，当不再存在除改变世界的意志之外，还以其地位掌握着改变世界并赋予新社会以生机的手段的阶级时，是不是仍然存在着马克思主义意义上的革命者和革命。当我们把一种政治建立在新无产阶级的历史非实存基础上时，这与把它建立在无产阶级的政治实存的基础上不会是同一回事。人们将拥有的不是已经呈现且永远不会完成的革命、不断革命，而是一些并不指望乌托邦之助的断裂行动。"革命冲动……一举提出了各种目标，以便要求立刻实现它们。"③当然啦，这种激进主义乃是一种幻觉，只有让自己能够为党所用，反叛的爆发才会有其未来。无产阶级所缺乏的潜力必须进入到以它的名义进行斗争的党那里。

---

① 我们已经引述过这段文本："他恰恰需要的是相信存在着一种真理：因为他不能够独自确立它，所以他必须让自己由衷地相信阶级的领导，以便承认由于他们而掌握了它。简言之，他会在第一时刻让这些使他喘不过气来的自由见鬼去……"（萨特："共产党人与和平"，第二部分，第758页）

② "需要不过是一种缺乏：它可能会确立一种人道主义，但不会确立一种策略。"（萨特："共产党人与和平"，第三部分，第1815页）

③ 萨特："共产党人与和平"，第三部分，第1815页。

于是开始了严肃的行动，而萨特要让我们懂得，无产阶级没有必要控制它，① 正像在组织有双重目的的罢工时，党通过一种手法把日常斗争与革命目标结合起来一样，革命本身将是党的事情。群众期望一切马上兑现，他们应该没完没了地从党的明智中等待他们的狂热直接要求的东西，这两者的理由是相同的。革命在一种不可能算计的未来中，恰恰因为它是立刻地、无条件地被期望的。因此，这的确是乌托邦，唯一的不同在于，一个铁腕的党接受了实现它的使命。萨特所谈的革命，在马克思主义说革命是在场的，即是阶级斗争的"内在机制"的意义上，是不在场的；在马克思主义认为革命是遥远的，即是"对目标的设定"的意义上，它又是在场的。萨特愿意重提的不断革命的观念在他手中改变了意义：它是革命阶级反对有产阶级的权力的偶尔发生的早熟行动，是革命阶级在起义之外反对其自身机构的惰性的持续行动。在萨特那里，它变成为一个自我烦扰、自身分裂的党的永恒不安，这是因为，作为无产阶级的政党，它没有任何可依赖的，因为它在整个最初时期都生存在恐怖之中。自我批评是对作为自我扬弃的无产阶级的界定，它应当把机构与支撑机构的、已经是当前革命的各种历史力量相对照，当人们让机构自己来组织这种自我批评时，它的本性就被歪曲了。② 那种不是作为真理和作为历史的地平线，

---

① 占领工厂的罢工"在社会主义社会中不再有存在的理由"（萨特："共产党人与和平"，第一部分，第 44 页）。

② 我们已经尝试评论自我批评的这种堕落（"卢卡奇与自我批评"，载《现代》，第 50 期，1949 年 12 月，第 1119～1121 页）以及一种辩证的进程在某一"纯粹"权威负责掌管它时，如何变成了自己的对立面。卢卡奇认为，无产阶级对自身进行批评，因为无产阶级是作为一个阶级的它自身的消灭。无产阶级政权是或将会

而是作为党对一种没有先例的未来的导演的革命,并不是被推延到另一时刻的同一种革命,它乃是另一种事业,它与前一种革命的共同之处只在于否定资产阶级社会。在界定革命的唯一一页中,萨特说革命是"朝向无限任务超越他者"。马克思的想法是:超越他者和它自身。没有这几个词,革命就只能用它与它要消灭的阶级的对抗来界定。这不再是革命,所有的东西都在最后阶级的保护下重新建立起来,这是一种创造的不平衡,而一旦上路,它就不再能够停下来——历史把自己建立在自身基础之上,为的是把自己提升到自身之上。

* * *

然而,萨特并没有忽视革命以及全部马克思主义政治所处的历史场景。他的工作的明显悖谬就在于:它通过描述一个如同事物一样有分量,而且对于意识来说有吸引力的在意识和事物之间的中间物(《恶心》中的树根、《存在与虚无》中的粘糊糊的东西或处境、这里的社会世界)而获得了名声,可是,他的思想却抗

是一个进行自我批评的政权。他深刻地证明了自我批评是一个自我尝试、自我纠正、处在前进道路上的生命对于它自己的真正忠诚。但是,当否定和批评不是游移在社会机体中,而是集中到政权上时,会发生什么事情呢?什么时候会出现一些否定的官员?有时会出现批评只不过是名义上的自我批评,它的官员们只是让当事人承担了宣布他们针对他的判决的任务,并且由他们以否定的名义治理现存的最肯定的政权。我们怎么重复都不过分的是,在马克思主义的经典时代,反对派受到多数决定的约束,但有理由坚持他们自认为正确的主张,期待着事件的教训会让它们获得证明,唯一的前提是不把它们作为党内之党的标志。制定反对派应当被消灭,也即被迫否认自己的主张并有义务贯彻他不赞成的那些决定的原则,乃是堕落的第一步。承认真正的自我批评是一种自我指责,而且战士应当为自己的所作所为感到羞愧,则是第二步。

拒这一中间物，在这里发现的只是一种超出其外、无中生有地重新开始这一让人恶心的世界的劝诱。① 他在这里再一次勾勒了他的那些令人恐怖的描述之一：它们使他成为一个无可比拟的谜语表演者，即使人们不会赞成他通过武力行动超越它们的方式。因此，存在着一个社会场，所有的意识都向之开放，但统一的形成是面对着它们的，而不是先于它们的。我自己的思想和行动的场域是由"一些不完美的、没有封闭好的、被中断的含义"② 形成的。这些含义在那边，在掌握着钥匙的其他人那里完成，因为他们看到了我不能够看到的事物的那些面，可以说我的社会背面、我的社会躯体；就像在另一方面，唯有我能够总结他们的生活，因为他们的含义也是未完成的，是向着唯有我能够看到的东西开放的。

---

① 悖谬只不过是表面的，这是因为，为了在其晦暗不明的证据中看到树根、粘糊糊的东西或历史，需要有另一个背景：意识的透明性。胡塞尔为此提供了另一个例子：他对肉身化以及它的种种悖谬做出了各种原始的描述，同时却继续把哲学活动的主体置于它们的支配之外，视它构造了它们或至少重构了它们。他仅仅承认这里有一个谜，他写道：在何种可以设想的意义上，我们可以说一个哲学家的思想在跟随那进行游历的他移动？只是在他的职业生涯的终点，他才公开地作为一个首要的事实提出：构造的主体融入时间之流中（他所谓的 sich einstromen）；这甚至是主体的永恒处境；因此，当它离开事物以便重构它们时，它不能够找到一个已经完成的含义世界，它进行建构；最后，存在着一种意义发生。这一次，悖谬、描述与反思的二元论被超越了。萨特指向的完全是相同的出路，在他那里，作为构造的意识也不能够在它构造的东西中找到一个已经在场的含义系统：它建构或创造。差别（差别是巨大的）就在于，胡塞尔还在这一实践中看到了一个最后的问题：它尽管进行建构，但它有意识地说明那在它之前已经是真实的东西，它延续一场在经验中已经开始的运动，而且"这是导向它本来意义上的纯粹表达的仍然沉默的经验"。由此有了加括号的意识"神学"，它把胡塞尔重新导向辩证哲学的开端，而这是萨特不愿意听说的：存在着一些人和一些物，而在它们之间除了意识的一些残渣外，别无其它。除了意识的真理外没有其它真理，而行动是无根的绝对首创。

② 萨特："答勒福尔"，第 1581 页。

我没有必要在远处寻找他人，我在我的经验中发现他们：他们寓于那些指示我不能够看见而他们能看见的东西的窟窿之中。因此，我们的经验具有一些与真理的侧面关系：每一个人都清晰地拥有不为他人所知的东西，通过我们全体的联合作用，我们将形成一个通向澄明和完成的整体。我们拥有朝向他人的足够的开口，能够在思想上置自己于他们的视角中，能够想象自己处在他们之中。我们绝没有封闭在我们自己这里。与此同时，我们共同通向的整体，一方面在完成，另一方面又在瓦解：尽管我们接受他人作为见证，尽管达成了我们的视点与他们的视点的一致，最终仍然是我们在确定条约的条款，超个人的场域对于我们的场域仍然有一种依赖。我们在社会世界中看到的和我们在行动中提供给他人看到的那些开放的、未完成的含义，乃是一些近乎空白的示意图，不管怎样都远远不能与他人和我们自己亲历的东西的丰富性相等。它们在众事物中引导一种无名的生活，这是一些在路途中脱轨，甚或一进入流通中就改变为相反方向的未定的行为。我们的那些直接通达其含义的精确瞄准在它们那里几乎没有留下任何东西，它们不过是这些瞄准的外在标记。"没有意识的各种意向、没有主体的各种行动、没有人的既分有物质必然性又分有目的性的各种人类关系：当它们在客体性维度中自由地开展自己时，这些通常就是我们从事的事情。"① 这正是马克思在谈到被事物所中介的人与人之间关系时看到的东西。"马克思看到……重新变成事物的人的行为本身，反过来表明了事物的惰性、他的逆境指数，而他已经创造的人与人之间的关系重新坠入到惰性之中，把作为摧

---

① 萨特："答勒福尔"，第 725 页。

毁力量的非人性重新引入到人与人之间。我们通过劳动控制环境，但环境反过来通过我们已经记录在它那里的大量凝固的思想来控制我们。"① 可是，尽管萨特在事物与人的二元分离上看起来走得非常远，但他并没有让自己与马克思拉近任何距离。这是因为，对于马克思来说，这一昏暗的环境也会燃烧。正像它在那些虚假的思想和虚假的事物中生成和繁殖一样，当发生在那里的事情响应发生在这里的事情，当每一事件都在相同的方向上推进已经开始的进程时，当一种"内在机制"把系统引导到不变的平衡之外时，它也会走出这种模棱两可，这就是所谓的革命。对于马克思来说，善和恶来自相同的源泉，那就是历史。对于萨特来说，社会整体从来都不会自己处于运动之中，它只能产生它从那些"无法同化的"和"无法消除的"意识那里接受的运动；如果说它走出了模棱两可，那也只有通过主体的绝对首创性：这些主体超越它的重量，在任何先前动机之外，不顾任何理由地宣布要正当地制作出那不存在的、似乎不会存在的东西。这就是为什么萨特——尽管他描述了"没有意识的各种意向"、"没有主体的各种行动"、"没有人的既分有物质必然性又分有目的性的各种人类关系"（但作为一些剩余现象，作为意识在被构造的东西中的一些侧影或印迹）——重新回到其完全的严格，提醒那些在存在与行动、主体与客体、身体与意识之间寻找某种东西的人遵守秩序。② 实际上，对于他来说，只要人们进行反思，那里就什么都没有了：没

---

① 萨特："答勒福尔"，第 1605 页。

② 萨特："共产党人与和平"，第 739 页。——他用这一并不是完全决定性的论证来反驳他们："我们知道这是在吹牛"（"答勒福尔"，第 1599 页）。

有意识的各种意向乃是一些幻觉。没有意识的意向这一怪物、这一神话是这样一种表达方式：反思各种事件，我在它们那里发现了一种应该是被我或一个其他主体置入其中的意义；或者，考虑某一系列符号，我觉得自己应该给予每一符号一种依赖于所有其它符号的意义的意义，所有其它符号的意义还没有被确定，因此意义的全体本身在它的各个部分中产生。当然，正是我自己完全地制造了我的被动性：确实不存在处于社会整体中的意向，也不存在内在于各个符号的意义。自从他在《论想象物》中刻板地区分"确定"、纯粹意识的各种含义和"可能"那一时期以来，萨特就没有更换过从现象学经验中涌现的东西，或者，如果说他有过更换，那么是在这一意义上：他更少地期待可能。他还是那同一个哲学家，在分析阅读活动时，他没有在难懂的作品、以其物质实存出现的书本和读者的意识置入书中的意义之间看出任何东西。间隙，即根据人们通常给予它的意义来理解的这本书，那些伴随阅读它的时代而产生的各种改变，这些意义层次的累积或相互替换，甚或相互补全的方式，简言之，书本的"形变"及其意义的历史，我的被重新放回这一历史中、被它所包纳、被它置入该书的暂时真理中的阅读，对于萨特来说，这一切中没有任何东西会妨碍意义的标准形式是我在阅读时使之存在的形式，会妨碍我的阅读从形式上考虑乃是任何其它阅读的尺度。我们不会阻止自己在放到桌上的书本的页码中置入自己在阅读它时形成的各种想法，而这就是我们所谓的一个文化客体的东西；在一个更高级的层次，我们想象于连·索黑尔[①]是一个萦绕着几代人的、在每一代那里

[①] 于连·索黑尔（Julien Sorel）是法国小说家斯汤达小说《红与黑》中的主人公。

都是他者的闲荡幽灵,我们写一部试图把这些幽灵幻影关联起来并且构成于连·索黑尔的真相、构成其整体意义之发生的文学史。但是,对于萨特来说,这一文学或文化世界乃是一种幻觉,只存在着斯汤达的于连·索黑尔,还有泰纳①的于连·索黑尔,还有列翁·布吕姆②的于连·索黑尔,还有保尔·布尔热③的于连·索黑尔,它们是大量的不能够共同可能的绝对。关于整体真理的观念乃是模糊不清的,这是对我们的视点的理想化,它确实包含了全部的东西,但仅仅从一个视点出发。整体的于连·索黑尔并不因为很好地回应了我们看到围绕着他的一些期望和威胁,就比我们看到在电动机器人的钢质前额下面产生的意识薄雾具有更多的实在。我们最多可以承认一种压实,那些没有意识的意向(即如果我让自己接受那些符号的通常意义的引导,我会形成的各种思想)最终将借助这一压实来构成自身,或毋宁说来集聚自身并对我们的社会世界知觉和我们的行动施以重负。作为诸剩余的剩余、作为各种昏昏沉沉的思想的久远后果,这种含义机制无论如何都不会创造新的意义,也不会把历史重新带回到其正确方向上去。如果说有真理(对于萨特而言,毋宁应该说,当实践完全摧毁并重建这一混乱的世界时,将会有真理④),那么它将伴随着意识的火花而出现:意识将使我们(我自身和其他人)以可以理解的唯一

---

① 泰纳(H. A. Taine, 1828~1893),法国哲学家,历史学家,批评家。
② 布吕姆(L. Blum, 1872~1950),法国政治家,社会党成员,曾做过政府总理。
③ 布尔热(P. Pourget, 1852~1935),法国作家。
④ "这涉及[……]非理性吗? 根本没有。一切都将是清楚的,涉及理性"(萨特:"答勒福尔",第1588页)。

样式，即为己的存在样式存在。不管表面现象如何，萨特从来都只承认为己的存在，连同它的不可克服的相关项：纯粹的在己存在。为他的各种混合形式吸引我们每时每刻都去思考"虚无如何来到世上"。然而，真相是它没有来到世上，或者它只在那里停留了一会儿。说到底，存在着自然的、在己不动的纯粹存在，一种透彻的神秘：它从外部限制和重复主体的透明，或者当我被从外部注视时，它立刻凝固和摧毁了主体的透明。但是，即使如此，在自我与他人之间也不存在接合点、关节点或中介，我感觉到自己被直接注视了，我承受这一被动性，但我同时把它重新整合到我的世界中。在两者间飘动的全部所谓的存在（那些没有主体的意向，那些开放但沉重的含义），都只不过是一些统计学上的存在物、实际思维的一些"持久可能性"，它们没有自己的能量，它们只不过是被构造者。如果我们打算从无产阶级的状况出发辩证地产生革命的政治、从大量凝固的无主体思想出发产生革命，那么萨特就会以一种二难困境做出回应：要么有意识的重新开始独自把其意义赋予了进程，要么我们重新回到了有机论。[①] 在历史的层面上，他在有机论名义下抛弃的东西，实际上远远不止于生命的观念，它乃是被理解为一种符号机能的象征表示，它在分析可以赋予给那些符号的各种含义之外有它自己的效应。这更一般地说

[①] 萨特："答勒福尔"，第1608页。还有："如果我们想阐明掩饰在全部辩证法下面的羞愧的目的论（finalisme）……"（同上书，第1575）萨特似乎不承认：在有机论的层次上存在着一个有机论难题，或者，以某种人们最终应该为它们提供根据的方式，存在着一些被认识之前的操作性含义。他以一种不好的心情谈到戈尔德斯坦（K. Goldstein, 1878～1965，美国神经生理学家，心理学家），这同样涉及《判断力批判》，即已经奇怪地在客体本身中准备好了的知性和其对象相符合的观念。

就是表达。对于他来说，要么表达超越于被表达者，那么，它是一种纯粹的创造；要么表达复制被表达者，那么，它是一种简单的揭示。但是，一种作为揭示的行动，一种作为行动的揭示，简言之，一种辩证法，这乃是萨特所不愿意考虑的东西。① 人与人之间的关系确实可能会被梗塞在各种社会"事物"之中，它在它们那里受到贬低，在它们那里把自己的那些暗淡结果推向无限，它在它们那里是不可见的，它被形成却不能被观察到。对于他，就像对于《纯粹理性批判》一样，对一种联结的意识来自于对一种纯粹联结原则的意识。由此，他总是提出康德式的问题：谁将做出决定？谁将做出评判？综合来自何处？还有，如果我们打算以一种历史的规范来衡量党的话，"谁将统一这种统一原则？"党的绝对权威是被强制并入世界中的先验主体的纯粹性。这种康德式的或笛卡尔式的思想只不过在非被构造的统一的观念中看出了有机论。可是，马克思不是有机论者。对于他来说，当然是人构成了世界的统一，但人出入在各个地方：被记录在所有的墙壁之上，处在他创造的所有的社会机器之中。人们看不出有任何围绕他们的东西不是他们的形象。因此，他们没有必要每时每刻都以一种荒谬的多样性为起点来集结自己、来重新创造自己，一切都在向他们谈论他们自己，这就是为什么，问运动来自于他们还是来自于事物，是战士形成了阶级还是阶级形成了战士是没有意义的。他们的景致本身是有生命的，正是在它那里，同时也是在他们那里，各种张力累积起来了。这也就是为什么将给予这一切以

---

① 他正好懊恼地谈到过文学：揭示的行动、奇特的行动。

决定性意义的闪光，对于马克思来说在每一意识那里并不是一种私人事实，它就像水流一样从一个意识流向另一个意识，而所谓的意识的觉醒或者革命乃是一个交互世界的来临。相反，如果我们认为社会世界是"模糊而且意义过度的"①——模糊的，因为它没有通过它自身揭示出自己的意义；意义过度的，因为（这差不多是同一回事）它揭示了它的多种意义，其中没有哪一个会比另一个更正确，其中最正确的一个（如果有的话），并不是革命的意义——，那么，在那里存在的也是为自由政治而不是革命政治提供根据的东西：因为，除非疯了，否则人们不可能仅仅依靠纯粹行动，没有外部共谋地着手重新创造历史。纯粹行动，如果它想保持为纯粹的，就只能通过用自由的策略对抗存在的暴力、而不是以暴力对抗暴力来统治世界并且倾斜地进行干预。为了想要改变世界，就需要一种能让我们把握逆境的真理，需要一个有厚度的、变动的世界，而不是像萨特所说的不透明且凝固的世界。

　　由于他总是从一些开放的、未完成的含义回溯到关于封闭的含义（就像它向明晰的意识呈现的那样）的纯粹模式，萨特不得不把全部历史事实视为某些个人的注明时期、署上名字的活动，并且被引导到一种有条理的神话学。他说，比如，为了表明苏联的政治和共产党的政治不是革命的，应该"证明苏联的领导者不再相信俄国革命，或者实验已经以失败告终了"。②读者会自问，人们让我们分享过的一些已经让人不再抱有幻想的隐情怎么会曾

---

① 萨特："答勒福尔"，第1588页。
② 萨特："共产党人与和平"，第一部分，第10页。

211 经解决过问题。通过证明，不管领导者的信念怎么样，他们都继承了一种并不来自俄罗斯民族，而且不在普遍解决方案范围内的体制，人们就不能够否定他们了吗？相反的，如果他们的意向始终是革命的，那么由这种知识如何导致人们评判这一体制：它是或不是对劳动者的剥削，它表达或没有表达无产阶级的历史使命？但是，对于萨特来说，不存在一个社会的译码或真理，因为任何译码表达的都不过是个人的或宽广或不宽广的视角，因为在关系到做出决定，即推测一切的时候，关于真实的程度似乎什么都不是了。关于一个并非自身情愿的革命党的观念，在他看来就如同没有斯大林的斯大林主义观念①一样滑稽到了顶点。②读者要说，可是，在战争结束时被它占领的那些国家中，苏联处于与资产阶级的利益相冲突的地位，却没有因此召唤无产阶级自己管理经济；或者，使斯大林得以可能的革命低潮在所有国家预备了相同类型的政治模子：机会主义和恐怖的二者择一。但是，这种类型的分析寻求历史事实的内容：革命就是对资产阶级的否定和无产阶级政权，斯大林主义则是在腐败的妥协和纯粹的暴力之间的二者择一。然而，一旦人们考察其内容，历史实在就分身为二了：
212 每一事实既是这，又是那，人们只有依据它的支配性的特征，通过一些平衡的考虑才能评判它；简言之，在萨特眼里，人们深入到了可能和模糊不清的秩序中，人们不再按照革命自身的标准来衡量革命。如果人们想理解它，没有必要进入到对一个社会的无

---

① 萨特："答勒福尔"，第 1614 页。
② 萨特："共产党人与和平"，第二部分，第 742 页。

限分析中，没有必要问什么是共产主义。这是可以争论的，因此是无关紧要的。有必要在一人或多人的意志中追溯它的各种源头，因此恢复一种纯粹的否定，因为自由在第二位的意义上只不过是这个人或那个人的意志：这些乃是它的一些暂时的外观，它只能作为不行动的潜力才能够与潜力区别开来。于是，历史的评判把革命重新回溯到作为其原则的否定，把斯大林主义回溯到斯大林，在这里没有显示出犹豫不决：人们对此很容易理解，苏联政权不是资产阶级政权，斯大林的根本选择不是回到资本主义。革命低潮、一个新生却并非革命的政体的模棱两可，这些变动的观念在一种否定分析或纯粹意向分析中没有位置，它们只能在对于一些沉重活动的分析中、在对于一些"没有主体的意向"的分析中有其位置。革命的低潮和高潮，这些混杂着一些实际状况、一些失职、一些弃权、一些决定的折中观念，在一个只存在着一些人、一些动物和一些事物的世界中没有位置。要么那些事物——各种"历史情景"、"扩大生产的根本必要性"①——说明了作为人的斯大林的决定，于是人们不被"允许"②谈论剥削，应该继续谈论革命，因为只能在斯大林主义和乌有之间进行选择；要么斯大林本来可以做其它事情，他选择错了，他是有罪的，于是没有必要寻求去"理解"他。在所有的情形中，都不存在没有斯大林的斯大林主义，也不会存在有违自身意愿的革命者。斯大林的行动已经是对外部的某些"准-必然性"的回应，但这是一种加剧了它们、并

---

① 萨特："答勒福尔"，第 718 页。
② 同上书，第 1621 页。

且为明天预备了一些新困境的回应,革命的意义在这种回应那里慢慢地改变了,马克思主义的全部制度和全部观念的意义也随之改变;意志和运气的这一相同的辩证法重新出现在整个世界,因为事物的各种标记在所有地方都发生了改变,此外因为,在此处所做的事情可以在彼处充为模子——萨特没有必要考虑这些假定,因为它们被置于人与事物的关节处,在他看来,在这里除了存在着人们应该不惜一切手段去面对的含糊的逆境外,不存在任何有待认识的东西、根本不存在任何东西。

可是,把历史还原为各种个体行动,他就准许了那些没有限度的普遍化,这是因为,回溯到他们的根本选择,斯大林或马林科夫[①]很有可能[②]就是那些新形势下的革命本身,因为作为个体的斯大林、作为个体的马林科夫由此一下子就与列宁和马克思——超越于他们在政治上的可以觉察到的全部差异——联系在一起了。[③]

---

① 马林科夫(G. Malenkov, 1902~1988),苏联政治家,斯大林死后担任苏共总书记(1953~1955)。

② 萨特这一次例外地在这里使用了可能和不可能。苏维埃领导者不再相信俄国革命?"不言而喻的是,即使这一事实是真实的——我非常怀疑,如今关于它的证明将是不可能的"(萨特:"共产党人与和平",第一部分,第10页)。然而,这是因为可能在此不过是一种磨光了先天的形式,只不过是一种让自己在接近事实时不引人注目的先天。

③ 有人会说萨特就工人阶级谈了很多东西,就共产主义或革命谈得太少,就苏联社会什么都没有谈。他最后甚至把我们对他很轻易地赞同的苏联的内部生活的无知作为一个有利于共产主义的证据提出来。这是因为,对于他来说,问题不在于:人们可以没完没了地争论苏联社会的性质、右派与左派的对立、布尔什维克主义、作为社会事实的革命。这一切都不是决定性的,决定性的东西乃是在这些表面现象背后的根本选择。他平静地说,其余的一切"都是向争论敞开的"。对于他来说,共产主义并不是人们所做的或所经历的某种东西,它乃是人们对之"表示同情"的一种人类态度。

对于萨特来说，寻求根据其"客观意义"来评判历史乃是虚幻的：归根到底，不存在着所谓的客观意义，它们全都是主观的，或者，如果人们愿意的话，全都是客观的。人们所谓的"客观意义"，乃是这些基本选择中的一种以另一种为视点（当后者成功地让自己被接受时）呈现出来的面目。例如，对于无产阶级来说，资产阶级乃是那些确立剥削制度的署名的、注明时间的行为，而所有那些不对它提出质疑的人都被视为同谋和共同责任人，因为客观地说，也即在被剥削者眼里，他们为了他们自己的利益而接受它们。对于资产阶级来说，无产阶级乃是期望不可能的东西的工人，他抗拒社会的各种无法避免的状况。在这两种基本选择之间，没有哪种历史读解能够提供裁决，没有哪种真理能够分辨它们。简单地说，两者之一是对全体而言的生活要求，另一种则是对某些人而言的。资产阶级的选择说到底是在谋杀，甚至还要坏，是对他人自由的贬低。革命的选择说到底是对全体而言的自由。因此，对历史的决定性解读取决于一种道德选择：要么人们打算不顾他人而实存，要么人们打算与全体一道实存，历史中的正确视角并不是考虑了全部事实的视角，因为那些事实是模糊不清的，而是考虑了全部生命的视角。萨特写道："在他们的真理中看人与社会，也就是说，用处于最不利地位者的眼光来看。"[①] 由此产生了一种神话解读的必然性，它把一些分散到整个世界的意志（有些是勇敢的、玩世不恭的，有些是温和的、胆怯的）集中为单一的一束，但这无关紧要，这乃是事物、情势的方面；意向没有发生变化，

---

① 萨特："共产党人与和平"，第 1793 页。

这要么是美德要么是犯罪,要么是解放要么是剥削。因为面对面地存在着一些人和一些事物(让我们把动物放到一边,作为一个出色的笛卡尔主义者,萨特对动物是不会很在意的),各种意志在它们在那里留下自己的标记的那些事物中不会连续不断地体验到一种衰败的或旺盛的生命:它们是一个意识向被存在之墙分开的另一个意识发出的一些简明信号。如果那些接受这些信号的意识从中获得了灵感,它们就在自己的所作所为中拥有了全部的功与过,它们不再继续,它们重新开始。1954 年的马尔萨斯主义资产阶级实际上犯了 1871 年凡尔赛分子所犯之罪。在 1952 年 5 月 28 日,共产党实际上是构成 1848 年革命和巴黎公社的相同的群众。不管资产阶级的政治还是共产党的政治,都不应该以要么理解得好要么理解得不好、并且有必要正确地与其真理相对照的现在为起点,作为一个其意义或许会改变的传统的要么精确要么不精确的重复、作为一种目光短浅的行动,被历史地加以审查。把人重新放回到历史事态中,我们就会发现他们没有那么高贵或者没有那么卑微。对于萨特来说,相反,杜克洛就是马克思主义,比内则是梯也尔①,因为比内和杜克洛经历了梯也尔和马克思所做过的事情,他们承担起这些事情,为它们负责,因为无限远离的人们,由于生活在同一个世界中而穿透过了事物之墙,突然重新显示为是完全接近的、同一的、一同完蛋的、一同得救的……通过这一不可避免的颠倒,极端人格主义把历史变成为一种为某些残酷的

---

① 梯也尔(M. J. L. A. Thiers, 1797~1877),法国政治家,新闻记者,历史学家,曾任财政部长、内政部长等。

色彩所污损的情节剧，个体在这里乃是一些典型。在这里只存在着独自单调的战斗，在每时每刻结束、在每时每刻重新开始、没有胜利、没有休战、没有缓冲区域。那些表面上缓和的时期——历史学家在此期间自以为是地形成各种观角，在这里和那里进行褒与贬，从资产阶级视点过渡到无产阶级视点，然后把它们调和在一种更大的视点中——在已经观看过这出戏剧的人眼里，都是不真实的：如果无产阶级没有前进，那么它就退缩了；如果说它是被动的，那是因为资产阶级是主动的，或毋宁说资产阶级是世界上的唯一阶级；如果说无产阶级被瓦解了，那是因为世界是资产阶级的。即使在这时，有着的实际上也只是矛盾姿态的面对面、存在着的阶级和不存在的阶级的面对面。

而且无产阶级及其政党的斗争甚至在标示它的一些署了名、注明了时间的行为之外什么都不是：从资产阶级到资产阶级存在着利益上的一些协调一致，从工人到工人则不存在。他们唯一的共同利益是不再做工人。"我在我自己那里、在所有人那里、在所有集团那里，甚至在所有阶级那里都会遇到他者的在场，不仅仅是作为我们反对与之共谋的陌生人，而且作为渗透我们、分化我们、让我们在集团的其他成员眼里成为可能的叛徒的客观化力量。"① 无产者的联合总是需要重组，他们受到敌人的诱导并不少于受到同类的诱导，与同类的联系并不多于与资产阶级的联系，难题在于通过阶级的他者并且在斗争中消除个体的他者的不可消除的他性。资产阶级和无产阶级之所以处于斗争中，只是因为前者

---

① 萨特："共产党人与和平"，第 1793 页。

是紧密团结的，而后者自己反对自己，也就是说，对于无产阶级来说，斗争是在几近于绝望的状况中开始的。可能存在着服务于某些利益的资产阶级的真理、资产阶级的合理性，在它那里存在着一种给定的社会性。真理和理性的价值与资产阶级勾结在一起，因为使人们相信人和世界是可以思考的并因此是既成的，乃是它的利益所在。无产阶级如果采取行动，那它就会是正确的，但暂时而言，它只能以神奇联系的形式在历史中涌现出来，而历史在它那里显示其神秘的本质。这是因为，通过各种利益，即通过各种事物，通过对各种可能的结果进行计算和估计，或者通过一些习俗（它们只不过是这一无争议的占有的反映，只不过是在利益方面保全面子）把各个意识关联起来是不困难的，但也不是让人信服的。当人们通过他们不是的东西，通过他们所做的东西把他们关联起来时，历史——或元历史——就真的开始了，而这就是共产主义。

在这里，一切都有待于建构，而那些对立不能够通过一些还需要获得辩护的事物去裁决：党作为一个他者处于无产阶级的心脏中，而在共产主义内部，每一个兄弟党是另一个兄弟党的他者。正因为共产主义从内部把每一个党与其它党关联在一起了，所以每一个党的赌注就是生命本身，它们之间的关系是一种竞争关系，伴随的是竞争中的友爱，也伴随着虚假的缓和，虚假的兄弟关系。这是独立和屈从的混合，是以回答"是"结束的、只需要一点点暴力就会转变为"是"的"不"，这是一种始终暂时的、放弃后还要重说的"是"。由此在萨特笔下出现了那些不怎么包含马克思主义的术语：阶级"委身"于一个权威，在勒福尔之后，他不再担心将之称作是"军人"。① 他说，1919 年那些否定旧的工人联盟，甚至还有他们自己的代表的群众，"只愿意屈尊服从于一个与群众组织的经常不稳定作无情斗争的铁面权威"。② 就像女人一样，她们屈尊，屈尊服从，她们期待被强暴，被占有。稀奇古怪的信赖。这种信赖只有在是在行动中、政治中的信赖时，才能够与晕眩、与社交色情区别开来。但是，如果无产阶级政治没有精确的标准，如果事实"既不说是也不说无"，这种清醒的信赖就是不可能的。因此，信赖将是空洞的、无止境的："只是在它信赖那些领导者的范围内，阶级才有凝聚力和潜力：……领导者读解处境，冒着自身危险，通过他的各种计划来阐明处境，而阶级，通过遵守命令，使领导者的权威合法化。"③ "……由于缺乏对全部事件的详细认识——这只对历史学家而言且只是在回顾中才有可能——只有意识才能够确定我们没有被耍弄，而且那些被认可的牺牲是合法的。"④ 因此，无产阶级既无条件又无限度地真正给出的是它自己，而它的那些领导者充当司祭之职，他们无论从事什么都是在献祭。"当一个共产党人使人们认识到了无产阶级的利益或情感时，不管是错还是对，他都是在以无产阶级的名义说话。但您，勒福尔，我很担心您没有针对阶级说话……"⑤ 错或对让人深思：因为最终说来，如果这是错的，损害就大了。勒福尔对阶级作了无害的评

---

① 萨特："答勒福尔"，第 1621 页。
② 萨特："共产党人与和平"，第三部分，第 1788 页。——强调为我们所加。
③ 萨特："答勒福尔"，第 1606 和 1607 页。
④ 萨特："共产党人与和平"，第一部分，第 8 页。
⑤ 萨特："答勒福尔"，第 1582 页。

价。共产党人却让阶级错误地说话。至少，萨特回答说，他让它说话。如果人们开始争论他是不是让它像它应该的那样说话，谁来做评判？无产者？他们并不总是在公正地看事情。马克思、列宁，最初的那些人已经说过。然而，没有谁比无产阶级自身更知道他们是必须还是无须紧跟党的政治，而在党后面的这种分量根据它能否成功驱动这种分量来评判它。在萨特那里没有同样的东西，在那些构想者与那些执行者之间没有任何交流：领导者给予处境一种意义，阶级遵循那些指令。如果领导者犯错误呢？萨特的回答是，他怎么会犯错误呢？如果存在着路，人们可能会走错路。但是，当它完全还有待于去建造，当无产阶级的状况没有规定任何战略、任何战术时，甚至选择一种困难的路线也不是什么错误：因为不存在正确的道路，而且最重要的并不是无产阶级的实存获得了其政治的正确表达，而是无产阶级实存而给予党以生机。已经被选择的道路是唯一的可能，更不用说最好的了。在共产党的政治原则与它的路线之间不存在可以设想的调整，原则属于应当的序列，而路线属于事实的序列。因此，人们可以先天地证明党的政治一般来说是唯一的和最好的，这与经验没有关系。"就算他更关心机构而不是他的同志们，（战士）也以一般利益为其特殊利益。对于各种个人野心，如果有的话，他也只有通过唤起群众的每天都在更新的信赖才能实现它们；而他只有同意把他们引导到他们想去的地方，才能够唤起他们的信赖：一言以蔽之，为了成为他自己，他必须是大家。"① 让我们不要搞错了：这一每天

---

① 萨特："共产党人与和平"，第三部分，第 1805 页。

都在更新的信赖并不是文件上的评判，它要求商议和概率上的同意：我们知道，群众在说"不"时从来都不评判党。我们也不应该相信萨特满足于莫拉斯①式的推理：它通过表明君主的利益与国家的利益混在一起来证明君主制是有用的。萨特完全知道，一涉及利益，人们总是会就取得利益的好方式进行争论。但争论没有什么意义，领袖先天地或按定义就是无产阶级，因为无产阶级根本就什么都不是，并且只有在他那里才能成为点什么，因为他们之间的联系是外在于时间的、是永久的。联系可能会维持，也可能会中断，但不会松开或者收紧。因此，当萨特说它每天都在被更新时，这是一种表达它可能每天都会突然被中断的方式，并没有涉及控制。在无产者与战士之间，在战士与他的领袖之间，因此严格地存在着认同：他们在他那里生存，他在他们那里生存。如果只存在着一些人和一些事物，如果每一意识都期望他者的死亡，如何跨越一者到他者之间的鸿沟呢？这在我们眼前就实现了。这就是党。工人把他自己奉献给领袖，以便团体能够"通过他"而存在；因此，领袖拥有"带特殊威信的权力"，他通过一种没有距离的在场，就如同意识生活在它的身体中那样，生活在团体中，而且他甚至不需要命令就可以被服从。既然领袖只是通过战士的崇拜才成为领袖的，谁在命令呢？既然战士自己产生了领袖的权力，谁在服从呢？"如果有一个领袖的话，那么每一个人都是打着领袖之名的领袖。"不仅因为他让他人服从自己，而且尤其因

---

① 莫拉斯（C. Maurras，1868～1952），法国理论家和政治家，主张在法国恢复君主制。

为服从自己的领袖，他就是在服从他最好的自己。无疑，这一原则让人想到痛苦的记忆。但能做些什么呢？如果战士与领袖不是通过一种行动、通过某种政治内容联系在一起的，那么剩下的就只有绝对实存之间的面对面，施虐受虐狂，或者，如果我们愿意的话，像萨特在其它时候提到的，神奇的或激情的行动——那种要么直接投入其目标要么完全等待巫师的行动。如果从既有社会到革命社会既没有台阶也不存在着道路的话，还有什么别的办法呢？需要强制力量，需要有系统的偶像崇拜。这些分析的功劳在于让我们明白了，我们怎么会甚至在共产主义中看到一些落后的人际关系形式和领袖崇拜重新产生出来。当人们希望无中生有地重新创造万物时，超自然的东西在那时就再度出现了。由此有了萨特的各种宗教性表述：党和阶级之间理想地是"纯粹联系，在只要有两个工人在一起的任何地方涌现的关系"。① 但共产主义一下子就进入到了想象物一边，这是人与人之间的眩晕的面对面关系的极限情形，这是变成了建制或神话的想象物。存在着的是面对面，而不是共同行动，因为社会对萨特来说依然是相互注视的"两个个体意识"的关系。②

---

① 萨特："共产党人与和平"，第二部分，第 761 页。
② 这就是其文本："我们所谓的'带特殊威信的权力'充分证明了团体的具体统一是投射的，即这种统一必然是外在的。发散的至上权力被集中和浓缩在领袖的人格中，领袖随后把它反射到每一个成员那里，而每一个成员，正是在他服从的范围内，发现自己与他人、与陌生人面对面地成为了整体的至上权力的占有者。如果有一个领袖的话，那么每一个人都是打着领袖之名的领袖。于是'集体意识'必然是具形的：对于每一成员而言，他在他人的个体意识中抓住的是集体的维度"（萨特："共产党人与和平"，第三部分，第 1812 页）。

我们远离了马克思主义。布尔什维克们确实知道:要调和真理和斗争是不容易的,斗争中的党的真理不是绝对真理,可是,在斗争中却有作为绝对的价值。"我们的'真理'",托洛茨基写道,"当然不是绝对的。但是,由于我们目前以它的名义流血,我们没有任何理由和任何可能性与那些不择手段地'批评'我们的人对真理的相对性进行字面上的争论。我们的任务也不在于在各种倾向的记者中惩罚那些撒谎者、鼓励那些公正者,而仅仅在于,撇开两个阵营中都有狂热者和撒谎者这一事实,扑灭资产阶级的谎言,确保无产阶级真理的胜利。"① 历史就是行动;一个党和一个政府的行为和言论不能根据关于真实的唯一标准来评判:应该考虑整体,应该用武力来构成"真理",应该强制人们接受一种目前属于阶级的、只是在后来才会是全体的真理的真理。但这已经是一种阶级真理。我们不能够用各种原则或各种事实、用演绎或归纳来证明它,我们可以用辩证法来使它合法化,也即使它获得无产者、获得"劳动者的民主"的承认,托洛茨基如是说,针对官僚主义,列宁在临死前如是说。这种保证在理论上是不准确的。甚至1917年十月革命和无产阶级的起义也只是透过马克思主义思想的眼镜来看才获得了证明,也只是由于事实的性质而不是由于其数量才获得了证明——借助于一种不是把自己作为统计学或判决实验强加给人们的合适的解读。但是,如果说既不存在对于革命的客观证明,也不存在充分的思辨标准,那么则存在对革命的检验和一种非常清楚的实践标准,这就是:无产阶级进入到了

---

① 托洛茨基:《恐怖主义与共产主义》,第70和71页(强调为我们所加)。

政治生活和管理之中。至少在这方面，阶级的真理被证明是真理，如果不是在他者眼里，至少在无产者们眼里。历史不是一种完全既成的真理的展示，但它不时地与一种在如下事实中得以形成、获得承认的真理相遇：革命阶级至少作为一个整体起作用，在它那里，各种社会关系不像阶级社会中的那些社会关系一样不透明。"劳动者的民主"或"与官僚主义作斗争"的口号在萨特的视角中没有准确的意义。党的民主始终是没有少数派、没有商议的"群众民主"。相对于每一分钟都压在无产阶级肩上的威胁而言，革命的各种存在方式——民主的和官僚的——几乎是毫无意义的。但与此同时，布尔什维克主义和革命的全部历史也成为毫无意义的了，而这就是萨特很少谈及它的原因。革命的选择确实是不知什么的选择。

四

我们或许稍稍冗长地记录了一些变形：马克思意义上的实践、革命、历史、无产阶级、党借助它们把自己转变成了它们的萨特式的同名者。如果说有必要探讨哲学的、基本的分歧，我们要说，对于萨特而言，各种阶级关系、无产阶级的各种内部关系、最后还有整个历史的各种关系都不是一些包含着张力与缓和的链接式的关系，而是各种直接的或神奇的注视关系。一个社会的真理，乃是处于最不利地位的人所看到的真理。不是他的命运，不是他在生产中的角色，更不是他的行动，而是他的注视，纯粹需求的这唯一表达，既无手段，也无力量。人与人之间的关系不再被各种事物所中介，它们可以在一种注视的指控中被直接读出来。"纯粹行动"乃是萨特对于这一注视的回应；正像注视一样，这一回应在远处通达其目标。我们处于神奇的或道德的世界中。处于最不利地位者的悲惨处境和受剥削乃是一些最后的论据，正像贝玑所说的，只要一个城市有一个人遭受不公正，这个城市就是一个不公正的城市。但是，当这样被鼓动起来的革命不再是一种将要变成一部作品的思想时，除非抛弃一切标准并且就像处于疯癫状态一样沉浸在革命中，就完全有必要把同样的标准运用于它，因为不存在其它标准。如果我们在处于最不利地位者——政治犯或简单地说最低层次的非技术工人——的注视中寻找苏联的真理，要说这种注视是一种祝愿就是可疑的了。我们有正当理由在这方面进行评判：我们会说应该把那些事实重新放回它们的背景中，把现在重新放回它所预备的未来中，把插曲重新放回整体行动中。而这就是以政治的方式说话。但是，这也是把痛苦、贫困和死亡看作为整体的要素——它们变成全体的试金石，并且揭示其真理；这是把这一真理置于别处；既然人们不愿意在被领导者的心灵中读识真理，而在领导者的心灵中寻找真理又有点困难，这就承认了事业的一种"客观"意义，这就重新回到了人们有点草率地抛到一边的、作为可能的行动的马克思主义行动的问题。于是，考虑处于最不利地位者的目光，连同各种地理的、历史的、政治的情势。一种非道德的姿态。然而事情是这样：政治人物是那种把他人的死亡作为统计学的一个要素来谈论的人。把作为一种政治的一场革命确立在道德之上或许是更不道德的。在我们的知识的目前状态中不存在，或许永远不存在一种理论分析会把一个社会的绝对真理提供给我们，会像我们在相同时间里，借助于相同的字典或相同的语法书来分类相同年龄的学生就相同主题所写的作业那样来对社会进行分类。既然那些作为起点的处境是不同的，既然那些"客观的"可能性是不能够计算出来的，既然人们不能够准确地知道比如不进行革命的俄罗斯会变成什么样子，那么政治的或历史的评判或许永远不会是客观的，它始终都将是折中的。但恰恰因为这一理由，它避开了道德，也避开了纯粹科学：它属于行动的秩序，它构成为道德和科学之间的往复运动。

这一秩序之所以没有在萨特的分析中出现，是因为社会只有借助于他我（alter ego）的通道才能进入到他的我思哲学中：如果我是一个能思的存在者，那么唯有一个其他的我自己能够证实我拥有的关于自我的思想。反过来，他只有通过质疑在我这里的自我价值才能够拥有自我价值，而我只有通过纯粹行动的反魔法回应注视的魔法，才能够恢复自我价值。给定的"社会性"对于我思来说是一种丑事：我思如何能够在自己那里获得因为它介入历史之中才属于它的如同一些事物一样不透明的定性？如果人们重新创造历史和世界的话，那么丑事即使没有被消除，至少也被平息了，而这乃是党的功能。扩大的我思、为他哲学不会把自己局限在自身对自身的视角中。但是，正是应该在这一视角中引入对这一视角提出质疑的东西。社会永远不会正面出现，它有时是陷阱，有时是任务，有时是威胁，有时是承诺，有时作为悔恨出现在我们后面，有时作为投射出现在我们前面，在任何情况下，它都只是作为不完备性和压制被知觉或被经历，或者处在行动的黑暗之中。在主体吸取了他人视点（它把这种视点作为一种困难拖在后面）之后，正是它的绝对性获得重塑，它在消化这一困难之后重新出现，在它自己那里获得了肯定，并且借助于考验而获得了强化。在萨特那里，就像在无政府主义者那里一样，压迫的观念始终支配着剥削的观念。他之所以不是无政府主义者，是因为他从主体的诗学突然过渡到了世界的散文，与此同时，从为己突然过渡到了为他。但是，他人仍然是一个主体，而为了公正地对待他，一些神奇的手段就够了。在党的散文和纪律背后，我们看到的是魔法的膨胀。他人的注视赋予给我的一些规定性，严格说来并不一定都是真实的：有必要说的毋宁是，我必须回应它们，我应当也能够通过采取置它们与我在我自己的眼中所是的东西相一致的方式来改变它们。

人们还没有充分注意到，即使在他似乎恢复了关于文学的社会标准的马克思主义看法的时候，萨特也是以一些只属于他的、在他那里给予了历史性一种绝对新的意义的术语来进行的。在《什么是文学？》中，社会从来都不是原因，甚至也不是动机，它从来都不在作品背后，它不对作品产生影响，它既不为作品提供说明，也不为它提供借口。它作为作家的环境或目标的一个维度呈现在他面前。选择这一主题并且以这种方式来写作，他就是在选择要么成为资产阶级的小丑，要么成为潜在的、尚未确定的公众的作家，因此，他在历史中采取立场；而且，既然他无论如何是在谈论历史，那么，他只有清清楚楚地谈论它，才知道他所谈论的东西，才会是一个作家。否则，他就始终在欺骗，因为他贡献的是他只同意用反映各种文学关怀的晦暗不明的镜子来观看的一出戏剧。总之，任务就在于把从前视为我的各种历史规定性的东西转变成通过我而形成的各种含义，就在于通过思考我的历史处境，使之成为我的种种思想中的一种而恢复我思的真理，萨特那时相信文学能够胜任这一转变。如果他所提出的行动不过是揭示，那么行动无论如何是不可取代的。作为意识的文学提供了一种革命酵素，它通过表现世界而改变世界，对它来说，为了改变世界，表现世界就足够了。他说，这乃是对一个处于不断革命中的社会的意识。这就是为什么他只是作为作家涉及共产主义问题，为的是知道一个作家是否能够在成为共产党人的同时保留为一个作家。就算文学不是革命本身，它也突出地就是革命，这是因为，通过让人们看到可能留给幕后的人、却不容忍被看到的东西，它把一种不平衡的、起争议的持久因素引入到历史中了。如今，在他的社会概念中，揭示的行动让位给纯粹行动。寻找潜在的公众或普遍性的作家不再是革命的原动力。为了与社会相符合，揭示社会并且使之成为意识的一个对象就不再那么充分了。人们相信萨特在《什么是文学？》中寻求让文学介入。他那时寻求至少尽可能地让政治摆脱时代的各种困境。如今，他似乎相反地把这些困境看作是难以克服的：不再存在人被作家所超越。作家想成为"一个在写作的人"。萨特不再相信揭示和行动的种种要求先天地就是一个有价值的或革命的社会的要求：这仍然是一种相信通过文学来获得拯救的方式。一个社会或一种历史的真理不再属于一位真理专家、作家，它在永远不会是作家的处于最不利地位者的目光之中。如今不再是作家呼唤读者的自由，而是被压迫者的目光呼唤人的行动。不再是文学赋予一个不断革命的社会以活力，而是党造就了这一社会。但是，在这一发展中有着一种常量，

第五章　萨特与极端布尔什维克主义　193

这就是，或者是作为作家的人在透明的文学世界中对潜在公众发出的呼唤和友善的读者做出的反应，或者是无产者作为回报对在历史的不透明世界中认识到了纯粹行动的作家的督促——或者是神术，或者是妖术，社会的联系都保持为直接的：萨特的不断革命，不管是通过党还是通过文学来实施的，始终都是一种意识与意识的关系，它总是排除那种保障马克思主义对于真理、对于历史政治的要求的最低程度的放松。一个马克思主义者对文学的期待并不是它就是革命意识。但是，这恰恰是为什么他原则上也不赞同有人把它当作一种行动手段。他尊重萨特所蔑视的作为一个"专家"的作家，而蔑视萨特所尊重的作家：当作家相信能够自己思考现在之时。作家就是作家：他们是说话的人，是有体验的人，不应该要求他们"客观地"思考历史的整体。托洛茨基说，作家拥有他们作为作家的声誉，而他们之所言，即便带有倾向性，对于革命来说也是可以采用的，卢卡奇大体上也这样说。最终说来，一个作家的观念是不重要的。巴尔扎克的那些反动观念使他感受到并描绘出了金钱世界，而斯汤达的那些进步观念并没有在这方面给予他任何优势。存在着就是政治行动的历史中心、就是文化的边缘。存在着各种基础结构和各种上层建筑。各种事情在这里和那里不会以相同的步伐运转。当一个作家使我们看到了一些典型的处境或行为时，即便政治评价还有待于做出、即便作品像恩格斯所说的那样不包含论题，他也已经实现了自己的角色。对于萨特而言，相反，因为在我们背后不存在我们的文学和我们的政治共同隶属的一种单一的历史，因为它们的统一有待于我们去形成，因为他在它们的独特源泉，即意识中把握它们，如果它们必定触及事物的话，那么文学就有必要探讨政治，而且此外，行动就和小说一样，应该没有距离地与事件紧贴。马克思主义的行动是一个世界，它在接近和远离日常生活的所有层次上展开，既短期也长期地展开。在关于各种上层建筑的理论中起支配作用的模糊性为文化留下了某种余地：人们有时把它推向各种政治命令，有时诉诸于大量的谴责宗派主义的不朽文本。马克思和列宁说，在共产主义社会中，不再有画家和作家，而是有一些在绘画或在写作的人。但是，这是在对人产生了巨大的历史作用之后的共产主义社会中，而不是在当下。对于萨特来说，正是从现在开始，文学和政治成了在独特的事件平面上的相同的斗争。一言以蔽之：对于马克思主义者而言，意识可能被蒙蔽，对于萨特而言，它乃是自欺；对于马克思主义者们而言，存在着一些傻瓜，对于萨特而言，存在着的只是一些恶棍。由此产生了一种普遍化的怀疑，我们在此重新发现的毋宁说是共产党人的口气而不是马克思的口气。它怎么会有不同呢？历史乃是残渣，除非是那种吸引"潜在的公众"，或者维持"处于最不利地位者的目光"的历史。在两种情形下，如何等待而不背叛？在主体和它的世界之间，怎么能够容许它的锋芒会在其中被钝化的这些分隔（政治、文化）？不管是永久的景致还是持续的创造，社会无论如何处在各种意识面前并被它们所构造。昨天，文学是对革命社会的意识，今天则是党在扮演这一角色；在两种情况下，历史对于在它那里的任何有生命的东西而言都是一种投射史。它通过仅仅隶属于那些意识的向未来瞄准来获得理解，而不是像在马克思那里一样，通过所谓的革命时刻（过去在这一时刻被掏空了、被提升到它自身之上、被未来抓住了）获得理解。

　　因此，把萨特与马克思主义区别开来的东西始终是他的我思哲学，即便在最近时期也是如此。人通过正面与历史联系在一起：我思固执地认定自己造成了我们所是的一切，甚至担负了我们在其他人面前的处境。这把它引导到了远处，直至"纯粹行动"的晦暗之中。存在着一种担保在其他人那里重返自己的形象的我思的狂热。但是，最终说来，正是它自己要求它的否认并质疑它自身，最初是在思维的明晰中，然后是在忠诚的晦暗中。我们多次在这些文章中发现一种笛卡尔式的思想运动。萨特对勒福尔说，请您向我们证明您所说的这一阶级或这一历史不是由党创造的。请您把它们与它分离开来，以便我们可以用手指触摸到它们。请您向我们出示一些没有它们就不会存在的事实。这一挑战并不像它表现出来的那样令人信服。萨特过于是哲学家了，以致对"差异的方法"不抱有任何幻想。他完全知道，没有谁能够在整体中孤立出一个要素的功效来，孤立出回归阶级的人和回归党的人来，最终，能够把历史作为一种事物来观察。他完全知道，这种因果的或经验论的方法是不可能的。但是，从社会就是整体并不能推出它是纯粹意识间的关系，而对于萨特来说，这却是不言自明的。既然没有任何历史实在是与各种意识没有联系的，那么历史和革命就只不过是思想或意志的一种条约。只要意识起作用，它就是作为主宰性的立法者在起作用，因为正是它在赋予意义，因为意义不多也不少，因为它不会自我分化，因为它要么是全体，要么什么都不是。有人承认我思。正是我思赋予暴力以萨特式的色调。

*　　*　　*

因为存在着萨特式的暴力，它比马克思的暴力更有力，但没有那么持久。与勒福尔的争论的个人口气已经让人感到惊讶。萨特写道，勒福尔"打算锚定在知识分子资产阶级那里"。这类说法如果不是对个人的非难、不是对对手的私人故事的暗示，总之，不是攻击（事情不可能是这样：萨特显然对这个人并不了解），那就仅仅是一种说话方式。它是在用一种譬喻性的方式说：如果说针对无产阶级、共产党、马克思主义、历史、主体和客体、自由，勒福尔有着与萨特相同的看法，却得出了反对共产党的结论，那么这只能是出于一些基本的理由。人们不难同意这一点。但勒福尔是萨特吗？这乃是萨特忘记了的问题。他所思考的东西是如此的真实，以致任何拒绝都是不纯粹的？但是，他会说，勒福尔是马克思主义者，因此是现实主义者，于是，如果他不加入共产党，他实际上就放弃了与无产阶级一道工作或为之工作；而且我有权用他的话说，他喜欢的是另一边。我的观点既不以他的为前提，也不与之对立，我置他于与他自己的矛盾之中。与他自己？全部的问题就在这里。当然是与一种"资产阶级"意义上的实用主义的、现实主义的马克思主义，与某种被萨特看出的马克思主义。但这种马克思主义是勒福尔的马克思主义吗？而且，面对大量的马克思主义文献，萨特能够推定他自己的解释为任何人都规定了真诚吗？我们也相信，并且已经在前一章中说过，没有党的马克思主义姿态无法长久维持，它拒绝马克思主义的历史观，甚至哲学观。但我们并非不得不马上就去考虑它。在此期间，在昏暗中归顺党乃是一种实用主义的解决，它并不是更加"马克思主义的"解决。一个不习惯于这些强行举动的马克思读者，很自然地会抓牢链条的两头，并尝试着重新结合它们。置他于与他自己的矛盾之中，这因此是在平息一个问题，或者暗示并不存在这一问题。在马克思那里把整体的必然性与历史细节的偶然性对立起来，在自发主义者那里把阶级的被动性与主动性对立起来，在勒福尔那里把马克思主义与对共产主义的批评对立起来，这种类型的争论，一涉及到某个具有某种价值的作者，就不能带来任何东西，不能证明任何东西：各种矛盾乃是一种探索的标记，而重要的正是这种探索。揭露"各种矛盾"，就是把对手当作客体来处理。他是马克思主义者，因此，他应该考虑这考虑那。如果他以另外的方式理解马克思主义呢？如果他的"矛盾"已经出现在马克思那里了呢？如果勒福尔、马克思，就像萨特本人那样，是尝试着去理解的人，那么在他们能够理解时是马克思主义者，在没有办法时是另外一回事？如果勒福尔不是锚定在知识分子资产阶级中（这里确实存在着一些不那么间接的方式来做到这一点），而是寻求理解什么是革命或历史中的真理呢？如果我们稍微给予他一点萨特几乎不会估计到的成为他自己的那种自由呢？从根本上说，置对手于与自己的矛盾之中，这乃是借助于人们重新思考过的、但人们把它作为马克思主义本身给出的一种马克思主义来采取一种只能沉默地获得表达自己的立场，这乃是在拒绝给予对手不作决定或保持含糊的权利的同时，为自己要求这种权利。萨特说，既然您是马克思主义者，那您就应该加入共产党。至于我，那个很好地把您的马克思主义义务告诉您，而他自己由于某种幸运不是马克思主义者的人，维持着我的全部自由。在其他人那里要求解决手段的那些相同的困难，在他那里不过是自由精神的证明。如果勒福尔针对革命和真理提出了一些问题，那么这就是赞成没有必要加入共产党。萨特之所以没有加入共产党，是因为他提出了这些问题或者其它一些问题。它们没有获得同等的处置；应该承认，萨特更容易与萨特而不是与勒福尔和解。

为什么涉及这一切，而不是仅仅涉及性情？这要严肃得多。正是萨特为了把历史纳入到他关于自由和他人的哲学中所做的努力，带给了争论这一尖锐的语气。像他设想的那样的自由已经处境微妙，并且倾向于暴力。它并不首先是我们在我们这里予以证实的一种无限权力；它表现为落入到了陷阱中，是软弱无力的。这是一种粘附于我们的整个生命的、把生命完全归因于我们的特征。一切似乎是这样发生的，在每时每刻，造就了我们且我们从中得益的一切，从我们的生命中产生出来的一切，都被记在了我们的账上。萨特甚至诉诸关于具有可知特征的选择的康德式神话，以便让我们懂得，作为有待于重新寻求的自由、作为逝去了的自由，自由首先呈现在过去。这乃是当他说我们被判定为自由的时候很好地表达过的东西。说我们是自由的乃是以这样一种方式说话：我们不是无辜的，我们要对我们面前的一切负责任，就如同我们用自己的双手做成了这一切一样。萨特就像笛卡尔一样把自由与权力绝对区别开来，它几乎与围绕我们周围的、承载着它的某一场域的单纯实存相混同，在这一场域中，我们的全部行为马上呈现出其优点和缺点来。活着，就是从各种束缚中苏醒过来，就像小人国中的格列佛①一样；仿佛人们在一种先前的生命中就已经安排好了自我，这乃是去尝试挽回这一永远的推迟，把这一出生前的、只是为了判决我们才存在的自由转变成现实的自由。自由在我们的后面，或许在我们前面，我们永远不可能与之重合一致。或许我们可以把事物的秩序颠倒过来：通过体验未来，我们可以置我们先行朝向我们自身。我们永远不会准时，这一通向未来的运动将是暴力，就像我们与一个已经在那里的世界的关系是暴力一样，对此没有谁征求过我们的意见。他人的注视不过是源自于我们已经出生的这一原初推迟的另一种见证：它展示的我的形象仍然是我永远不能够与之契合、但我却必须与之契合的一个别处，因为我在羞耻中认同于它，在我无法拒绝的这一注视中，我也在那里。这一来自外面的指责重复了我对我自己的不满。在私人生活中、在文学中有某种放松：我对他人说话，我和他们一道行动，我和他们一道向着共同的未来，或者向着被理解为共同场景（我的出生处境和他们的出生处境）的世界超越。在行动中，或者说在文学所是的这一揭示行动中，存在着呼唤和回应的关系。解决的方案与其说是真实的，不如说是表面的：因为与他人的关系从来都不是对称的，始终都只能是其中之一在提议这种关系，"共同的"生命是他的投射，他所做出的使他人与之结合的努力本身乃出自于他的善良意志。双向投射停留为单一的投射，这是由于这一原则的理由：未来只寓于意识中，它不会真正地下降到我

---

① 格列佛（Gulliver）是爱尔兰作家斯威福特（J. Swift，1667～1745）讽刺小说《格列佛游记》中的主人公。

们中间。通过文学来让一种自由呼唤另一种自由更为虚幻，因为呼唤始终是从作家通向读者。当我们最终通向社会联系时，当问题在于为了一种公共事业把近景与远景统一在一切都在此被减弱或降级的这一社会空间中时，会发生什么事情呢？于是，在公共生活中、在文学中所具有的明显的自由主义被废弃了。在资产阶级的内部惯例中存在着一种自由主义，因为它把它的社会作为一种私人企业来管理，透过各种共同"利益"来形成其统一，就像一对夫妇所做的那样。但是，这一共同体排除了他人。他人甚至没有通过共同放逐被统一起来：他们在相同的时间内以相同的东西维持生活，这就是一切。在无产阶级那里，因为它呼唤一个整体的或真实的社会，每一生命都被责难为孤独和放任（它们在与他人的最初遭遇中界定意识）。还是在这里，为了一种公共的未来、一种历史能够消除出发时的处境，必须完完全全地创造出它们，必须让各种构造历史的纯粹意志（绝对命令，绝对服从，它们是不加区分的，因为它们是绝对）出场，因为历史并非已经哪怕是在相对的意义上，像友谊或像爱情那样被给予了我们。每一个人都通过公共生命，至少通过共同创造出来的东西重新找到自己：爱人者，也即希望被爱者，感觉到自己通过这些东西重新变得完整起来（条件是忘记对他人的爱也只不过是被爱的意志，而他人本身也只是把这一事业作为他自己的来经历：但在行动中，这种向自身的回归被悬置了，而这两种幻景彼此证实对方）。在社会生活中，并不存在已经共同造就的事物，需要创造出它们。有必要在这里完完全全地创造出一种共同事业的环境或历史，而这一事业的主体本身乃是党。在这里，要求每一意识都在共同行动中找到自己是没有任何意义的：它必须将自身转化成这一共同行动，并且让自己皈依。"我思"已经可以通过与他人的共同生活来恢复自身。在这种共同生活不存在的地方，它应该爆裂，它应该首先创造出这种共同生活。因此，在萨特那里，给予处于最不利地位者的目光以绝对权威的东西，给予党以其历史垄断的东西，以及因此绝对尊重共产主义的义务乃是这一事实：他人与我，我与我自己的最初不一致没有掩盖地、急切地重新出现在资产阶级和无产者的不一致中，并且要求一种解决，而它的诸要素这一次并没有被给出。正是萨特的本体论期望：作为共同未来的历史要由某些人的与他人的服从相同一的纯粹行动担负起来。为了成为全体的事情，选择、自由、事业变成为某种征服和暴力。

这种暴力因此并不出自于性情，或毋宁说，就像所有的东西一样，性情在哲学家那里就是哲学。当自由与软弱，过去与未来，现在与遥远，我与他，处于最不利地位者的注视与依赖于它的党，被把它们分离开来的简单否定立刻统一起来，彼此地、全体地统一在暴力中的时候，这种性情就已经存在了。当否定性下降到世界中，强行占有它，想立刻变成为历史的时候，一切反对它的东西都呈现为否定，而且可以被乱七八糟地放在同一只袋子中。这些混杂、这些捷径乃是从自由直接通向党的短路的对等物。这就是为什么勒福尔成了青年雇主们的哲学家。正像人们看到的，这主要不是由于勒福尔和青年雇主们，而是由于萨特。

暴力是萨特的定论吗？当然不是，这是基于一个原则性的理由：纯粹的暴力并不存在。它在布尔什维克主义者那里并不纯粹，它以真理为挡箭牌，我们已经看到，这正是使之不可抗拒的东西。

极端的布尔什维克主义实际上抛弃了这一覆盖：真理和理性是对于明天而言的，今日的行动必定是纯粹的。但是，这也等于说它只是赞同共产主义的原则、它的改变世界的意志。纯粹行动不过是自由的根基，只要它一被运用，它就被运用到各种"可能"关系的世界中，被运用到它应该在那里寻找其道路、接受各种中介的处境中。真正说来，政治正是从这里开始的。对党的原则上的赞同依然停留为哲学的。它涉及的只不过是作为资产阶级之否定的共产主义，一种被思考和被构想的共产主义，而不是（除了在它的某些"方面"）在那边、在阳光下或雪中承载着这个名字的东西。它没有延伸到那些"概率论的"结果中。尽管有全部的理由，绝对选择，即实存选择只是在它不是作为选择被呈现出来，而是自以为是世界的规律时才是暴力性的：它无声地把它自己的规范强加给他人，借口是谁都不能推脱不知道世界：像思想家所选择的那样的世界。但是，一旦选择被证明是正确的并且被宣布出来了，争论就从头开始了。只要人们没有向我们说怎么去做，改变世界的纯粹意志就是内在生活。只要这不会被做成、只要萨特不会成为共产党人，勒福尔想锚定在知识分子资产阶级中这一句子就仅仅意指：萨特本人想不惜一切代价与之脱钩。勒福尔的"自欺"乃是其真诚向着自己的一种投射，当他必须放弃各种原则时，这种真诚将会受到严峻的考验。萨特把他的争辩表达为一种最初阶段，接下来他会谈共产党为什么也没有表达无产阶级。如果萨特只是依据资格表达无产阶级，那么他就会重新变成为"油滑的家伙"，那么萨特的本体论——它就像通向它的唯一可能那样通向观念中的共产党——就会恢复一种不同的实存，并且用注视来打量共产党。萨特的结论不再是纯粹行动，而是有距离地沉思的纯粹行动，换言之，同情。针对具体的政治土壤，萨特明天或许会重新表现为宁静的、和解的、普遍主义的，就像他现在也是的那样。

五

萨特的"理由"与马克思主义的理由正好相反，而且，正是因为辩证法出了问题，他才要为共产党的政治作辩护。有待于知道的是应当由此得出的结论是什么。因为在把萨特的动机和马克思主义的那些纳入到的这一平行中，我们并没有暗示马克思有理由反对萨特，而且我们之所以打算恢复马克思主义精神，只是为了证明在萨特的分析中有新东西。带着马克思的眼镜来读萨特，这乃是故意忽视他的研究所提出的真正问题——尽管他自己并没有提出这一问题，即马克思主义意义上的革命是否仍然在议事日程上，这将增添他所产生的那些混乱，而我们也会让争论变得模糊起来，让本来应当获得清晰评价的马克思之后的历史被遮蔽在马克思的权威之下。我们已经强调过，教条主义以其科学主义形式产生的咄咄逼人的回归，辩证法在存在中的流放，哲学上的马克思主义的终结，在马克思主义的理论和实践中表明了一种幻灭和一些困难。这并不是为了现在要把这一相同的哲学、这一相同的意识形态（它的危机已经被他自己的分析所证明）对立于萨特。作为对现存共产主义的描述，萨特的反辩证法在我们看来几乎没有什么好争论的。我们只是要说，它提出了共产主义的本性的问题，我们指责他的只是他没有自己提出这一问题。只要他把这一问题作为问题提出来，而不是搞得好像所有的事情都属于"常识"，我们的问题就会是他的问题。如果真像我们所相信的那样，共产主义就是萨特所说的，我们能够、我们应该对它采取何种态度？如何评价萨特的态度？

我们应该说，我们无疑不再会期待无产阶级进入到管理、政治和历史中，进入到同质社会中，简言之，辩证法所承诺的一切中，但是，无论如何，这些都只是经验已经消除了的一些最后的"乐观主义蠢话"，共产主义仍然保持在正确的道路上，它是无产阶级的唯一的机会，它对于现在来说是一个进步的王朝，对于未来则是革命的前景？我们应该说，尽管带有一种东拼西凑的官方哲学，尽管具有一些冒犯知识分子的举动，尽管带有一些无疑多余的暴力，共产主义依然是更可取的？"遍及整个世界的斯大林主义运动，"让森[①]写道，"在我们看来并非真正是革命的。但是，它是唯一自称革命的运动，而且，尤其在我们这里，它把大多数无产阶级集结起来了。因此，我们既反对它，因为我们批评它的那些方法，又赞成它，因为我们不知道真正的革命是不是一种幻觉，革命事业在能够建立某种更人道的社会秩序之前是不是恰恰有必要首先经过这些道路，从整体上考虑，这一事业在其现实背景中的种种堕落是不是比完全取消它更可取？"[②]奇特的思考方式。人们有某种"真正的"革命的观念，人们证明苏联不是这种意义上

---

① 让森（F. Jeanson）是《现代》的一位编辑。
② 《现代》，1952 年 8 月号，第 378 页。——尽管用了"我们"，我从来都没有同意过这一文本。

的革命，人们于是要问真正的革命是不是一种梦想，以这一怀疑为名，人们为一个或许会自我纠正的王朝保留了"革命的"之名；但是，因为这一未来还处于薄雾之中，人们只是说它将是"一种更人道的社会秩序"。这几句话给出了"进步主义"的全部本质，它的梦幻般的平稳，它的不可救药的固执，它的减弱了的暴烈。在深处，总是存在着"真正的"革命。革命正是这一旅程的终点并为它提供了辩护。当然，各条道路都是间接的，但是，它们是革命的道路。为什么不是宁愿想到目标、想到"更人道的社会秩序"？因为在这一切当中，很少涉及人们在外部做的事情。因为人们觉得问题只不过在于自我与自我的关系。在萨特的某些注解中有这种类型的东西，例如，他写道："斯大林主义者们毫无困难地向我们承认，有权威的党和苏维埃国家一样，不能够被设想成是无产阶级组织的最后形式。"[①] 这种在人们证实制度正远离革命或"无产阶级组织"时对革命或无产阶级组织的参照（没有对那种使它们靠拢的转折点或设定这一转折点的力量做任何精确描述），这种从人们所看到的东西到人们所梦想的东西的摇摆往复（它通过想象物污染实在却没有强使实在与之相似，它在一种虚构的未来的薄雾下面抹去了现在的渴望），使人想起物理学家的那些技巧，他们用一些辅助假说填塞理论，为的是可以不承认这一理论没有对正发生的事情加以阐明。如果马克思主义革命是某种一般观念，针对想象和真实、效率和乌托邦的运作就没有什么可说的。但是，关于革命的辩证观念，在未来的深处既不是一种"空想"，也不是

----

① 萨特："答勒福尔"，第 1616 页。

一束火花，更不是一种通向"某种更人道的社会秩序"的进步。①着手进行的革命是一种断裂，因为革命就是由无产阶级占有权力。断裂总是重新开始，因为革命也是作为阶级的无产阶级的自我消灭。因此，这是一个过程，但不是模糊意义上的、"资产阶级"用词上的"进步"。这是一种可以辨认出来的生成，因为它总是通向意识中的、潜在的无产阶级的发展。即使在其开端，在其非典型的形式中，这也从来都不是一种或许：当列宁提出新经济政策时，他并没有满足于含糊地暗示未来，他已经阐明了道路并使之为人们接受。作为"或许"的革命，乃是在定位于无限中的乌托邦和完全有别于乌托邦所神圣化的东西的现在之间脱了节的马克思主义行动。如果必须置革命的辩证法于"乐观主义的废话"之列，那就让我们不再谈论革命。

既是对怀疑也是对信仰的表达，这一"或许"指向那种绝对处于我们的掌握之外的东西。如何把最不容置疑的事业建立在一声叹息的基础上？共产党人完全有理由维持辩证法：没有它，存在的就只有一些进步主义者，而放任自身的进步主义者却在混日子。读萨特的东西，人们有些时候会相信他把自己的任务确立为证明革命是不可能的。已经丧失了对历史的把握的这一无产阶级，它如何守护其历史使命？如果它不再是高质量的劳动，不再是才能，管理与斗争的能力，而是一种没有政治意识、没有权力的

---

① "进步主义"或"进步主义者"一词的马克思主义含义不包含任何歧义：进步主义者就是那种在其专业领域内、没有充分政治意识地以某种服务于无产阶级革命的方式思考和行动的人。"进步主义党"的观念，即组织化的无意识，乃是近期的一种诙谐性的创造。

"需要",它如何推动一个解放后的社会?不管共产党有些什么样的努力,它如何利用新无产阶级进行一场无产阶级革命?这将不是一场无产阶级革命。那么是什么呢?萨特的分析把共产主义表达为是绝对不确定的。他与它并不共同拥有一种针对历史、它的各种可能性、它的各种明确因果性的视点。他尊重它,因为它的心中有处于最不利地位者的注视。这非常充分,因为该论证可以确立不管什么样的政治;这很不够,因为他只是以某种流于形式的方式、根据其内在原则为之辩护。读者有这样的感受:共产主义对于萨特来说是某种神圣的东西,但也是某种人们谈论、人们注视的东西,它在远处,完全不可能指望进入到那里。对于自己所经历的东西,人们对它尊重不足,热情有加。运用某些有助于评判其它社会的相同的标准,在萨特看来,这并不是人们从其更好的方面考虑的、试图根据其自身特征来理解的社会事实。我们缺少一些信息。萨特对勒福尔说①,我挑战您通过那些历史批判法则去证明俄罗斯的工人阶级否定了这一制度。如果问题在于批驳那些认为对立在俄罗斯是一种事实的人,那么提醒那些历史实在就是合理的,因为它是他们的原则的结果。但萨特提醒我们的不是那些事实,而是我们对事实的无知。他会公正地注意到,保密恰恰是为了让反对派的证明变得困难。萨特之所以很容易地容忍了这种情形,是因为他没有责任去赞成性地证明,人们不能够否定地证明对于他来说就够了。因为不存在从表面上看我们长期以来被告知的东西,共产主义变成了一种否定的存在,或更有甚者,

---

① 萨特:"答勒福尔",第 1619 页。

成为就像月亮和太阳那样的、原则上只能从远处看到的那些"超-事物"中的一种。或者最终说来，被从世界中拔离，飘浮在各种事物和萨特的注视的等距离中间，它就像任何评判都不能够定位它们的那些顽固的外表一样。就像那些外表位于被链接的空间一边一样，共产主义位于证明一边。

　　如果真的有必要清算在主体和客体之间延伸着的全部乐观主义的废话——自发性、群众的首创性、历史的意义，并且让领袖们的粗暴的意志与各种事物的不透明的必然性正面相对，那么这种极端的现实主义就无法与极端的理想主义区别开来。人们、无产者，甚至领袖只不过就是一些理性的存在。萨特说，除了让领袖从事革命外，还想让他干什么呢？他只能在成为全体的时候才能够成为他自己，没有无产阶级，他什么都不是。这假定了，存在着一些归属于那些生动的定义的存在者，其存在完全包含在其本质中。这就忘记了，从辩证法只是存在于领袖们的头脑中那天开始，由于这一事实且不用进一步调查，辩证法就只能是权力的附属物。萨特所说的无产阶级不是可证明的、不是可争论的、不是生动活跃的、不是一种现象，它乃是用来表象萨特思想中的人性的代表范畴。无产阶级没有与党结合的时候，什么都不是，它从来都不是它自己，它乃是没有与党结合的无名的群众。通过服从党，它立刻就存在了，通过不服从，它立刻就不再存在。它不是一种带着它的各种进步、各种顶点、各种衰落，甚或其可变的历史重负的历史实在。就像观念一样，它处于瞬间中，萨特之所以拒绝承认其"自发性"，只不过是因为党和历史应当通过自发的一代才会出现。萨特指责托洛茨基主义者在可以观察到的事实之外构造了一种"真正的"无产阶级，它所做的与现存的无产者所做的一切完全相反。但萨特并没有以不同的方式利用它，此外，因为他不是一个马克思主义者，所以他没有费力地把他参照的无产阶级装扮成历史实在。"自发性"进入到了领袖们和战士们之中，因为至少在这里，我们知道我们谈论的东西，我们处于人与人之间或意识与意识之间。但是，这也就是用其它的方式说：无产阶级是领袖的一种观念。无产阶级突出在历史之上，没有被纳入到组织中，没有被推动，就像全部的观念一样是自身的原因。没有任何可以设想的方法能够揭示它的历史在场、不在场、或各种变化：它透过全部的不服从而存在下来，因为，自从它不服从起，就不再是它不服从了。服从并没有使它成长，因为服从包含在其定义中。如果某种事实、某种症状证实了它的在场和它的力量，人们也只不过是以俯就的方式迎接它。因为，如果事实最终没有出现的话，无产阶级的本质也没有任何改变，它总是服从党，党继续历史地"代表"它。无产阶级是不会受到损害的，因为它只存在于党的纯粹行动中，而后者存在于萨特的思想中。当涉及获得一种本质时，所有的探测器，所有的证据都是多余的，这无疑就是为什么萨特可以从容地获取和放弃它们。当无产阶级不出现在阶级斗争的现场时，它转入到了合法的选举中，要证明无产阶级始终在那里是没有困难的，因为他选举了一些共产党人代表。但是，当资产阶级把选举强加给工会时，同样的秘密投票把一切都弄扭曲了：它破坏了劳动者行动的统一，把作为阶级的无产阶级瓦解了，它掩盖了历史的实在，而我们被要求在阶级斗争和群众民主（这种民主没有被迫在资产阶级式的选举中去证明自己）中去寻找无产阶级。在 1952 年 6 月 2 日，无产者并没有追随党。萨特评论自己的那些文章，以便证明无产阶级在那里毫无作用。无产阶级按定义在那里毫无作用，因为无产阶级服从党。我们可以这样表达：无产阶级是一种定义，它只存在于萨特的头脑中。人们可能会倾向于以另外的方式看待这些事情：人们会注意到共产党作为议会党被认可，而不是在街道上被追随。人们于是会提醒自己说它已经在工人阶级之外赢得了一些选票，它已经一度成为参政党，或许它的选民也是"进步主义者"而不是革命者，其行动的要点不再是罢工、起义、革命，它们对于它来说最多不过是议会和外交斗争的手段……但是，这将使党进入到历史之中，尽管它被认为是在创造历史。这使它的权威接受一些"概率论的"讨论。如果人们希望的是确定，那么最好停留在纯粹行动的、观念中的无产阶级的平台上，它既不会被极力鼓动，也不会被泼冷水，它总是不在场，又始终作为党的思想，或毋宁说萨特的思想在那里。因为党有为自发性提供保证的缺点（或机智）：它承担了失败的责任，并使群众成为无辜的。内行人的语言，萨特对它说，不用细说我就明白您了。把错误归于群众不在您的角色范围之内。但是，在他们不追随党的时候，他们也不对党进行评判。在涉及到群众的义务，甚至党的义务时，萨特的严格是没有妥协余地的。到目前为止，萨特责备党的唯一一点是这一公告：党为失败而自责。萨特本人"像所有的人一样证实了群众的泄气"，但他"还是不知道党的政治是不是为此承担责任"。[1] 实际上，党怎么会远

---

[1] 萨特："共产党人与和平"，第二部分，第 762 页。

离它所形成的无产阶级呢？正是群众放弃了成为无产阶级。然而，我们感觉到，萨特在这里想要做点煽动。因为最终说来，如果共产党没有错，如果群众作为群众只会重新落入分散中，人们就不太会看出应该把危机归到谁的头上。显然要归到资产阶级头上。但是，我们无法要求它改变。归到鼓动群众分裂的非共产党人的马克思主义者头上吗？当然啦。但是，他们在历史之外。我们处在死亡点上，真的没有什么好做。匮乏的人道主义并没有界定一种策略，它向我们提醒的是一种抽象的义务，在其本质上是尊重共产党，但是，这种同情（它时而过于苛刻，因为它甚至不接受共产党自我责备，时而过于温和，因为当共产党冲锋陷阵时它总是赞同它）归根到底不是一种合作或行动。这是在萨特头脑中的运作，它在他和现存的共产主义之间没有建立任何关系。现存的共产主义在己地是萨特式的，因为它实践无法获得辩护的选择；它作为主题、作为分析或表象的对象是萨特式的，但是，它不能够体验到或认识到自己是无法辩护的，而在这一意义上，不存在萨特式的共产主义。

萨特的态度原则上赞同纯粹行动，在一些特殊点上与之一致，这使他相对于共产主义的实质性的东西，即共产党人的行动——把纯粹行动转化为实际行动的努力——保持着自由。正因为这一理由，其态度只允许他动摇于反抗和宽容之间。与纯粹行动原则的一致被置于历史的根基中，在那里，无产阶级和党不过是自我、自由、他者的另外的名字，简言之，这种一致没有使哲学家走出自己的思想。真正说来，政治只是在后来，即当问题在于知道纯粹行动如何具体化时才开始的。针对这一领域，与共产主义的一些特殊要点或方面，甚至大量的特殊要点或方面的一致，毋宁产生了一种缄默的结果。因为他想要说的是，纯粹行动并不必然导向共产党政治从中引出的全部结论，当纯粹行动被明确为一种政治时，问题依然整个地保留下来。萨特强调，为了为共产主义提供根据，他原则上可以说的一切使他完全自由地就共产党和共产主义之所作所为来评价他们。勒福尔针对共产党提供了一种有价值的评判，萨特说，"从我这方面来说，请您不要认为我会以另一种评价与此相对立"。① 他对立于勒福尔的只是：提供一种评判而不置共产党的存在及无产阶级的存在于危险中是不可能的。对于这种危险，他似乎最后还是接受了，因为他承认关于苏联剥削的"争论是公开的"。② 他对于共产主义事业的大量方面的同情是常识性的事情，并没有夺走他特意有所保留的一种整体评价。③ 他甚至对共产党试图强加的有关纯粹行动的决定有自己的看法，例如他判定反对李奇微④的宣言是"不合适的"。⑤ 我们并没有被挤压在党的权威和群众的泄气之间：或许应该回溯到他们的争论下面去，理解争论的种种理由，比较党的政治和群众的态度，在这一分析中找到重新把两者结合起来的方式……这就是萨特在其第三部分中似乎致力于的东西，其笔调在某些地方是相当新颖的。这不再是那种急切的、最后通牒式的笔调，而是历史的笔调。我们已经

---

① 萨特："答勒福尔"，第 1622 页。
② 同上书，第 1619 页。
③ 同上书，第 1615 页。
④ 李奇微（M. Ridgway, 1895～1993），陆军上将，是美国在朝鲜战场上的地面部队司令，后任美国陆军总参谋长。
⑤ 萨特："共产党人与和平"，第二部分，第 705 页。

看到，历史被互不信任的资产阶级目光和无产阶级目光所渗透；但最终说来，党的那些决定，仅仅由于它们被重新置于阶级的生命之中，就被相对化了。在他的"答勒福尔"中，萨特已经谈到了群众与党的辩证法，① 围绕着机关组织起来的群众的反应，② 这似乎是为纯粹行动所排斥的。③ 如果群众在他们在党那里被组织起来的时刻没有作为群众受到压制，如果他们在那里继续生存下来，如果他们在那里不是消失的持久的可能性而是另一回事，那么他们对于机关的抵抗或许是另一回事而不是背叛。这就是为什么最初被断然拒绝的把失败的 6 月 4 日罢工解释为对党的否定最终说来"不是完全错误的"。④ 工会多元论，从纯粹行动的角度来看乃是对工人运动的破坏。⑤ 在历史中考虑，即既作为结果也作为原因，它则是"相对合法的"。⑥ 最初被当作资产阶级的伎俩来处理的政治与经济的区分，在第二部分中获得了一种可接受的意义，⑦ 而第三部分借

---

① 萨特："答勒福尔"，第 1572 页。
② 萨特："共产党人与和平"，第 700 页。
③ 萨特确实说过，纯粹行动是一种理想，而真实的党和工人运动则是行动和激情的复合物："我相信，人们不能够说明目前的处境，除非借助于行动和激情的一种错综复杂的混合，激情在其中暂时起主导作用"（"答勒福尔"，第 1623 页）。但是，如何理解水与火的这种混合？当萨特说共产党人的行动要么是纯粹的要么什么都不是时，如何把行动和激情加在一起？谈论混合等于承认停滞时期的政治事实和社会事实既不属于事物的秩序，又不属于含义的秩序……读者立刻要问："纯粹"行动是不是和纯粹情感一样正好属于历史停滞的意识形态或幻觉，为了走出这种停滞，在瓦解这些意识形态或幻觉的危机下面，是不是有必要重新回到无产阶级对于历史的把握。
④ 萨特："答勒福尔"，第 1623 页。
⑤ 萨特："共产党人与和平"，第二部分，第 716 页。
⑥ 萨特："共产党人与和平"，第三部分，第 1819 页。
⑦ 萨特："共产党人与和平"，第二部分，第 709 页。

助于具有双重目标的罢工来分析党为了把历史所分离的东西重新统一起来而发明的权宜之计。在前面的那些部分中,"官僚作风"连同共产党的全部所谓的缺陷都被理解为无产阶级运动的方式的一种,它们不会改变无产阶级运动的本质,应该以现实主义的精神接受它们。托洛茨基主义者关于官僚社会的那些论题没有获得严肃的对待。不仅如此,为了让一无所是的无产阶级能够把某种东西与难以忍受的资产阶级机器对立起来,一定程度的官僚作风是必要的。在第三部分中,官僚作风作为全部当代社会的一种特征重新出现。① 因此有一种共同于资产阶级和无产阶级的,在两者那里都打上了其标记的历史?采取一种包纳压迫者和被压迫者的视点,这难道不是放弃斗争了吗?因此,为了评价共产主义组织目前的各种形式而稍微保持一点距离,我们可能不产生背叛吗?

萨特已经放弃了关于瞬间的视点。1952年的情绪被疏远了。共产党继续实存着,还有其弊端。各种问题没有能够被提出来,没有以迫切的方式加以解决。人们有时间。不做共产党的敌人的训诫是不够的。需要一种可以往高处追溯的现在分析,需要一种并非一日之功的行动。没有共产党,世界将是资产阶级的,知道这一点还不够。我们不能够通过这种完全流于形式的论证把群众引向服从,不能够把工会多元化还原为它暂时隶属的资产阶级狡计,不能够把"官僚作风"和"自发性"当作孪生神话予以回避,不能够不顾及新无产阶级的无能为力,或者通过增加权威来加以补偿……总之,我们谈论政治;总之,我们离开了"确定"和内在

---

① 萨特:"共产党人与和平",第三部分,第1803页。

生命。但是，我们已经借以开始的一些厚实的确定性还剩下什么呢？如何让它们与一种积极的政治组合在一起呢？如果党拒绝人们将向它提议的那些具体观点又怎么办呢？萨特把马尔萨斯主义事件置于他的第三部分的中心。这是一种资本主义事件，因为资产阶级管理着我们的经济。依据那种期待半个选择就是双倍选择的、为其方法论的神话学奠定了基础的原则，萨特甚至把马尔萨斯主义以及为小业主辩护描述为资产阶级的阴谋。因此，补救的办法就是要摧毁资产阶级政权。但是，世界的境况是如此这般的，除非在战争情形下，共产主义目前不可能在法国夺取政权。当下，反对马尔萨斯主义的唯一有效的斗争是那些新资本家的斗争，因此应该支持他们吗？但是，他们或许将为垂死的资本主义造成一种健康的表面现象。此外，维护小企业和小商业是作为议会行动的共产党人的行动的一个条款。当政府要求特别的权力以便进行这一斗争时，共产党犹豫了，议会党团弃权了。如果纯粹行动处于停顿状态并且是有意为之的，那么就更不用说在其同情者那里了。在他的第三部分中，萨特通过把索维①及其他人的那些分析渗入到他对资产阶级的指责中，回避了该问题。但是，手段损害了目的。这是因为，总体上说，如果当今资产阶级的主要罪过是萧条，如果唯有这一资产阶级的最开明派别长期来看能够与萧条作斗争，难道就没有必要与之结成一体？如果"处于最不利地位者"有权监督这些问题的话，那他会说什么呢？既然监督能够抓住的

---

① 索维（A. Sauvy，1898～1990），法国人口及经济学家，法兰西学院社会人类学教授，他主要探讨人口与经济增长问题。

只是直接的当前，那他的直接利益在哪里呢？当一个人偏离一些原则或一些意向，并且试图理解当今法国所发生的事情时，他就与不是作为纯粹行动而是实际行动的共产党碰面了，它也寻求理解在当今法国发生的事情，寻求把这些地方性的必然性与共产党人的行动的所有其它必然性结合在一起。在这双重名义下，共产党只可能被萨特视为诸多政治因素中的一个，而不会有特别的考虑。相反，如果人们坚持党在原则上的优先地位，那么进入到各种具体问题的讨论中就是无用的、偶然的，需要的只是等待。

256　　但是，在保持距离的同时，同情是如此地接近，以致同情者如果不进行欺骗就会受到欺骗。他没有加入到共产党人的行动中，他不再需要共产党人的权力。但是，他一个接一个地需要那些结果，它们对于共产党人来说乃是这一行动的诸阶段。因此，他在细节上接受他不愿意在整体上期望的东西。向他一个接一个地提出，尤其是以否定的形式提出各种问题，就足够了：您不赞成核武器？您不赞成，是吗？因此，您将在这张谴责它们的文件上签名。您不赞成某些殖民地移民的有违于殖民地人群利益的各种利益吗？您不期望世界因为老挝受到侵略而燃烧吗？因此，您不拒绝把您的名字列入到这份反对战争国际化的呼吁中。同情者完全感觉到了，这些抗议还有他没有被咨询到的积极的一面。但是，作为一个同情者，他已经同意针对他不希望的东西做出决定，他寻求的只是为自己辩解。因此，人们向他提出各种问题，就像他提出它们一样，而且他应该完全接受它们。不时地，他发觉自己是完全孤独的：共产主义——它有一条行动路线，它并不是借助于一些独特的判断而进展的，它并不需要在每一时刻都证明它是反对资本主义的——放弃了同情者发誓要维护的那些立场,把他及其原则丢到了一边。越盟①的部队离开了老挝。共产党向社会党提出了这一相同的行动统一建议,萨特说不应该要求共产党就此采取主动。于是,同情者模模糊糊地怀疑共产党人和他并不完全处在同一个世界中。但是,没有关系,他与他自己还是完全一致的,此外,某种新的抗议很快就会给予他重新发现人类的亲密无间的契机。如此一来,一个伟大的政治家把知性逼到了墙角。或毋宁说,正是知性本身布下了它自己堕入的陷阱,因为它不相信辩证法,它把行动还原为一些判断,就像芝诺②把运动还原为一些位置一样,它于是预先就已经自己提出要提供给一种不是自己的行动的行动一些被它用于其它目标的判断。不管他做赞成的判断还是反对的判断,都无关紧要;如果行动不是一系列闪烁其词的判决,而是把局势组织起来的艺术的话,那么同情者是与行动无缘的。

关于同情的这些多样化的细微差别和这些变换,我们并不是把它们作为矛盾的一些标记来提及。从思辨的角度看,把共产党尊重为资产阶级历史的否定和通过它之所是、通过它的日常行动来自由地评判它并不矛盾;这两个东西甚至非常好地相互补充,因为它们不属于相同的秩序:一个涉及一种心理对象,就其表达了无产阶级而言的共产党,另一个是一种历史的存在,是或许没有表达无产阶级的共产党。同一个人可以没有前后不一致地呈现

---

① 越盟(Việt Minh)全称是越南独立同盟会,成立于 1941 年。
② 芝诺(Zénon,约前 490～前 425),古希腊哲学家。

出这两种表象。但是，他不会在行动中遵循这些前后一致，他的解决方案是通过同情来沉思它们。同情乃是那些无处不在却又无处在的人的行动：从道义上说，由于原则上的认同，他们处于党内，但是，他们仍然停留在党外，因为他们在细节上对它提出异议。这是一种外部的对立，换言之，一种想象的行动。在完全团结一致中进行批评，只有在一种在党内起作用、并且寻求向党炫耀它的那些观点的真正对立的情形中，才是行动的一种方式。但是，党并不希望对立，这甚至就是为什么对立依然保持为外在的，而且萨特已经向我们说明过，党是有道理的。因此，如果说他在评判的同时成功地尊重了党，那么，只能严格地以既不参与它的行动也不参与其它行动、并且保持视角距离为条件，他才能够达到这种困难的平衡。当人们从外部评判党，而且对它保持一种绝对尊重时，人们梦想的是一种建设性的对立，这在其它地方被认为是不可能的。一种辩证的马克思主义共产主义为对立留有位置，而萨特式的共产主义既不能够容忍任何对立（哪怕是萨特的对立），也不能容忍它自己的那些"理由"。正是一些相同的理由让他不得不尊重共产党，却又不加入共产党。

因此，在萨特的思想中不存在矛盾。它只是一种思想，不是一种行动，通过纯粹的思想来探讨作为一种行动的共产主义或许没有大的意义。或者我们毋宁要说，存在着两种类型的行动：揭示的行动和统治的行动。在两种秩序的一种中容易的行动在另一种中困难。揭示的行动承认有所保留、细微差别、保持沉默、断断续续，把路线提供给一份报刊或一部作品比起提供给党或政府来说，无法比拟地更为容易：纸张能够容忍一切，读者容忍的东西要少一些，但战士们或被统治者们容忍的还要少。党或政府的行动不会片刻地失去与发生的事件的联系：它应该要么保持为相同的，要么立刻透过它的各个阶段获得承认，它实际地评价一切发生的事情，它使所有他者的意义呈现在每一个是或每一个否中（或者，如果它有一些备用的原则，它不会过快地改变它们）。与之相反，比起在思想中调和尊重党与批评党，在共产主义与反共产主义之间进行驾驭（英国、法国于1954年在日内瓦已经这样做了）无法比拟地要更加容易。一个政府和党本身并不是必须对苏联阵营有意见，或者，如果它们有意见，并不是必须说出来。新闻记者和作家则不是这样。因为他们进行揭露，他们的世界就像一张画布，没有任何东西可以不被表象、分析和评判地在那里存在。报刊乃是世界的真理，它通过展示而行动。由此产生了一些难以解决的问题，或者一些折中的解决方案，它们并不属于政治行动的解决方案。揭示的行动有其属于思辨之列的各种方便和磨难。它们是学术权威的问题和解决方案。学术权威的神话把整体知识与纯粹行动的幻想结合起来了。在任何提出了问题的地方，学术权威都被假定通过其科学而在场，他而且可以立刻地、不分场合地、有距离地、完全有效果地行动，仿佛他所做的事情突然出现在了一个毫无生机的地方，与此同时它不是剧场，不是展示，不是引起公愤或狂热的对象。旁观者意识过于沉湎于看，以致看到的是作为"特殊"意识的它自身，它梦想作为另一种无所不在的行动。如此乃是自我欣赏的天真和花招。旁观者意识什么都知道，也知道某些人想改变世界，它让他们在它的世界中有其位置，它也理解他们，甚至用对它提出质疑的东西来为他们辩护。但它

260 只能在思想中追随他们，它不可能在成为他们中一个的同时保持为自己。如果它最终只知道做，也没有什么好惊奇的。剧本并不只是作家职业的剧本。它在每一个人那里：它是一个在看和在做的存在者的剧本。只要他在看，他就将不管什么东西转变成了被看到的东西，如果我们愿意的话，他是一个看者，他没有距离地呈现在各处，甚至呈现在那些正在做的人之中，他固执地向他们强加其在场，同时知道他们拒绝他。与此同时，既然人在做，他就不会超越于视角，就不会拒绝向那些进行行动的人提供一些最低程度的说明。因此，视觉的世界和行动的世界是不同的，然而却可以相互印证。这就是为什么对于党来说，在看的要求与做的要求之间达到平衡始终是困难的（如同在萨特作品中那样），而且没有任何东西会消除这一困难。马克思主义已经在党的生命中设想了对于问题的一种超越而不是一种解决：党应该在每一个人所在之处抓住每一个人，并且为他提供一种整体视点，用行动来校正视角，用视角来校正行动。这些幻相都烟消云散了，而我们始终有两种不同的方式走向普遍：一种是直接的，就在于把一切都诉诸于词，另一种则在于进入到游戏的晦暗不明中，并且在那里大胆地创造出一点真理。因此，人们不能够把作家寻求看到一切并且把自己局限在想象的行动中——通过这样做，他维护了人的两种构成成分中的一种——指责为一种职业缺陷。但是，如果他就因此相信可以把两种成分组合在一起，并且相信他因为观察了政治行动就过渡到了政治行动，那就大错特错了。

261 人们会说，成为外围共产党人，向共产主义投来一种来自外部的不含敌意的目光，这种折中在共产主义已经驱逐了那些要求进行观看的人这样一个时代,乃是唯一可能的态度。在非共产主义世界内是的可能,在共产主义世界内是不可能的。因为在这里,应该按颠倒的方向进行推理:既然共产主义已经驱逐了它的对立面,因此人们不可能部分地进入到共产主义中,应该要么完全在其中要么根本就不在那里。萨特立场上的软弱就在于,它是针对生活在资本主义世界中的人的一种解决方案,而不是针对它本该关注的生活在共产主义世界中的人的。正是他从外部宣布了共产主义与对立面的共存。但是,这还需要获得共产党的承认。萨特在最大程度地考虑他者的时候,由于想通过处于最不利地位者的眼睛来看非共产主义世界,因此仍然是在要求他与他自己相一致。在承认只是对共产主义有一种原则的同情的时候,他立足的乃是非共产主义的世界,他谈论的始终都不是共产主义。

　　就算是外部对立,但他如此定位自己,以致人们会担心他放弃了揭示却没有能够采取行动。内部对立是不可能的,因此我从外面把它领回来。但是,如果它从内部是不可能的,它从外部就更不可能。它从外部就成了敌对、成了威胁。反对派为批评付出了代价,这就是为什么他的批评是一种行动。外部反对派永远在没完没了地证明他是在有距离地忠诚。对于他所捍卫的批评权利,因为担心滥用它,所以他将不利用它。因为他与党的那些关系只不过属于心理秩序,所以它们是宽泛的、断断续续的:不管党干什么,在他不属于党时,他都可以表示支持;而不管他说了什么有利于党的话,就像所有说过的东西一样,都可以明天再说一遍。真正的介入差不多要倒过来:不是依据一些原则,而是通过对他被召唤去制定的行动方案表示赞同;不是对一些特殊的点,而是对把它们联系起来的线表示赞同，因此维持一些既是差异又是连续的关系。总是在场，总是不在场，"油滑的家伙"，这乃是旁观者意识，而我们应当问问自己，像萨特那样理解的介入是不是把行动的关系转变成了思辨的关系：人们梦想在行动中触及事情本身；为了更好地走出自我，人们同意问题只在于偏好诸现存事物中的一种或另一种，甚至是选择其中一种而不需要偏好作为整体的人。正是基于此，人们证明问题只涉及到思想中的场面和关系：因为共产主义，对于一个共产党人而言，而且真正说来，并不只是世界上现存事物中的一种，苏联在那边预谋神才知道的事情，我们既不是应该抓住也不是应该放走这一戴着面具的庞然大物：我们必须知道并且说出我们之所爱和所不爱（以及为什么），我们对生活期望什么和不期望什么。与事物本身的直接联系乃是梦想。除了在某些瞬间，对于砍掉一个人头的刽子手、对于决定一场战争或一次起义的领袖来说，与历史的全部联系都是间接的，全部行动都是象征性的。通过接受明显属于自己的行动，通过讲述自己的偏好、自己与共产主义的内在争论，而不是通过向他人提供有关自己出于义务而在现存事物中做出的选择的古板消息，作家将更可靠地采取行动。

　　人们还是会说，就算是这样，问题也不在于选择苏联。问题在于继续忠实于我们对资本主义进行的思考，并且从中引出各种结论。如果说资本主义通过让一个阶级服从于另一个阶级而颠倒了人与人之间的关系；如果说它甚至成功地剥夺了被压迫阶级对于历史的任何控制；如果说它通过民主的游戏（它同意所有的意见，但不同意重建人类、重启历史的事业）瓦解了被压迫阶级；如果您不愿意通过反对这一事业而成为无产阶级和人类的敌人，——此外，如果您和萨特一道承认，除了某几个非常有利的时刻，辩证法从来都只是暴力行动的遮盖物，希望的共产主义和西方马克思主义的解决方案仍然停留在纸上——那么，除了向依靠无产阶级的唯一的党开一张不能够事先精确限定数额，仅仅保留您的审核权的支票外，您还能干些什么呢？在一种无理性的历史中，您以什么名义宣布共产党人的事业是不可能的？——这种推理仅仅考虑到意向，没有考虑到人们偏好或选择的东西，它告诉我们在什么情况下我们至少应该直接来到无可指责的无产阶级面前，而没有告诉我们的行动将如何解放它。然而，您声称追求的是它的解放。那些事实之所以"既不说是也不说不"，无产阶级期望的制度之所以是模棱两可的，而且您之所以在了解这一制度、知道体制的被动面的情况下还帮助无产阶级建立它，是因为您更多地想到的是您自己而不是无产阶级。

但是，是不是存在着对资本主义的一种始终有价值的、并非道德判断的马克思主义批评，这还需要观察。马克思主义对资本的分析事实上表现为"科学的"，而不是表现为对历史形成一种始终主观的视角，更不是表现为一种道德判断。但是，因为它为自己给出了作为资本主义的替代的社会主义生产的前景，于是选择就成为徒劳的，因为社会主义的未来按其假定摆脱了一些镣铐、透支和矛盾（它们使资本主义的存在不过是延迟了的垮台）。然而，我们现在而且正是根据苏联社会的例子知道了，一旦资本主义的那些镣铐、透支和矛盾被克服了，就会出现其它一些透支、镣铐和矛盾，同时，马克思意义上的社会主义生产明显地会重新成为它总已经是的生产：经济学家思想中的一种构造。选择只能存在于多种社会分层类型之间，多种国家形式之间。资本主义的耻辱仍然是耻辱，它们不会因为另一个制度后来的缺陷而被抹除。这些耻辱和缺陷进入到一种复杂的、"概率论"的总结中，单是批评一种制度并不能够为选择另一种制度提供根据。在对资本主义进行的一种批评（它相信在资本主义中看到了同质社会之前的最后障碍、真正的生产力解放之前的最后联系）与对它进行的另一种批评（它在资本主义背后还洞察到了其他一些国家、其他一些军队、其他一些精英、其他一些警察，这一切就像资本主义本身一样是与各种机构、各种神话、各种社会象征、各种人类首创、各种补偿性错误一同构造出来的，不需要任何"自然的"预先安排）之间，当然存在着差别。在前一种情形中，批评差不多是充分的，因为它只不过是一种肯定性真理的反面。在第二种情形中，只有当人们以他们拒绝和承认的东西为基础经过思考作出决定，而不用寻求认识他们在交换中所接受的东西时，它才是有说服力的。换言之，这一绝对批评非但没有为选择提供一种严格合理的动机，相反它已经是对不管它是什么的非资本主义的选择。

事实是，对资本的"客观"批判从来都没有在萨特的研究中起过作用。依据人与人之间的直接的或道德的关系，他经过思考看出了资本主义行将毁灭、看出了处于最不利地位者的目光急切地向我们呼唤的东西。因此，他的思想似乎是：虽然是不确定的，而且预示了一些难以逆料的结果，共产党人的事业值得人们一种赞同性的偏好，因为处于最不利地位者要求这样，因为我们没有必要让自己成为他们的利益的判官。但我们可以说他们要求这样吗？萨特明确地说，处于最不利地位者几乎不战斗，不支持共产党人的行动，甚至不支持任何其它行动。正是他解释了无产阶级给予资本主义政权的诅咒；正是他确定这一诅咒只针对该政权，即使消灭它会为另一种压迫腾出位置，也无论如何是可取的。宁愿要无论什么东西也不要现存于斯的东西（因为无产阶级指责它），这乃是借口把无产阶级的历史机会提供给无产阶级而让自己内心无愧，这对于无产阶级来说或许代价过大，而且是一种虚幻的东西；因为我们服从的与其说是无产阶级的意志，不如说是我们提供给无产阶级的意志。认定无产阶级丧失了他对历史的把握的那些相同的理由也认定它必须对自己的各种利益做出评判。只要排除了那些善良意向，我们就不可能省掉对共产主义的分析，我们不可能依据一些否定做出决定，我们必须为了无产阶级而熟知我们所偏好的，或无论如何所选择的东西。

然而，如果我们不再依据马克思意义上的无阶级社会和社会主义生产的观点来看苏联，我们所观察到的东西就不足以证明无产者的利益在这一制度中存在：我们看到了工业化、生活水平的水平，但也看到了工资和条件上的差别；像克拉夫琴柯①等人的人格，党的那些专制习惯，各种制服，装饰，负责人的自我指责，权力本身随后的否认，权力在人民民主中的各种迂回曲折，针对非共产主义世界中的兄弟党实行的时而机会主义、时而自杀性的政策。没有什么争议的、大白于天下的这一切，也尽可能清楚地

---

① 克拉夫琴柯（L. Kravchenko，1922～1986），苏联官员，《我选择了自由》一书的作者，于1944年叛逃美国。该书向法国左派揭露了苏联劳改营的存在。

说明了：在苏联存在着一种国家机器，它可以对一切都作出让步，唯有国家财产和计划化例外；这两者并不属于社会主义，因为它们必须支撑一个管理阶层的费用以及因为一种僵化的领导而导致的损失。这一切并不表明苏联是罪恶的，甚至对俄罗斯来说是罪恶的，而是提出了这一问题：这是所有国家的无产者关心的事情吗？萨特说应当"清算功过"，直至走向唯一适合于最不利地位者的匮乏的人道主义。在我们可以评判的范围之内，属于苏联议事日程的毋宁说是劳动的人道主义，而苏维埃似乎已经为自己提出了培养这种工作精英的任务，萨特对此几乎没有表示出同情。应该说这并不是确定性的吗？但是，如果有什么变化，这将是因为该制度的享有特权者判定分享他们的特权是适宜的，这很好，但与一种健全的资本主义的那些让步没有太大的不同。萨特说，既然不存在辩证法，我们可以如其所是的那样维护共产主义的革命气氛。我们要说：如果不存在辩证法，就应该让共产主义世俗化。假定资本主义是对无产阶级的剥削；但是，如果不管共产党人怎么宣称，社会在己地就是惰性的，如果它是任何东西都不会把它集中起来的混乱，如果不存在历史的时刻，更不存在持久的制度（在这一制度中，全部问题都集中为一个消灭作为阶级的自身的阶级之权力），如果存在的只有领袖的权威，对群众的控制，在议会中的作假操纵，对少数派的清洗，玩骗人的多数派一致，那么我们怎么会偏好这一制度呢（我们对此仅仅知道一件事：它并不是自己声称所是的制度，它或许对它自己并不认识）？如果不存在历史的逻辑，共产主义就需要依据证据加以评判，一些有利的评判，即使针对了制度的大量"方面"，也代替不了对整体的赞同

（既然整体将被掩盖起来）。把共产主义通俗化，就是要剥夺它的占优势的偏见（如果有一种历史哲学的话，它就有权具有这种偏见），此外要给予它一种更公正的注意，而不是期待它导致历史的终结。在我们前面就它勾勒出的轮廓中，无疑有一些需要重新探讨的特征。我们将根据收到的各种信息愉快地做出修正。对于和平来说最为重要的是，共产主义不再是这一游荡在先验的自由和日常的散文之间的某个地方的，为自己既引来了热情又引来了好战情绪的幽灵。

如果我们决定改变世界，制服逆境——不是与无产阶级一道，而是在它那里发出一些"命令"，不是通过实现一种在事物的进程中生成的真理，而是通过完全把它构造出来，简言之，如果我们放弃这一游戏并从零开始历史，那就没有谁可以公正地评价我们之所为：唯有一件事情是确定的，那就是动机、人与人之间的纯粹关系无法在事物中被重新找到，因为我们将构造出另一个国家。这一国家可能是好的、平庸的、坏的，这还要看一看。但是，我们看出的只是：在把"革命的"国家置于共同的历史中时，如果我们完全立足于它的领袖的最终意向，那么我们将什么也看不到。因为，从此以后，我们不再会有可供学习的任何。领袖换人了，斯大林的继承者否定了他的某些行为。同情者并不认为自己被打败了。存在着斯大林的行动和视角，存在着马林科夫和他的同事们的行动和视角。难以理解的、多含义的苏联既不总是说"是"，也不总是说"不"。同情者则总是对马林科夫说"是"，就像对斯大林一样。他是所有人的朋友，因为他什么都不做。没有必要对他说，在斯大林统治下有被压制的一段历史、潜在的一些问题、制度的一种动力没有能够获得表达。这些乃是一些理性的存在。存在着一些人和一些事情，事情是沉默的，而意义只能在人那里。这就是说历史与官方历史相混了。那些在苏联生活过的人都知道，这绝非如此，马林科夫的行动或斯大林的行动，计划化本身，乃是苏联的一种实际运作的一些插曲或一些方面：这一实际运作既包括各种官方决定，也包括生产与交换的半官方流通，负责人的跟不上计划的各种偶然手段，权力的不成文分配，那些没有获得正式表述，但在各种抵制、"消极怠工"和"秘密监视"中表现出来的问题。唯有神知道这一真实的历史，我们不能够依据这种不可认识的东西来评判苏联。但是，如果在苏联存在着无产阶级的政治生活的话，这种不可认识的东西就会稍微少一些。于是，我们可以说，不管它对于一个绝对观察者来说有多少缺陷，对于人来说，这一制度乃是一个革命专政可能是的一切。缺了这一保障，就无法做出评判。我们不能够同时玩弄真理表和"纯粹"道德表。如果共产主义是正确的，它就不需要那么多的尊重。它之所以只是可尊重的，是因为它尤其是意向。就像萨特所说的那样，说它将是正确的，这乃是拿我们的遗忘能力打赌、拿自由和未来的眩晕打赌（把打赌掩饰在理性的面纱之下）。但是，人们已经反对帕斯卡尔[①]说：一种想象的永恒幸福无法抵消生命的一瞬间。

因此，在我们看来，我们只能够从他的分析中得出一种不可知论的结论。原则上赞同一种不可能不含歧义地在各种事实中获得表达的"纯粹行动"，这乃是越过边线把各种可能性投入到一

---

① 帕斯卡尔（B. Pascal，1623～1662），法国著名哲学家，数学家。

个只有可能的领域中。与共产主义事业或近或远地联系在一起的无论什么人，因为与萨特相同的一些理由，变得对经验无动于衷。相反，不可知论首先是对无热情、无诋毁地考察我们就苏联可以知道的一切的承诺。当我们不是在已地把共产主义当作一种自责或对策来维护时，当我们已经避免了那些"乐观主义废话"且相对地看待共产主义时，这一承诺是容易坚持的。撇开这些用词，不可知论在此是一种积极的行动、一种任务，就像相反的，同情是一种弃权一样。还需要明确地指出的是，可以从中推出何种政治。让我们在这里只是说：非共产主义迫使我们（且仅仅迫使我们）拥有一种积极的政治，迫使我们提出和解决各种具体问题，而不是一只眼睛盯牢苏联、另一只眼睛盯牢美国地活着。至于共产党人的行动可以从这一不受约束的政治中获得的好处，其准则就是对抗事物的狡计、挫败人的狡计。如果罢工的权利、各种政治自由、执行我们对殖民地的各种承诺冒着导致共产主义的危险，那么这个危险也必须冒，因为那些想摆脱这种危险的人只不过是在到处组织压迫。相反，必须拒绝人的狡计——把给予苏联不用战争就取得胜利的一种政治表达为和平政治，把政治问题分解为一些细小的意识问题并且把民主抗议标示为共产党人行动的道路的那种狡计，更不用说人们赞同一个非共产党人左派了。非共产党人左派不是一个不对共产主义提出看法并同它一道与敌人战斗的左派。为了名副其实，非共产党人左派应当在共产主义和世界的其它部分之间规划出一块共存的领地。然而，这恰恰只有在它不赞同共产主义原则的情况下才是可能的：如果与苏联谈判的那些人事先就认为共存是合理的，人们就难以明白共产主义世界为什么要对非共产主义世界做出建立两极之间这种共存所必需的那些让步。人们担心的是，一种同情的态度恰恰会妨碍那些希望和平的人为了和平而努力。当萨特写出"苏联希望和平"时，就像每一次那样，我们都感到有些不安：某个人给出了没有前提的结论。萨特完全知道，不管苏联、美国还是任何一个有良好传统的国家都没有在和平和战争之间进行选择：这些抽象描述的正是那些和平主义阵线和那些法西斯主义国家。苏联在希望和平的同时还希望别的一些东西，似乎在长时间内都没有打算为了和平而牺牲其中任何一个。它希望和平，但并不阻止北朝鲜侵略南朝鲜。这涉及的难道是一个内部问题吗？那些真正希望和平和共存的人不会把可能在共产主义世界的边界之外发生的共产主义运动作为一些"内部问题"分离开来。这并不意味着他们必须对之实施压制。坚持还是让步，这样的二者择一就是战争。没有提出要做任何这样的选择，如此乃是共存的政策。当非共产党人左派完全直截了当地告诉我们苏联希望和平时，它并不满足于此。如果它按照共产主义把这种它不能接受的东西"理解"为无产者处境不可避免的结果，那么它在什么时候说"不"呢？而如果它从来都不说"不"（除非在一些细节上），它有什么权利说自己是非共产党人？因为它不赞同共产党人的哲学吗？但是，这样一来，它保留的唯一的自由就是以别的方式为共产主义提供理由，而自由再度成为借口和屏蔽。我们可以说，在共产主义那里还有除在其整个哲学中之外的东西，还有一种使那些什么都不是者得以存在的根本意志（它并不符合于共产主义的字面意思）？这当然是确定的。但是，为了使依据这一基础的共存成为有别于非共产党人左派的思想的东西，共产主义至少应该承认依据一些比它自己的原则更广泛的原则是有道理的，因此承认也存在着不成为共产党人的理由，但它从来都没有这样做过。如果我们期望它这样做，不应该从完全简单地对它说它有道理开始。这乃是借助于它的弱点来试探它：它自认为是独自在世界之中的。相反地应该说出自己不是共产党人，以及为什么不是。当双方中的一个理解另一个却没有得到相应的理解时，共存就受到威胁了；而当一方在思想中否认另一方的实存时，任何赞同都是虚幻的。

正好苏联似乎已经明白了这一切。它已经在朝鲜强制实行停战，当越盟接近胜利时，它已经在印度支那进行了商谈。它似乎不再把斯大林主义已经压制了的这些缓冲区域视为不可能的。总之，关键是与美国商谈，而不是与同情者们商谈。这种改变走得比人们认为的或许要远得多。当人们为铁托①恢复名誉时，当明天为斯兰斯基②恢复名誉（谁知道呢？）时，客观地说，他们放弃了斯大林的对立就是背叛的原则。这或许是极端布尔什维克主义的终结。③无论如何，为了让我们停留在和平问题上，而且，如果问题真的涉及的是共产党人与和平的关系，一个非共产党人的左派，

---

① 铁托（J. B. Tito，1892~1980），原南斯拉夫政治家，共产党总书记。

② 斯兰斯基（R. Slansky，1901~1952），原捷克政治家，于 1945~1951 年任共产党总书记，1952 年因背叛罪被处决，1968 年恢复名誉。

③ 苏联政府最近突然发生的这些变化没有排除这一假设。就算它们可能终结了伴随斯大林之死而来的那些缓和政策，它们也不会重新恢复极端布尔什维克主义的暧昧特征——斯大林不只是其标志，他是其历史的载体。我们要说，极端布尔什维克主义只能伪装成辩证法才能实存，因此，它可能要么通过制度的"自由化"（它强调斯大林时期的实用主义），要么通过演变为一种丧失了马克思主义原则的"强硬"制度而被瓦解。

为了依赖于和平的事情，应当把共产主义朝着这一方向推进，而不是向它提出一种为它做如此这般辩护的、此外它也不会想要的备用哲学。

最终说来，这或许是萨特将要做的事情。他以一种全新的方式同情，不是借助于思想的软弱（当人们就实质性的东西达成一致或不能达成一致时，这种软弱妨碍进行联合或妨碍瓦解联合，它喜欢沉默地拒绝它实际接受的东西或沉默地接受它确实拒绝的东西），而是相反，他大胆地同情，因为他理解与他自身处境不同的那些处境，却完全无法还原地停留在自身中，他的确不是像面对神的不幸意识那样出现在共产主义面前，他参访共产主义而不是寓于其中，他停留在普遍中，毋宁说将之变成萨特的乃是共产主义。或许他明天将为非共产主义和共产主义创造出一片共存的土壤。只要他进一步地暴露自己，并使他本人如此完好地捍卫的自由进入到一种政治中，就种情况就会出现。一个哲学家的愿望就在于相信，当他在自己的世界中给予他人一种意义时，他就真的已经与他们汇合了，真的到达了具体的普遍，因为他的世界对于他来说就是存在本身。真正的普遍要求他人承认我们给予他们的意义，而到此为止，共产党人还没有把一些非共产党人形成的关于他们的形象接受为真实的。但是，这或许是萨特的看法：他们正要这样做。他写道："自从图尔会议① 以来，'左派'人士或团

---

① 图尔会议是工人国际法国支部（Section Française de l'Internationale Ouvrière，SFIO）于 1920 年在图尔召开的第 18 次全国大会。工人国际法国支部是一个建立于 1905 年、解散于 1969 年的法国社会主义政党，为第二国际在法国的分部。该党在十月革命后分裂为两个团体，其中较大者称为共产主义法国支部（Section française de l'Internationale communiste），这个支部后来建立了法国共产党。

体已经上百次地宣布他们事实上与共产党相一致,与此同时全都强调他们的原则分歧。如果他们的一致显得是符合党的愿望的,党就会不顾这些分歧而接受这种联合。在我看来,对于党就像对于我们一样,处境如今发生了如此大的变化,以致党应该部分地是因为一些分歧才期待一些类似的联合。"[1] 萨特当然不想说,联合一些非共产党人,以便把他们用作为屏风对于共产党人是有用的:这不能够形成他所谈论的新处境。不,共产党人这一次应该寻求非共产党人的赞同,因为真的存在着一种对于他们来说共同的、不仅容忍而且要求原则差异的政治。这或许在那些我们已经强调过的,而且有必要强调的模棱两可之外宣布了共产主义与非共产主义之间的一种相互承认。

* * *

人们会看出,把我们与萨特分开的东西并不是他给出的关于共产主义的描述,而是他从这一描述中引出的结论。确实,分歧还要更加深入,因为它不取决于事实,而取决于事实被接受的方式,取决于人们对它们做出的反应,取决于人们在内部和外部之间建立的各种关系。这种分歧既是私人的,也是尽可能普遍的,它是哲学上的。当萨特从一种忽视他人问题的哲学(因为它松开了个体的完全内在性)过渡到一种相反的置各种意识处于敌对状态的哲学(因为每一个意识都是一个为己的世界,并且企图成为唯一的世界)时,或者,当他从敌对的自由之间的冲突过渡到它

---

[1] 萨特:"共产党人与和平",第二部分,第 706 页。

们之间的呼应关系时，他先前的那些观点每一次都被它们予以突出的新的直觉既保留又摧毁：他人是这种不可能，而"我思"却无法否认它；他人是这一敌人，而自由却从中获得它自己的养料、从中期待回应和确认。从个人史或文学过渡到历史，萨特暂时还不相信遇到了要求一些新范畴的新现象；他无疑认为历史（就像他谈论语言时认为的那样）不会提出还没有伴随他人问题被给出的形而上学问题：这涉及的只是从一个特例，借助于用来探讨他人问题的那些相同的手段进行思考。阶级的"他者"几乎不是一种新现象，它始终与个体的他者处于竞争中。无产阶级只是由于某些人的纯粹意志才实存的，就像语言只是由于获得一种构造它的意识的支撑才实存一样。意识成功地把散文做成了一只透明的杯子，而在历史的行动中，散文从来都不可能是没有歧义地可读的。因此，在历史中确实存在着新的东西：不惜一切代价造就一个不排除任何个人的社会之决心引发了一个完完全全的神话，而意识在散文中直接就表现为普遍的。但是，历史和政治的这种特殊性并没有使它们成为别的类型的存在：它只不过是这一次在与一些妨碍自己的事物作斗争、并且超越于它们的人的自由。政治和行动不顾一切地作为个体生命的依靠和延伸显示出来，甚至在它认为它们是另一回事的时刻。我们要问问自己，行动是不是具有一些束缚，同时也具有一些效力（它们属于完全不同的秩序），哲学是不是没有必要探讨它们而是应当取代它们。我们在萨特没能最终得出一种行动理论的事实中可以看到其证明，他不得不区分局限于各种纯粹原则、局限于行动的某些方面的同情，与整个地处在中间地带的行动的角色。只有他者进入到行动中，同情才有意义。如果他们确定性地不可能是共产党人，但肯定与之有一种同情关系的话，他们的作为一种历史实验的行动（他们的行动或另一个人的行动）难道不是有时过于亲近，有时过于疏离，以致不能成为政治的？行动难道不是由一些关系构成的、由一些范畴支撑的、由关于我和他者的哲学没有表达出的与世界的一种关系承载的？

真正说来，自从萨特表达其介入观以来，问题就提出了，而且这一问题伴随着其介入观的整个展开。因为，不管表面现象如何，这里的确涉及到一种展开，而持如今立场的萨特绝没有不忠实于他自己。介入首先是这样的决心：我们按照自己内心的样子向外展示自己，把各种行为与它们的原则、每种行为与所有其它行为相对照，因此说出一切，并重新权衡一切，发明一种对世界上的一切做出回应的整体行为。《现代》要求其创始者不要加入任何党派，任何教会，因为，如果一个人已经被一种整体观所束缚的话，他就不可能重新思考整体。介入就是承诺在各个党派已经失败的方面取得成功，因此，它把自身置于党派之外，在涉及到重新创造与各种事实相联系的那些原则的时刻，有利于两者之一的偏好或选择是没有意义的。可是，某种东西已经使这一计划过时了，已经宣告了介入的多重变形：它乃是萨特理解行动与自由的关系的方式。从这一时刻起，他写道，人自由是为了介入，而人介入是为了自由。为了不停留在言辞中，做或不做的权利应当被实施，然而，在选择时或选择后，这一权利仍然完全保持为它先前之所是，甚至，之所以进行选择，只不过是为了证明选择或不选择的权利，不做出选择，它就停留为潜在的。我们选择某种东西，从来都不是因为它之所是，而是因为已经做成了它，因为要为我们建构一个可以确定的过去。我们永远不会选择成为或作为要么这要么那，而是选择已经是要么这要么那。我们面对处境，相信自己在考察它、精心考虑它，但我们已经采取立场，我们已经行动，我们突然就重新成为了某一过去的拥有者。它是如何变成为我们的，这乃是没有人能够理解的东西，而这就是自由的这一事实。因此，自由存在于所有的行动、每一行动中，从来没有受到影响，从来不会丧失，从来不会恢复，始终保持与自身同一。然而，他人的在场迫使我们区分那些让他自由的行为和奴役他的其它行为，放弃第二类行为，倾向于第一类行为，围绕我们推广自由，使它得以体现。但这种派生的自由完全来自于原初的自由，这一进程是无法逆转的，它导致的那些偏好最终说来始终是纯粹选择。我们就历史、就人所能够知道的一切，这种关于各种处境的百科全书，《现代》致力于的这种普遍清点，不会缩小根本而原初的自由与它在世界中的各种具体化之间的一点儿距离，不会在它与特定文明、特定行动、特定历史事业之间建立起一种平衡。这是因为，人们之所以介入，只不过是为了让自己摆脱世界。自由不在世界中运转，它在那里变成为一些持续但瞬间性的显现。除了在它与之全面作战的法西斯那里，自由始终在一种政治制度的某个方面中认识到自身，要么在意向层面，要么在各种日常行动层面，但不认同于它们中的任何一个，因为它没有任何手段完成一项事业并对之进行总结，善既无法弥补恶，也无法与之一道进入整体的评估中。因此，我们完全可以揭露一些压迫的事实，可以谈论黑人、犹太人、苏联劳改营、莫斯科审判、妇女、同性恋者，可以让所有这些处境萦绕在思想中，可以让自己作为个人为之负责，证明在每一情形下自由如何受到了嘲弄，但却无法为自由找到一条政治路线，因为自由同样多或同样少地具体化在引起人们争议的多种多样的政治行动中，同样多或同样少地具体化在苏联社会和美国社会中。人们会在共产主义原则中发现对自由的最激进的肯定，因为它是改变世界的决定，人们也可以在美国自由主义者的心灵中发现一种没有限度的良好愿望，尽管清教徒的罪恶从来都不是那么遥远。这就是为什么《现代》即使在其攻击种族隔离的时候也不否认美国的世界领袖地位的原因，[①] 为什么即使在其谈论苏联劳改营的时刻，也准备让苏联成为无产阶级的唯一希望的原因：我们可以把自由与一些独特的行为或事实，而不是与一些制度或一些大的集合对立起来，因为它总是在某一时刻出现在那里，而从来不会在所有情况下都获得重视。如果"每个人应该在全体面前对一切负责"，也就是说，如果他必须为他们本身承担责任，如同他们就是他的目的，那么一种行为的每一阶段，一个体制的每一细节，各种行动和各种体制就具有了同等价值，并且没有了任何价值，因为它们全都有一些不光彩的秘密。介入为我们组织了与彼此最远离的各种处境、最远离我们的各种处境的面对面。这恰恰是它属于历史与政治的行动之外的完全不同的领域的原因：历史与政治的行动伸展在各种处境和事实下面，为了达到彼而放弃此，用整体来为细节找借口。针对一些制度、一些行动，介入只会漠然处之。如果它试图自己成为一种政

---

① 《现代》，第 11～12 期，第 244 页。

治，针对行动领域想出自己的各种解决方案，让政治生活接受它的无所不在，它的直接普遍性，那么它只会把其双重的否掩饰成双重的是，只会提出人们可以通过革命纠正民主，通过民主纠正革命。然而，正是民主和革命都拒绝让彼此结合在一起。在这一时刻可以干些什么呢？继续人道主义批判的工作？在职业政治家边上，有一些作家直截了当地展示各种政治总是掩盖着的一些罪恶（因为它们把这些罪恶掩盖在一个整体之中），这当然很好，这是不可缺少的。但是，随着处境进一步变得紧张，即使它继续根据其原则进行，介入也会变成另外一回事。即使《现代》继续同等地分布其批评，各种外部形势也会强调其中一些，回避另一些，并为杂志提供一条非自愿的路线。它发表的关于布拉格审判①的研究没有被记在自己的账上，相反，它就印度支那战争②所说的那些话每一次都能击中要害。萨特的论著"共产党人与和平"使这一实际处境合法化了：既然具体的自由不能够想出自己的解决方案，或者其方案没有被听从，既然外部形势已经把他的独立批评转变成了政治路线，已经把人道主义介入引导到了行动领域，萨特就应当对一种他既没有期望过也没有组织过的事态负责。如今，

---

① 布拉格审判指 1952 年发生在捷克首都布拉格的，由听命于苏联的捷共内部某些领导人根据苏联顾问的捏造以及斯大林的亲笔信清洗捷共总书记斯兰斯基等 14 人的审判，其中 11 人被判处死刑，3 人被判处无期徒刑。

② 印度支那战争通常指第二次世界大战结束后，发生在亚洲印度支那半岛越南、老挝、柬埔寨三国以越南战场为主体的三次局部战争，即印支三国抗法战争（1946 年至 1954 年 7 月）、抗美战争（1961 年 5 月至 1973 年 1 月）和越南对柬埔寨的军事入侵（1979 年 1 月 7 日到 1989 年 9 月 27 日），国际上将中国的对越自卫反击战视为第三次印度支那战争的一部分。梅洛-庞蒂在这里指的显然是印支三国抗法战争。

当他宣布原则上偏向苏联，并且在某些特殊点上赞同共产党人时，他似乎远离了他最初的介入观：但这主要不是因为他变了，而是世界变了，从他那方面而言，不存在任何前后不一致。依然正确的是，自由并不在任何现存制度中、任何政治行动中认识到自身：关于共产主义，它接受的只是内在原则，"改变世界"（这也是它自己的惯用语），而关于共产党人的行动，它接受的只是一些"方面"或一些"特殊点"。如今和昨天一样，自由没有让自己有血有肉，没有变成为历史行动。在自由与自由之所为之间，距离依然如故。介入始终是与世界的相同的短促接触，它始终没有负载起世界，它只是对一些非常一般的原则或一些事实、行动的一些特殊方面发表意见。如今，人们仅仅同意，即使不是进行一种真正的总结，至少也应该对这些太一般或太特殊的评判求代数总和，人们宣布这种总和毋宁对于苏联有利。同情共产主义，在某些特殊点上与它一致行动，这在只容许对世界进行一些瞬间干预、取一些景、曝一些光的一种自由观中无疑代表了可能行动的最大值。如今就如同昨天一样，介入是有距离的行动，是间接的政治，是一种让我们与世界一致而不是参与其中的方式，与其说是一种干预的艺术，不如说是一种划定干预范围的艺术。因此，不存在萨特相对于他自身的任何偏离；如今，他在一个不同的世界中，从相同的哲学直觉中得出了新的结论。在他那里就像在笛卡尔那里一样，改变自身而非事物的秩序这一原则成了一种不顾及一切地保持他自身的理智方式。不用加入却偏向于共产主义，就像昨天的没有党派的批评一样，是一种姿态，而不是一种行动。自由把它的根本的否定性投射到了共产主义中，它与共产主义的某一些方面结合起来,但它却不接受检验,对于作为一个整体被把握的共产党人的行动,对于它三十五年来依据原则做出具体决定的工作,它既不表示赞成,也不加以指责。悖谬之处仅仅在于,他为了共产党人的行动而让一种思辨的态度起作用。我们想要问的是,与其为了继续忠实于那些原则而通向这种装模作样的行动,是否相反地获得了重新考虑那些原则的契机,是不是应该质疑萨特所理解的介入,而不是依据介入规定的比例来进行行动,这样做是不是在同一举动中既治愈了行动的瘫痪,又让哲学从钳制中摆脱了出来。

　　作为第一序列的哲学经验,萨特的观念的展开,就像所有的经验一样,需要获得解释。萨特认为,他在立场上的种种困难如今与事物依循的进程联系在一起,他的哲学前提并没有受到任何的损害。我们想要问的是,这些困难是不是属于一种与在世的关系类型——历史,行动——对质的哲学的不安,这一哲学不打算承认这种在世的关系类型。这是因为,萨特意义上的介入是对我们与它看起来要肯定的世界之间的关系的否定,或毋宁说它试图从否定中创造出一种关系。每当我一苏醒,我就发现自己对大量的并不是由我造成的、然而在处世中我将之算在自己账上的事件负有责任。在萨特那里,这种实际介入始终是向着恶的,现存世界和历史从来都只能唤起我的愤怒;而积极意义上的介入,作为我对最初的陷阱的反应,因此就在于建构我,选择我,消除我天生地受到的各种牵连,根据我为它们发明的后续的东西来弥补它们,重新开始我,也重新开始历史。萨特着手谈论共产主义的方式本身——粗略地说,不是透过这一事业的历史,而是从其现在，从这一时刻，根据它对一种希望由未来获得补偿的意识提供的承诺或者威胁来对待它——充分表明，问题更多地不在于知道共产党人的行动将走向何处，以便与之联合或不联合，而是为它在萨特式的计划中发现一种意义。当然，我们知道任何历史都不会在它自己那里拥有其全部意义，只要我没有对它形成一种观角，它就是模糊不清的，多重意义的。但是有一些视角形成把先于它们的视角形成都考虑在内了，尤其是在那些剧作家那里，这些视角形成严肃地对待先前的视角形成，试图理解它们，不惜付出给它们安排位置、在它们之间确立等第的代价，而且，它们得益于这种与其他人的视角（它们的分化、它们的斗争及事件提供给这些斗争的认可）的联系的，如果不是一种证明价值，至少是一定的经验分量。历史自身并没有把意义提供给历史学家，但它排除读者明显过多地置入他自己且没有充分贴近文本的阅读，它相信其它的阅读是可能的。对于萨特来说，这种可能性几乎等于什么都不是。但是，拒绝可能性就是拒绝与历史的理论的和实践的联系，它决定在历史中只是通过反思来寻求为一场戏剧着色，其人物——自我和他人——已经先天地规定好了。通过接受处于最不利地位者针对我们社会的目光，通过接受以他们的目光看他自己，通过开一张原则的支票给需要他们的党和制度，萨特似乎最大程度地考虑到了他者。但他向他者掩盖了他的各种理由，他提给他者的不是萨特，而差不多是一个官方人物。萨特对共产主义原则的尊重不仅伴随着对现存制度的某些保留意见，而且只不过是那些抵制手段中的一种，因为他在共产主义中尊崇的是并非每天都有的"纯粹行动"。因此，不管表面现象如何，他人与其说是被接受了，还不如说是被一种全面让步中性化了。就像一个容器的"我思"，由于他人目光在这里开启的缝隙而漏了，但是，由于不存在历史的可见的意义，萨特并没有觉得自己采取了一个他不得不面对的不同于自己视角的视角。对于他来说，让自己介入并不是在与历史的接触中解释自己和批评自己，而是由他自己来创造他与历史的关系，仿佛他处在彻底地重新自我创造的位置；这乃是决定把他为他的历史及公众的历史创造的意义当作为绝对；这乃是特意让自己安顿在想象之中。除了我的意识的独立外，这一行动没有别的原则，除了证实这一独立外，没有别的结果：它用我决定让他人和历史扮演的角色取代他人和历史，它在原则上提供保证，但也限定和结束它们对我的生活的干预。它隔离火场，圈定火灾的界线，把来自外面的贪婪要求转变成条约，与历史缔结一个统一行动的协议（这毋宁是一种不干预协议）。仅仅是因为问题在于介入/受约束（s'engager），因为囚徒也是他自己的看守，所以，非常清楚的是，我们从来都只是受制于我们实际地为自己准备的那些束缚，我们将永远不会受到约束。笛卡尔说我们不可能同时既做又不做某件事，而萨特无疑也是这样理解介入的：由于有最低程度的一致和坚定（没有的话，我们所具有的就只是一种意向），我们不需要做任何尝试，没有任何必要了解要遵循的方向。但是，笛卡尔的表述实际上宣布了一种没完没了的要求：只要一开始行动，我们什么时候可以说我们结束了自己的尝试？如果它失败了，它立刻就把我们引导到了另一种行动；萨特的论题不是关于行动的论题，对此的主要证明就是它不容易被否认：不管现存的共产主义是什么样的，对于纯粹行动的原则性尊重都保持不受触动。介入是如此有分寸地获得安排的，以至我们设想不出能有效地解除它的情境：它只会因为懒惰才停止。行动是另一种介入，其要求更高同时也更脆弱：它要求我们总是承受超出承诺和必须的东西，与此同时，它容易失败，因为它针对如此这般的他人，针对我们所创造的和他们所创造的历史，因为它涉及的不是一些原则或一些特殊点，而是我们共同投入其中的一项事业（不会拒绝这一事业的任何东西，甚至不会拒绝我们的批评，它构成为行动的一部分，是我们介入的证明）。为了让这种介入得以可能，我没有必要根据契约来规定我与外部的关系，我必须停止把自己的思想及我给予自己生活的意义看作是绝对源泉；我的标准、我的各种决定必须被相对化，必须受制于我们已经说过的一种不会以判决性的方式证实它们、但可以宣布它们无效的证明。这种实践与实用主义完全相反，因为它让自己的原则接受一种持续的批评，并且寻求即便不是成为真实的，至少也要成为不虚假的。正因为它同意在自己知道的东西之外介入到一个党以及历史之中，它就会容许进一步了解它们，而其座右铭或许是通过模糊来达到清晰（clarum per obscurius）。根据一些原则或一些不可证实的细节进行选择，却从来没有看到他的有所保留的行动把他引导到何处，萨特相反地实践的是通过清晰来达到模糊（l'obscurius per clarum）。

在这两种介入背后，存在着两种意义的自由。一种是笛卡尔所说的做或不做的纯粹能力。这种在整个行动过程中保持不变的能力，把行动片断化为许多瞬间，使它成为一种持续的创造，把它还原为一个不确定系列的采取立场的行为（这些行为将自由维持在伸手可及的范围，不至于让它消失）。这种类型的自由永远不会成为它所做的东西。它永远不是一种做。我们甚至看不出做这个词对自由可能意味着什么。它的行动是一种神奇的决心，而如果这一有待去做的东西不是与此同时被表象为目的的话，这一决心甚至不知道它要应用到什么东西上面。这种从来不会让自己变得有血有肉的自由，从来都不是既有的，从来都不会与权力妥协，它实际上是评判的自由，是带上镣铐的奴隶也具有的自由。它的同等不可触摸到的是和不只与一些被看到的事物联系在一起。因为，那些已经被做成的事物，不做它们的能力在人们做它们的时候是无效的，这不仅仅是像笛卡尔相信的那样，因为人们在这样做的时候进入到了外部的领域（一种姿态、一种动作、一种言论在这里可能存在也可能不存在），而且因为，即使在我们这里，二者择一也在起作用，因为我们在做的东西占据了我们的场域，使我们或许不是不能够做其余的，而是不关心其余的。做或不做的纯粹能力当然存在，但这是中断的能力，从背叛始终是可能的，既不能够得出我们的生活首先需要忘记这种可能性，也不能够得出它在进行体验的我和我所体验的东西之间插入了任何行动都不得不随意跨过的一段距离。连同这一层虚无（它同时是与自由及其行为的分离和结合），决心和目的的表象一起消失了。生活、历史，对于我来说，以自己的样式在那里，既非肯定（ponens）也非否定（tollens）。它们延续着，它们延续着自身，即使在它们改变自己时也是如此。我的各种思想、我给予我的生活的意义，总是凝结在大量的含义中，这些含义在我试图看清楚一些他人和一些事件的时刻，已经把我安置在一个相对于他们的位置中了。当然，这些基础结构并不就是一种命运，我的生活将改变它们。但是，如果我有机会超越它们，并变成为别的东西而不是这一大堆偶然，这并不是通过决定来给予我的生活这种或那种意义，而是通过竭力素朴地体验被提供给我的东西，不需要玩弄该事业的逻辑，不用事先把它封闭在一种预谋好的含义的限度之内。选择一词在这里几乎没有意义，不是因为我们的行动被记录在了我们的起点处境中，而是因为自由并没有从一种选择的能力下降到对它来说只不过是一种实施的具体例证中，因为它并不是穿破通向未来的时间的纯粹投射源，因为当它开始变成为我将要成为的东西时，它弥散在我的整个现在中，尽可能像它所是的那样获得了释读和理解。我的未来之意义并不是通过法令涌现的，它是我的经验的真理，我只有通过讲述已经使我变成为这一真理的历史，才能够与之打交道。那么，我如何标记我的那些选择的时间呢？只要它们不是一些没有价值的决定，而是一些补偿，并因此仍然有其根基，我就永远不会完成在我的生活中为它们找到一些先例。目的乃是我所选择的想象的对象。萨特在某个地方说，目标，（是）各种手段的辩证统一，如果萨特没有通过拒绝辩证思维而放弃诉诸于一种开放意识的权利的话，这就会完美地纠正他在其它地方对这一概念的滥用。[①]一个共产党人什么时候开始成为一个共产党人，一

[①] 当我们相信超越在萨特那里开启了意识时，存在着一种误解：如果我们愿意的话，意识在他那里只不过是一个开口，因为在意识那里没有任何不透明让它与各种事物保持距离，因为它从外面在它们所在的地方完美地通达它们。然而，这恰恰是为何它不是朝向世界的开放（这种开放超出于它的含义能力之外），它严格地说是与世界共外延的。

个叛徒什么时候不再是叛徒？选择就像评判一样，主要不是一种原则，而是一种结果、一种总结、一种表达，它们在内心独白和行动的某些时刻起作用，而其意义是日复一日地形成的。不管涉及到行动还是甚至涉及到思想，意识的那些丰富样式就是对象在此不需要被设定的样式，因为意识寓于对象之中，因为它在对象中运作，因为外部对它的那些主动性做出的每一回应对于它来说都是直接有意义的，并且会引起来自于它的一种新的干预，因为它最终说来就是它所做的东西，这不仅仅是对于他人的目光，也是对于它自己而言的。当马克思说"我不是马克思主义者"，克尔凯郭尔大体上说"我不是基督徒"时，他们想要说的是，行动过多地被呈现给进行行动的人，以至不能承认是对公开选择的炫耀。公开的选择差不多是在证明不存在选择。当萨特写道，自由不是处在决定之中，选择受到一种没有标明日期的、为可知特征的神话所象征的基本选择的主宰时，我们在他那里完全可以找到某种相似的东西。但是，一切似乎是这样发生的，以致涉及到萨特要在现在采取立场时，这些思想就不起作用了：他于是重新回到了选择的意识形态，回到了"未来主义"。

最终说来，或许正是作为纯粹能指能力，作为不含不透明性、不含惰性的离心运动的意识概念，把历史和社会向外抛置到了所指之中，把它们还原成了一系列的瞬间性的视点，让做（le faire）服从于看（le voir），并最终把行动还原为"显示"或"同情"——把做还原为做-看（faire-voir）或看-做（voir-faire）。恢复行动的最有把握的方式就是在看它时已经恢复它，这远不是对一种所指的简单地设定。一种含义，如果它是由其整个本质就在于知道自己所做的东西的某一意识设定的,那它就必然是封闭的。意识没有为这一含义留下任何尚未勘测的未知角落。如果相反,我们在确定性的名义下面承认一些开放的、未完成的含义,主体必定不会是面向自身和对象的纯粹在场。然而,我们不是在被知觉者的层次,甚至也不是在理想的层次与一些封闭的含义打交道。一个被知觉的事物毋宁是相对于一种规范或一个空间、时间和色彩的层次的某种间距,它是某种扭曲,是把我们与一些感觉场、与一个世界统一起来的各种持久联系的某种"协调的变形"。同样,一个观念是我们对于语言为其拥有者的各种流动的和封闭的含义的瞄准的超出,是它们围绕着一个它们所指向的、但它们并不能够限定的虚拟焦点的重新排序。如果是这样,思想的思想,"我思",某个东西向某人、首先是自我向自我的纯粹显现,就不能够从字面上来把握,不能够把它理解为是对其全部本质就在于认识自身的某一存在,也即某一意识的证明。我向我自己的呈现始终是透过一个实存场的厚度进行的。心灵总是在思考,不是因为它总是处在构造一些观念的过程中,而是因为它总是直接地或间接地对世界感兴趣,总是与历史连通的。就像被知觉事物一样,我的各种任务不是以对象或目标的方式,而是以各种凸起、各种轮廓的方式,也就是说在实践的风景中向我呈现出来。当我靠近或远离一个对象时,当我在我的手掌中转动它时,我不需要把它的各种显象都移到唯一尺度上以便理解我观察到的东西,同样,行动是如此完好地寓于其场域中,以致出现在该场域中的一切对于它来说都是直接有意义的(既用不着分析,也用不着调换秩序),而且呼唤它的回应。如果我们考虑这样一种介入的意识——它只能透过其历史的和世界的场域才能回到自身，它不能够触及到自身、不能够与它自己相一致，而只能透过它是其不可见的占有者的眼前经验猜测到自身并隐约地呈现出来，那么意识之间的关系就会呈现出一种全新的面貌。这是因为，如果主体不是世界由以光芒四射的太阳，不是我的各种纯粹客体的造物主，如果它的含义活动毋宁是对两种或多种含义之间的一种差异——因此，如果没有世界和历史围绕着我设置的那些维度、层次和视角，是无法想象的——的知觉，那么它的行动及任何行动都只能遵循世界的各种缓慢进展才有可能，就像我能够改变被知觉世界的场景，但必须把知觉首先向我揭示的那些场域中的一个作为观察点一样。之所以存在着知觉，仅仅因为我由于我的身体而属于世界；我之所以能够给予历史一种意义，是因为我在那里占据了一个停靠点，因为其它可能的停靠点已经由历史的景致为我确定好了，因为所有这些视角已经隶属于它们在那里得以被构成的一种真理。甚至在我的视角的内部，我洞察到有人已经准备利用我的私人世界，针对它"产生行动"，他人的位置已经在那里被准备好了，因为其他人的历史处境已经作为我可以占据的被提供给我。真正介入到一个世界和某一历史中的意识（它已经占有它们，但它们超越于它）不是绝缘的。在感性的和历史的组织的厚度中，它已经感觉到了其它那些在场的移动，就像一支挖地道的团队听到了将迎面而来的另一支团队的劳动一样。它并不像萨特式的意识那样，仅仅对于他人是可见的：它能够看到他人，至少用眼角看到。在它的视角和他人的视角之间存在着有规律的交接和过渡，仅仅因为其中的每一个视角都试图把其它视角包含在内。不管在私人史中还是在公共史中，它们之间的关系的表述都不是"要么是他，要么是我"，不是在唯我论和完全忘我之间的二者择一，因为这些关系不再是两个为己的面对面，而是两种经验的一个嵌入到另一个之中：它们从来都不一致，但隶属于一个唯一的世界。

问题在于知道，是不是像萨特所说的那样只存在着一些人和一些事物，或者也存在着这种交互世界（我们称其为历史、象征系统和有待于去创造的真理）。如果我们维护二元分立，那么作为一切具有意义者之所在的人就注定陷入难以置信的张力中。在文学中和政治中一样，同一个人必定拥有不时出现在所有其他人那里的一切，他必定直接地是普遍的。相反地，如果我们通过人类的象征世界而接受各种人际关系的一个中介，那么，我们放弃在所有人面前获得没有延迟的辩护、放弃对每时每刻产生的一切负责任就是正确的；但是，因为意识无论如何不会在实践中坚持其成为神的奢求，因为它不可避免地被导向委托其代理——为了放弃而放弃，所以我们偏好那种把知道意识做了什么的手段留给意识的代理。在一切人面前、面对所有的处境感觉到了应该对一切负责，如果这导向的是赞同一种行动（就像任何行动一样，它拒绝了这些原则），那就必须承认，这乃是把自己关在了词的牢笼中。相反，如果我们承认没有哪一行动能够担当起发生的一切，能够达到事件本身，承认任何行动，甚至一场战争，都始终是象征行动，既在事件中期待一些直接的结果，也期待它作为含义姿势和意向的痕迹所是的效果，因此，如果我们放弃"纯粹行动"（它乃是一种神话，一种思辨意识的神话），那么，我们或许就有了最多的改变世界的机会。我们为自己留出的这一空白，不能说只是有助于我们的一些个人方便，只是有助于赋予知识和文学以一种心安理得，而这是纯粹行动拒绝赋予它们的。如果一切行动真的都是象征的，那么，书本就以它们自己的方式隶属于行动，它们应当依据职业规则来写，却一点也不会削弱揭示的义务。如果政治不是直接的、整体的责任，如果它就是在历史的象征系统的模糊不清中勾勒出一条路线来，那么它本身也是一种职业，而且它有它的技巧。政治和文化相契合，不是因为它们是可以直接重合的，不是因为它们两者都紧贴着事件，而是因为每一秩序的象征在另一秩序中都有一些反响、一些对应和一些诱导效果。认识到文学和政治是不同的行动，这最终说来或许是既忠实于文学又忠实于行动的唯一的方式；相反地，当一个人是作家时，向一个党提出行动的统一，这或许证明他停留在作家的世界中：因为行动的统一在都有自己的分量的各个党之间有一种意义，它维持着共同行动的平衡。但是，在支配符号的人与控制群众的人之间，不存在作为政治行为的联系：存在的只有前者向后者委托权力。为了以另外的方式来评判，有必要生活在一个一切（政治和文学一样）都是意义的世界中，有必要成为作家。文学和政治之间相联系，它们和世界相联系，但以不同的方式，就像一种单一的象征生活或历史的两个层次。即使时代的状况是如此这般的，以致这一象征生活解体了，以致我们不能够同时既是自由作家又是共产党人，或者既是共产党人又是反对派，我们也不能够用这些对立面之间的费劲的往复来取代统一它们的马克思主义辩证法，我们也不能够强制调和它们。于是，我们有必要返回，有必要迂回地攻击那不可能正面被改变的东西，有必要寻求一种与共产党人的行动有别的行动。

跋

"在那一天，一切都是可能的……将来就是现在……也就是说，不再有时间，[只有]一道永恒的闪电。"

——米什莱①

《法国大革命史》，第四卷，第一章

"今天的问题与其说是进行革命，不如说是组织革命政府。"

——救国委员会② 通告

辩证法，既不是关于相互作用的观念，也不是关于对立面的一致和对立面的超越的观念，既不是关于自己重新推动自己的发展的观念，也不是把直至那时的某一量变置入某个新的秩序中的一种性质的交替上升：这些乃是辩证法的一些结果或一些方面。但是，在它们自己那里或就它们作为存在的一些属性而言，这些关系都属于奇迹、珍奇和悖谬之列。只有当我们把它们放回到我们的经验中时，它们才能够在一个主体、存在和其它主体的结合处发出光亮：在这些对立面之间，在这一相互作用之中，在里面

---

① 米什莱（J. Michelet，1798～1874），法国著名的历史学家。
② 救国委员会（曾译为公安委员会）是法国大革命中雅各宾派专政时期的最高领导机构，1793年4月6日由国民公会创立。

298 与外面的这一关系中，在这一群组的各个要素之间，在这一生成之中（它不仅仅生成，而且它为己地生成），存在着对于一些具有双重意义的关系、对于一些颠倒、对于一些矛盾但不可分割的真理、对于一些超越、对于一种永恒的发生、对于众多平面或秩序而言的没有矛盾，也没有奇迹的地方。只有在这种类型的存在（一些主体的结合在这里得以发生，它不仅仅是它们中每一个为自己提供的一个场景，而且是它们的共同居所，是它们的交换和它们的相互融入的场所）中，才存在着辩证法。辩证法不像萨特所说的那样表现为一种目的性，即整体在按其本性通过单独部分而实存的东西中的在场，而是表现为每一要素在其中都向其它要素敞开的一个经验场的整体的、原初的融合。它总是自认为是某一经验（在主体之间或主体与存在之间的交流事先就在这里被确立了）的表达或真理。这是一种并不构造整体，而是已经处在整体中的思想。它拥有并不构成对它的简单否定的过去和将来，只要它还没有过渡到其它的视角中或者他人的视角之中，它就是未完成的。对它来说，没有比关于世界的理想性这样一种康德式的观念更陌生的了——这种理想性在所有的人那里都是一样的，就如同数字二或三角形在所有既没有交织，也没有交流的人中都是一样的：自然的和人的世界是唯一的世界，不是因为它在所有的人那里都是平行地被建构起来的，最终说来，不是因为我思在我这里和在他人那里是难以分辨的，而是因为我们的差异向它敞开，我们在与它的这一关系中是可以相互模仿、相互分有的。

299 辩证法的各种历险（我们已经勾勒了其最近的历险的轨迹）是一些错误，它又需要借助这些历险来跨越这些错误本身，因为它原则上是一种有多个中心和多个入口的思想，它需要有时间去整个地探索它们。马克斯·韦伯以文化的名义重新发现了全部历史的原始内聚力。卢卡奇认为，能够把全部历史封闭在一个圆圈中，当所有的含义都处在当前的现实中，即处在无产阶级中时，这个圆圈就闭合了。但是，这一历史事实之所以能够恢复普遍的历史，只是因为它首先已经被哲学意识所"预备"，只是因为它就是否定性的标志。因此出现了人们针对卢卡奇的观念主义的批评，而实际上，像他构想的无产阶级和革命社会，乃是一些在历史中没有对应物的观念。可是，如果应该放弃对历史的解读，放弃从历史中去译解社会的真实生成，那么，辩证法还剩下什么呢？它在萨特那里没有剩下任何东西。他把在每一天都应该被革命行动和革命社会的发展所证明，甚至被对历史的过去的真正认识所证明的这种持续直观视为乌托邦。萨特把一种直观的哲学的要求（它希望直接而且同时看出全部的含义）对立于辩证哲学，对立于在那些不可调和的选择背后隐约闪现的真理。不再存在一种视角对另一种视角的有规律的参照，不再存在他人在我这里或我在他人那里的实现，因为这只有通过时间才是可能的，而一种直观哲学在瞬间中就设定了一切：因此，他者只是作为自我的纯粹否定才呈现给自我。当然，我们也同意他人有权利，甚至赋予他人以肯定其视角的绝对权利，自我事先就认同了这种权利。但自我只是认同这种权利：它在其实存中又是如何伴随他人的呢？在萨特那里存在众多的主体，却不存在主体间性。更切近地来看，自我给予他人的绝对权利不如说是一种义务：我与他人并不是在行动中、在相对和可能中，而只是在各种原则中结合在一起，前提是他人严格地坚持它们,善待他的名号,他所期望的绝对否定。世界和历史不再是一个有多个入口的系统,而是一束无法调和的视角,它们永远不能共存,只是通过自我的没有希望的英雄主义才得以维系在一起。

那么,由这些历险所得出的结论难道就是:辩证法是一种神话?但是,幻想仅仅在于让历史的整体含义沉淀在一个历史事实,即无产阶级的诞生与成长中,在于相信历史本身就能够组织自己的恢复,相信无产阶级政权就是它自身的消灭,就是否定之否定。这是相信无产阶级独自就是辩证法,相信暂时摆脱了任何辩证评价的执掌政权的事业就能使辩证法掌权。这是在玩真理和专制实践的双重游戏,在这一游戏中,意志最终失去了对自己的革命使命的意识,而真理也不再能控制其实现。今天就像一百年前一样,就像三十八年前一样,依然真实的是:没有哪个人独自是主体、是自由的;各种自由相互对立、彼此要求;历史就是它们的冲突史;这种冲突被记录了下来,它在各种制度、各种文明中,在各种重大历史行动的行迹中都是可见的;存在着一种理解它们、定位它们的方法,即使不是在依据一种精确的、确定的等级的一个体系中,不是在一个同质的、最后的真实社会的视角中,至少也把它们视为一种单一的生活的一些不同插曲,其中的每一插曲都是一种经验,都会过渡到随后的那些插曲中去……因此,过时的不是辩证法,而是这种想要在历史的终结中,或一种不断革命中,在一种制度(它就是对它自身的质疑,它不再需要从外部被质疑,总之,它不再有外部)中结束辩证法的奢望。

我们已经简短地谈到过历史的终结这一概念,它与其说是马克思主义的，不如说是黑格尔主义的，如果我们赞同科耶夫①，把它理解为人类的终结及其向自然的周而复始的生命的回归，它甚至是对死亡的理想化，并且不能够传达出黑格尔的核心思想。然而，如果我们完全抛弃历史的终结这个概念，那么，革命的概念也就相对化了，而这就是"不断革命"的含义：它想说的是，不存在最后的制度，革命是创造性的不平衡的制度，②始终会有其它有待于超越的对立，因此在革命的内部总是需要一种对立。但如何保证一种内部的对立不会成为一种革命的对立？因此，我们看到了一种独特的制度的产生：官方的批评，它是不断革命的漫画。如果认为这涉及的只是一种策略、一种面具，只是马基雅维里③在教导我们时给出的著名的秘诀：说服比武力更利于统治，专制的极点是去诱骗，那我们就大错特错了。那些真正的要求和真正的改变很有可能跳过了这道门槛。但是，同样确定的是，它们只不过有助于牢牢地掌握机器，而且，当批评成为权力的一个要素时，它一定会停留在这一时刻，当此之时，它变成有利害关系的，它评价、评判并潜在地质疑整个权力。因此，原则上说，这种权力忽视了自己的真理，也就是说，那些未行使权力者具有的关于它

---

① 科耶夫（A. Kojève，1902～1968），法国哲学家，新黑格尔主义者，他对《精神现象学》的读解深刻地影响了法国现象学实存主义运动。

② "在一个其持续时间不确定的时期内，所有的社会关系都在一种持续的内部斗争中被改变了。社会只是在不停地改变着它的表皮。经济、技术、科学、家庭、风俗、习惯等领域中的剧变一旦完成，就会构成一些如此复杂的组合和相互关系，以致社会不再能够达到一种平衡状态。"（托洛茨基：《不断革命论》，第36页）

③ 马基雅维里（N. Machiavel，1469～1527），意大利政治哲学家，著有《君主论》等。

的形象。它所要求的真理只不过是自己的各种意向的真理，因而，变成了对强制的普遍许可，与此同时，制度在实践上的必要性则成了进行肯定的充分的动机。真理和行动在辩证法要求它们相互支撑时，彼此瓦解了对方。我们要说，这就是一幅关于不断革命的漫画，而有人也许会提议说，要回到它的原本中去。但是，问题在于知道，在想象物之外，是否真有一种原本；那种注定要使一个阶级掌权、并且为此目的而不惜抛洒热血的革命事业、暴力事业，是否并不需要像托洛茨基所说的那样把自身奉为绝对；它在它自己那里是否会为一种质疑的力量留出空间，也就是说，将自己相对化；在它那里是否并不总是保留着某种历史终结的信念；作为这种信念的精致形式的不断革命论是否剥夺了权力的辩证-哲学的意义；最后，革命——就算是以不断革命的名义——是否原则上不会产生它所希望的东西的对立面，不会为一个新的精英安排位置。如果我们把整个否定性、历史的整个意义都集中到一种现存的历史构成，即无产阶级身上，那么就必须把全部的权力交付给代表无产阶级掌权的那些人，因为凡是有别者皆是敌人。这样一来，就不再有对立，就不再有公开的辩证法。如果在行动者边上，不再有那些注视他们、用他们的行动的真理来反对他们、并且可能企图代替他们执掌政权的人，那么，真理和行动就不再会相互交流了。在一场革命中，不存在无对立和无自由的辩证法，也不会长期存在对立和自由。如果说已知的所有革命都蜕化了，这绝不是偶然的：这是因为，这些作为已经建立的制度的革命，永远不会是它作为运动曾经是的东西；而且正因为它已经成功了，并且已经导致了机构的建立，历史运动就不再是它本身了，它在实现自己的时候"背叛"自己、"歪曲"自己。那些革命作为运动来说是真的，而作为制度来说则是假的。从此以后，提出的问题就在于知道：在一种并不企图从根本上重建历史，而仅仅是改变历史的制度中，是否就不再有未来了；为了不再不止一次地进入到革命的循环中去，应该寻找的是否并非是这一制度。

在革命思想的内部，我们发现的不是辩证法，而是模棱两可。让我们努力阐明辩证法尚处于其纯粹状态时的动力。它总是承认一种双重的历史视角。从革命的角度来看，辩证法是历史的"结果"，它使先于革命而存在的一些力量显现出来，事物的进程就包含着事物进程中的这种显而易见的断裂，革命是历史发展的一种特殊情形——托洛茨基甚至说过，是历史发展的一种"意外开支"，①它把历史的发展重新置于属于历史道路的一些道路上。这样来考虑，革命只是在某一特定的时期，当某些外部条件已经汇合起来的时候才会产生，它在历史中成熟，它借助于一个消灭旧的统治阶级以便取而代之的阶级的形成，在先于它的东西中就酝酿好了自身，它是一个事实或一种结果，它甚至把自己强加给那些不愿承认它的人；这是马克思主义的"客观条件"这个术语很好地表达的东西：因为，就革命在事物之中是毋庸置疑的而言，客观条件就是革命——如果不是对那些根本不是革命者的

---

① "我们既不想否认也不想淡化的革命的残酷与恐怖不是凭空产生的……它们与整个的历史发展是不可分的……这些悲剧性的偶然事件进入到了某一革命的不可避免的意外开支中，而这一革命本身就是历史发展过程中的一种意外开支。"（托洛茨基《俄国革命史》，第三卷，177，63［强调为引者所加］，转引自盖兰：《第一共和国时期的阶级斗争》，第二卷，第50页）

人来说，至少对某些并不直接是革命者的理论家来说是如此，总之，这是从外部并通过他人来看的革命。一个阶级被它压迫和剥削的阶级消灭，是历史本身实现的一种进步。这就是革命乐观主义的基础。但是，如果它只局限于记录一种客观的发展，它就不是革命的。各种客观条件确实会对上升阶级的觉醒施加影响，但最终是人创造了自己的历史。一个阶级的历史到来不是过去的一个结果或成果，这是一种斗争，它因为最初那些胜利而形成的自身力量的意识改变了力量之间的"客观"关系，胜利召唤着胜利，存在着一种"内在机制"，它使革命激励它自身，并且在含义和潜力上都超越了那些一般的客观条件的严格框架，超越了既定的历史环境。刚才，革命还是一种历史浪潮，现在则相反，历史显示出了它的革命内容：它就是持续不断的革命，而正是那些停滞不前的阶段被看作是一些特殊情形、一些暂时样态、一种寓于全部历史中的实质性不平衡。用这种新的眼光来看，作为客观的事实、作为一个统治阶级对另一个统治阶级的替代的革命远远没有获得完成。一个阶级的掌权，在刚才还是一种进步，现在也可以表现为退步或反动。因为新的统治阶级，正因为它在统治，就会倾向于使自己成为自主的。革命的本质处在这样一个时刻：没落的阶级已经不再统治了，而上升的阶级又尚未获得统治。正是在这个时刻，我们可以隐约看出米什莱所说的"一种革命下面的革命"。① 他还说，法国大革命"通过它的迅速出场（它在这时还没有怎么获得实现），已经在其闪电的闪现中看到了未知的深

---

① 《法国大革命史》，1868年版前言，Pléiade 出版社，第 19 页。

度、未来的深渊"。① 是一个阶级的掌权而非革命本身回避了革命：那些敞开的深度重新闭合了，新的统治阶级转而反对那些曾帮助它获胜并且已经超过了它的人，它针对他们重新建立起了已经遭到质疑的肯定性权力。当我们把革命与过去相比时，它是进步的，但如果我们把它与它已经让我们隐约看到却又加以窒息的未来相比，则是欺骗和失败。马克思主义思想试图把作为历史发展的意外开支和作为不断革命的历史这两种革命概念统一起来，把它们维持在整体之中，模糊不明的地方恰恰在于，它没能成功地做到这一点。这种综合在历史的成熟时刻被发现，当此之时，历史的、客观的发展为革命的内在机制提供了这样一个支撑点，使得不断革命可以扎根于政权之中。作为成熟的历史和作为持续断裂的历史重叠在一起：这正是事物的进程，它产生出了作为全部历史惰性之否定的最完美果实。换言之，一个阶级将通过历史产生出来，它将结束那些不成功的革命的欺骗，因为它将不是一种新的肯定性权力（在剥夺了没落阶级之后，轮到它来肯定自己的特殊性），而是所有阶级中最后的阶级，是所有阶级的消亡，是作为阶级的它自身的消亡。如果我们依据这一未来来看待历史，如果我们把它看作是无产阶级和无产阶级革命，那么，把先前那些革命的模棱两可归之于"资产阶级"就是合法的：它们既是进步的，又是失败的，在它们那里没有纯粹的东西、没有典型的东西，它们都是互相矛盾的，因为它们让一个并非普遍的阶级掌了权。但是，有一个阶级是普遍的，因此，它会实现所有其它阶级

---

① 《法国大革命史》，1868 年版导论，第 21 页。

徒劳地开始的这项事业。在对这个已经出现的未来的肯定中，马克思主义相信已经找到了其乐观主义和悲观主义的综合。托洛茨基关于不断革命的整个分析（它使我们非常深地进入作为对既有条件的超越的革命、作为人与人之间的戏剧的革命、作为超时间的斗争和创造的革命之中），突然间重新变成为对主观条件和客观条件协调一致的历史成熟状态的单纯描述。哲学的自然主义和实在主义——即使在马克思主义思想深入分析斗争和主体间性的时候，它们仍然停留在马克思主义者的思想框架内——容许托洛茨基以不可抗拒的将来的名义把这种时间的跨越、这种永恒的否定置于事物的发展中，归属于一个客观地实存着的阶级，并且最终把这种哲学上的封赏给予无产阶级政权。但是，当然啦，革命的进程一旦"被自然化"，它就不可认识了，无产阶级政权一旦被提升到行动中的真理的尊位，它就自主化了，它就只是在自己的眼中才是革命的。它就过渡到了主观主义一端，或者说过渡到了客观主义一端（这说的是同一回事），它就无论如何不能忍受针对一种对立的目光了。提出来的问题就在于知道，我们是不是可以把过去了的革命的模棱两可、背叛、低潮归罪于资产阶级，用这个阶级的各种特殊性来对它们进行解释，并把它们看作是一种不可克服的历史事实；作为没有模棱两可的革命的无产阶级革命，作为最后阶级的无产阶级，是不是与结束历史或前历史的任意武断的方式不同的另一回事，一种纯朴无伪的元历史：我们可以把我们所有的喜好都投射到这里，甘冒正好为历史的欺骗确保一种新成功的危险，并且会因为人们的进一步期待而更为严重。

当我们阅读丹尼尔·盖兰所写的关于法国大革命的佳作时，[①]这些反思就被提出来了。由于知识、革命的同情和诚实，作者不情愿地、不知不觉地汇集了大量有违自己的马克思主义范畴的历史材料，正因为如此，马克思主义思想与它最终借以避免其模棱两可的粗暴举动之间的双重运作，在这里获得了最令人信服的阐明。表面看来，一切都是极其清楚的：山岳派[②]、革命政府、罗伯斯庇尔的行动、最后还有法国大革命，当我们把它们与过去相比时都是进步的，当我们把它们与赤膊汉[③]的革命相比较时，则是退步的。丹尼尔·盖兰以一种非常令人信服的方式指出，我们见证了资产阶级的出现，它借助于赤膊汉的支持来反对旧的统治阶级，但当赤膊汉想要推进直接民主时，它就又转而反对他们了。当我们谈到山岳派与资产阶级之间的联系时，这涉及到的并不是一种猜测：操控是有意识的，它在救国委员会的一些成员，尤其是一些"专家"的写作、行动、言论和官方公告中明显地体现出来。康朋[④]就是新资产阶级的一个代表，这不是从不顾及其个人意愿的

---

① 丹尼尔·盖兰（D. Guérin）：《第一共和国时期的阶级斗争》。

② 山岳派是法国大革命期间国民公会的激进派议员集团，代表中小资产阶级的利益，因其在开会时坐在议会最高的长凳上而得名，其成员大多参加雅各宾俱乐部，代表人物为罗伯斯庇尔、马拉、丹东等。

③ 盖兰从米什莱的《法国大革命史》中借用了赤膊汉这个词，原指从事各种体力劳动的工人，而盖兰则用它把工人从小资产者中区别出来。他们生活在社会最底层，在法国大革命中出力最多，但政权却落入资产阶级手中。史学家通常用无套裤汉或长裤汉称呼他们。

④ 康朋（J. Cambon, 1756～1820），大革命期间国民议会和立法院成员。1793年任财务委员会（Comitédes Finances）主席，发表《公共债务大纲》（Grand-Livre de la Dette publique）。

"客观的"角度来说的,而是极为慎重地说的,正如他对国民财富的卓有成效的运作所表明的。从吉伦特派①到山岳派的演变受到一部分直到当时还在从事贸易和海运的资产阶级向新的剥削方式转变的影响。因此,没有人会怀疑法国大革命的模棱两可,会怀疑它只是一个从其自身的特权得到保障那一刻起就打算结束革命的阶级在掌权。需要讨论的不是事实,而是事实的含义。我们可以限于丹尼尔·盖兰的分析并赞同他说,法国大革命和革命政府的专政既进步又反动吗?我们能把事件的两个方面或联系分开来吗?因为丹尼尔·盖兰强调,一场整体革命的客观条件并没有被给定。在当时的法国,还不存在一个充分的有意识的无产阶级群体,以便越过资产阶级的利益而进到无产阶级革命。因此,在那些给定的条件下,只有一场资产阶级革命是可能的,而这场革命也只能就此打住。然而,丹尼尔·盖兰采用韦尼奥②的话说,在革命中,停止就是倒退。因此,革命政府的专政必定会被热月党人和波拿巴③所取代。但在同时,其整体是合理的,是历史地有根据

---

① 吉伦特派是温和的共和派,是维护工商业资产阶级利益的派别,其中很多人来自吉伦特省。原属雅各宾俱乐部,因为与罗伯斯庇尔派政见分歧,形成独立派别。在法国大革命时候,他们从1791年10月至1792年9月控制立法议会,因为是布里索(J-P. Brissot,1754～1793,法国政治家,记者)的追随者,起初被称为布里索派,他们一致反对山岳派,该派后来被巴黎人民起义推翻,主要领导人被捕,其中布里索等10余人被处死。热月政变后,其残余分子又回到国民公会,成为热月党人的骨干力量。

② 韦尼奥(P.V. Vergniaud,1753～1793),法国政治家,律师,吉伦特派著名代表人物,曾担任议长,后在巴黎人民起义中被处决。

③ 指拿破仑·波拿巴(Napoléon Bonaparte,1769～1821),19世纪法国军事家、政治家,法兰西第一帝国的缔造者,历任法兰西第一共和国第一执政(1799～1804),法兰西第一帝国皇帝(1804～1815)。

的，相对于当时的形势来说也是对的，更不用说试图联合当时的这两种真理，试图使革命稳定下来的罗伯斯庇尔的想法了。与革命政府论战、要求贯彻1793年宪法的忿激派[①]和埃贝尔派[②]"忘记了山岳派在国家中还属于少数派，新的选举则有可能产生一个比国民议会更加反动的议会"。[③]他们"没有看到一种专政对于压制反革命的必要性"。[④]"各种迫害（先锋队已经成了它们的牺牲品）使先锋队没有看到，尽管有其反动的方面，革命政府仍具有相对进步的特征。而由于它的那些轻率冒失的抨击，先锋队反而扮演了反革命的角色。"[⑤]如果无产阶级革命不成熟，罗伯斯庇尔就是相对进步的，而赤膊汉的左倾主义则是相对反动的。于是，鉴于当时的条件，革命政府和罗伯斯庇尔就代表了获得，是他们有机会推动历史前进的步伐，正是他们，即使不是人性地，至少也是政治地、历史地实存着。在最极端的情形中，走在此一时刻的历史方向上的不是指券[⑥]的强制流通，货币的禁止使用，全面征税，以及执行任务的代表在中止法律、提高税赋、判处死刑、质疑各种

---

① 忿激派（又译疯人派），法国大革命时期代表平民利益的派别，它支持雅各宾派推翻吉伦特派的斗争。然而，在雅各宾派专政建立后，忿激派因为抨击雅各宾派宪法而遭到镇压。
② 埃贝尔（J. Hébert, 1757～1794），法国政治家，宣扬极端暴力革命的报纸《杜薛斯涅神父报》（*Père Duchesne*）的主编，后被罗伯斯庇尔逮捕，并与其同伙一道被处决。围绕他的一帮人被称为埃贝尔派，属于左派。
③ 丹尼尔·盖兰：《第一共和国时期的阶级斗争》，第二卷，第60页，伽利玛出版社。
④ 同上书，第二卷，第332页，注释。
⑤ 同上书，第351页。
⑥ 指券是1789～1797年流通于法国的一种有国家财产担保的证券，后当作通货使用。

地方权力或中央权力的各个机构方面的无限权力,也不是对囤积居奇者的搜查,对农民手中的"革命武器"的迅速处理:如救国委员会在其通告中所说的,极端革命就是反革命;丹尼尔·盖兰对此不会有异议,因为他承认,这种极端革命在当时不能够转变成事实。救国委员会的通告说,"今天的问题与其说是进行革命,不如说是组织革命政府";[1] 这要表明的是,赤膊汉的行动在当时是与任何政府都不相容的。被革命政府关进监狱的瓦尔列[2]不得不这样写道:"对任何一个能够推理的人来说,政府和革命都是不相容的。"[3] 这意味着政府是反革命的,但也意味着革命使得政府成为不可能的,而当赤膊汉的直接民主不可能基于一个足够多且足够坚固的先锋队来取代政府时,罗伯斯庇尔是有理由反对他们的。赤膊汉意味着冲动,而革命政府,连同资产阶级,则代表了技巧。透过这些出场的阶级,在这里彼此产生冲突的也是作为直接意志的革命与制度化的革命,作为主体间事实的革命与作为历史事实的革命。"资产阶级技巧对于民众激情的替代是大革命的最后阶段的实质现象之一。我们已经看到这种现象在战争行为领域的发生。已经赋予革命一种不可抵挡的推动力,使革命得以正视外部危险并粉碎内部敌人的群众运动,逐渐地受到了压制。制度失去了它的动力。但这一缺陷也有其对应的种种好处:一个强有力的政权的建立,管理的集中化,在征用、宣战和军事行动调控上的

---

[1] 丹尼尔·盖兰:《第一共和国时期的阶级斗争》,第二卷,第7页。

[2] 瓦尔列(J. Varlet,1764~1832),曾为埃贝尔派成员,鼓吹直接民主和重新分配财产。

[3] 丹尼尔·盖兰:《第一共和国时期的阶级斗争》,第二卷,第59页。

系统而合理的组织，使该制度拥有了同时代的任何欧洲政权都没有的实力。正如今天的人们所说的，这种集权国家的萌芽将确保它取得胜利。"①丹尼尔·盖兰补充说："一种属于资产阶级的胜利，而不是人民的胜利。"但是，在那个时期，除了资产阶级的胜利，是不可能有其它胜利的，而选择也只能在这种胜利与复辟之间进行。自此以后，在赤膊汉这一边寻找真实发生的事情，并且把法国大革命的整个历史讲述为资产阶级的内部争论的历史，就好像资产阶级的内部差异在当时的历史中并不能代表各种人类可能性之范例似的，这乃是荒谬的。当丹尼尔·盖兰想要寻找1793年的无产阶级时，他当然不得不抛开吉伦特派，但还有山岳派，自然地，还有"专家们"，也还有罗伯斯庇尔，还有埃贝尔派，甚至还有来自赤膊汉但想占据各种位置的"平民们"。总而言之，所有的职业革命家都可归到资产阶级一边，只有那些没有分享任何官方权力的人才代表了无产阶级。至于罗伯斯庇尔，我们不能说他是一个有意识的资产阶级，他没有像他的大多数同僚那样从革命中窃利自肥。但他是一个"小资产阶级"，也就是说，如马克思所教导的，他是一个活生生的矛盾体——他能理解赤膊汉，却又是发布命令和进行统治的人。可是，如果这种矛盾仅仅是时代的矛盾，则罗伯斯庇尔只是当时的一个历史人物，而且对于他的同僚（即使是那些有污点的同僚），还有那些"资助革命"或建议保持金本位的银行家（如果不对外采购的话，共和国就不会打赢战争）也应当这样说。从赤膊汉的活动来看待整个革命——我们承

---

① 丹尼尔·盖兰：《第一共和国时期的阶级斗争》，第二卷，第22页。

认这种革命不会取得成功——我们就会低估把吉伦特派与山岳派，丹东①与罗伯斯庇尔，罗伯斯庇尔与热月党人对立起来的那些斗争，而法国大革命的历史就在于此；就会把一种并没有发生过的历史——伴随赤膊汉的行动而出现的，但并不会成为一个政治事实的无产阶级革命史——设定为真实的历史。我们用在另一个时代可能发生的历史替代实际发生的历史；法国大革命因此就完全消失在它所酝酿却又予以抑制的未来，即无产阶级革命中。如果我们想要理解历史——即在某一时刻呈现的、与同时代人性命攸关的事情——那么，相反地就应该承认，历史地存在的不是赤膊汉的英雄主义（有人告诉我们说，它既不会被记录在政治中，也不会在历史上留下烙印），而是其他人在当时的情势下，依据革命精神的启迪，对"革命低潮"的考虑，因此伴随他们的偏见、他们的习惯、他们的癖好、以及他们当时作为"当权者"的角色，创造性地做出的事情……我们一股脑儿地归到"资产阶级"账上的所有这一切，全都属于大革命——资产阶级革命的历史，但在那个时期，不存在其它的历史，因此，"资产阶级"就是历史本身。马克思主义思想打算加以合并的两种视角又分道扬镳了：如果历史就是成熟，就是客观的发展，那么，有理的是罗伯斯庇尔，而赤膊汉要等到很后来才会有理，也就是说他们在当时是错的。

---

① 丹东（G-J. Danton，1759～1794），法国资产阶级革命时期雅各宾派的主要领导人之一。1792年8月10日第二次巴黎人民武装起义后，任司法部长。1793年6月雅各宾派取得革命政权后，丹东在许多重大问题上，与罗伯斯庇尔派发生严重分歧，逐渐变成雅各宾派的右翼。1794年3月31日，丹东等人被救国委员会逮捕，被革命法庭以"参加恢复君主制，企图颠覆共和国"的罪名于4月5日处死。

如果历史就是不断革命，那就不会有时间，不会有过去，历史就完全只是一个不断延后的翌日的前夜，只是对永远不会存在的一种存在的剥夺，只是对它在其中将会自我超越的一场纯粹革命的期待。

它在其中将会自我超越，丹尼尔·盖兰无疑是这样说的，而整个问题正在于此。因为，如果我们承认，在一个既定的时刻，比如法国大革命，不可能区分属于进步之列的东西和属于反动之列的东西，从而把前者作为"无产阶级的"来接受，把后者作为"资产阶级的"来拒绝；如果在那一绝对时刻，这两者必须作为客观方面和主观方面，作为革命的"外面"和"里面"一起予以接受或一起予以拒绝，那么问题的提出是要知道，是否在任何革命的任何时刻，都将不会重新出现同样类型的含混性，革命是否并不总是有必要考虑一个惰性的"外部"（如果它想要进入历史、想要成为无可置疑的，它必定被铭记在这一外部中）。当然，一些历史阶段将会被跨越，无产阶级可能会比它在1793年时更加壮大、更加同质，可能不再会有一个已经形成的资产阶级与它争夺权力；我们根本不想说历史是重复发生的，一切都是等值的。但是，我们从来接触到的都只是"相对进步"；革命（正因为我们说它是不断的）始终考虑到了某种惰性；它永远无法突破历史；我们永远不会面对面地观察它；把那个时代的罗伯斯庇尔看作是"小资产阶级"并且从赤膊汉的角度指责他总是可能的，正如辨清那些依赖于"民众激情"的"专家"和"技巧"的历史角色同样是可能的，在这样的意义上，同样的典型处境仍然会重新出现。为了有所不同，革命就应该停止作为统治，革命本身应该代替统治。正如巴贝夫①所说："统治者发动革命只是为了始终维持统治。我们则想最终进行一场能通过真正的民主确保民众幸福的革命。"②这正是问题之所在：革命本身是统治的一种极端情形，还是统治的结束？它是在后一种意义上被设想的，却是在第一种意义上被实施的。如果它是统治的结束，这是一种乌托邦，如果它是一种统治类型，那它永远只能处在相对和可能之中，没有任何东西授权我们把在统治的要求和革命的要求之间爆发的各种矛盾杂乱地归到"资产阶级"名下，把它们看作是一个特殊阶级的事实，更不会有任何东西以"无产阶级政权"的名义，把一种完全解决这种二律背反的方案提供给我们。丹尼尔·盖兰写道："如果这个时期的无裤汉已经能把自己提升到无产阶级专政观念的高度，那么他们也就会同时要求对人民之敌的专政与对人民本身的完全民主。"③这种针对人民的民主，针对人民之敌的专政不是在事实中，而是在丹尼尔·盖兰的头脑中。我们能在这里重新看到无产阶级政权的经典观念，只要我们完全在这个范畴下思考，我们就能从赤膊汉的行动中推测到真正革命的出现。但是，对人民之敌实施专政的政权如何会对人民本身的完全民主呢？"内部"和"外部"的界限会如此明显吗？人民本身难道不会受到资产阶级的诱惑，他们难道没有其内部的敌人？反过来说，一些资产阶级，一些"专家"，难道就不会至少在表面上归顺人民的事业？怎么知道一个无

---

① 巴贝夫（G. Babeuf，1760～1797），法国大革命时期的革命家，空想共产主义者。
② 丹尼尔·盖兰：《第一共和国时期的阶级斗争》，第二卷，第347页
③ 同上书，第332页。

裤汉何时作为一个无裤汉在说话,何时又是作为资产阶级的受骗者在说话?最终说来,丹尼尔·盖兰从赤膊汉抽取的通向未来的辩证线索只不过是一种意愿的投射:对一个就是行动或暴力和真理的政权的意愿。当然,丹尼尔·盖兰会说,确实有那么几个月,当时的大恐怖是赤膊汉的恐怖,当时的专政是"大众的,民主的,非集中的,是自下而上地发动的"。① "……丹东要提出的完全是另外一回事,他要求的是来自上面的专政,他提出地方行政官员应该成为中央政权的代理人,他们由它任命,并严格地服从它。"② 当无裤汉要求大恐怖的时候,他们所要求的是他们的恐怖,但人们却给予他们另外一种恐怖,革命政府的恐怖,也就是说,正如他们中间的一位所写道的,"特殊的复仇和特殊的仇恨之灾难精灵"。——另外一种恐怖?这是确实的吗?这难道不是已经被传播开来的同一种恐怖——它不仅仅获得了实施,而且被接受了,也就是说,它已经变成政府的了,它打击的因此不仅仅是反革命,而且还有"玩革命游戏"的极端革命者?托洛茨基明确地区分了这两者,但丹尼尔·盖兰却指责他相信"一旦国民公会清除了吉伦特派,这两种专政最终会合流"。③ 丹尼尔·盖兰承认,"确实,在5月31日之后,这两种倾向看起来在某个时刻相融合了,但后来的事件表明,这种融合是暂时的。"唉,托洛茨基曾经统治过,他应该敏感于自己清楚地明白这一点。丹尼尔·盖兰充分地证明了革命政府转过来反对赤膊汉的直接要求。但是,这并不能

---

① 丹尼尔·盖兰:《第一共和国时期的阶级斗争》,第二卷,第4~5页。
② 同上书,第9页。
③ 同上书,第6页注释。

证明有两种面对面的政治，而这就是全部的问题。丹尼尔·盖兰说，当巴黎公社的检察官代表肖梅特①不得不接受国家代理人的称号时，他就不再是"无裤汉的代理人"，而是成了"中央政权的奴仆"。②但是，丹尼尔·盖兰也承认，这种政权"从一开始就是革命的首要的东西，因为其地位赋予了这一政权执行其意志的手段"。③之所以同一个人，一旦成为"国家代理人"之后，就不再服务于真正的革命了，是因为资产阶级的精神已经完全扩散到资产阶级之外了，因为它那时已经与官方权力同义了，而且因为无产阶级精神只能激励一种对立。"直接民主"、"自下而上推动的专政"，丹尼尔·盖兰的真正解决既不同于政府的恐怖，也不同于资产阶级民主，这是一种带着启示录色彩的浮夸的政治观念。它是对我们希望从中构造出一种政治学的"政治的终结"的梦想。就像"无产阶级政权"一样，这是一个让自己作为答案而呈现的问题，是一个把自己充作回应而给出的问题，是对观念中的历史的超越。

　　有人会说，确实，赤膊汉的行动在1793年并不是一个政治事实。但丹尼尔·盖兰有意识地俯视法国大革命。他说过，无产阶级革命在那时还属于早熟，而他完全是为了组织这些事实才引进了这个观念。但是，最近的历史从经验上夯实了这个观念。他是依据1848、1871和1917年来形成视角的。在1793年，没有人能

---

　　① 肖梅特（P. G. Chaumette, 1763~1794），法国大革命时期雅各宾派左翼领袖之一。
　　② 丹尼尔·盖兰:《第一共和国时期的阶级斗争》，第二卷，第12页。
　　③ 德维尔（Sainte-Claire Deville），转引自丹尼尔·盖兰，同上。

够引出关于未来的这条辩证的线索，但我们可以回溯性地看到它，并通过后续的事件来阐明1793年的革命。可是，即使是在1917年，除非以插曲的方式，我们发现了"对人民是完全民主"的"对人民之敌的专政"的实现吗？这一插曲之所以没有持续下去，一种真正的苏维埃制度之所以在俄国革命的历史中几乎找不到，它之所以主要是在1917年十月革命前起过作用，这或许是因为，革命只是在取得胜利之前，在夺取政权之前的运动中，在革命的"激情"而非革命的"技巧"中，才是属于无产阶级的。今天的苏维埃政权总是让我们想起救国委员会，而不是赤膊汉。如果我们仍想把"来自上面的专政"算到资产阶级、苏联的资产阶级"残余势力"或在苏联边境施压的资产阶级账上，那么这就等于承认：我们并不打算考虑事实；我们把无产阶级政权就是将"外部"吸收到"内部"，将"客观"吸收到"内在的机制"中的观念，装扮成历史进程；我们被一种末日之火（在这里，欲望最终直接变成了现实）的幻觉所操纵。作为历史学家和马克思主义者的丹尼尔·盖兰比我们更清楚地知道，"无产阶级专政"从来都不过是一个问题的索引，而且很难在社会民主与政党专政之间找到一条通道。它尤其表达了我们的这种愿望：发现一种解决历史恐怖的方案在历史中是完全现成的；把历史看作是奥德赛之旅——向一种已经在事物中给出的解决回归，或至少把我们的愿望寄托在事物的一种运动之上。如果我们拿走了这一意识形态，那它还剩下什么呢？只剩下一些实际上避开了在个人专政与民主协商之间的二者择一的革命运动，因为它们就是一种抵抗，因为它们还不是一种获得承认的政权，但是，它们除了创造这样一种政权外，没有其它的存在理由，因此它们做了有别于它们愿意做的事情。法国大革命以及所有其它革命的失败，不是中断了必然的发展的一个偶然事件，这一事件应归于上升阶级的特殊性，而当这个上升阶级是无产阶级时是不会发生的：革命的失败就是革命本身。革命及其失败只不过是同一回事。

丹尼尔·盖兰意外地问自己，为什么今天的资产阶级右翼要憎恨把它推上权力宝座的法国大革命。他给出了一深刻的回答：今天的资产阶级右翼是从"不断革命的视点"来看待法国大革命的，而它憎恨的是大革命中的"仅此而已的革命"。① 这几个词让革命辩证法的某种第三维度从阴影中走了出来：不仅仅存在着从曾经是的过去到仍然是的现在的客观发展，不仅仅有从我们当前的各种意愿出发对于这个发展的主观重构，而且，在过去和现在之间，还有把那些给定的或意愿中的亲缘关系交织在一起的一些模糊的联系，一些感染，一些同化，还有对真实的过去的遗忘或淡化。今天的资产阶级不再是进行法国大革命并且从中诞生出来的资产阶级。作为上升阶级的资产阶级，它就是那个时代的革命，对于那个时代来说，它就是仅此而已的革命；不管如何服务于明确的利益，它无论从主观上还是客观上都不能还原为这些利益，它的历史职能就在于使一种新的社会关系观念沉淀下来，并把它改造成制度和习惯；顺便说一下，这就是它为什么有时会联合赤膊汉的原因。但是，不存在历史以之为起点而上升，却一点也不会失去已经达到的高度的决定性获得：属于革命本身的资产

---

① 丹尼尔·盖兰：《第一共和国时期的阶级争》，第二卷，第 368 页。

阶级已经成为了一种旧王朝，故而，当它思考法国大革命时，它认同的是旧的统治阶级。因此，在历史进步的同时，有历史的沉陷、衰退和停滞不前；在不断革命的同时，有不断的没落：随着它进行统治和延续统治，随着它为此而放弃曾使它"变得进步"[①]的东西，放弃它的联合能力并局限于保护一些特殊利益，这种不断没落损害着资产阶级。纵观时代，革命相互交汇，制度彼此相似，任何一场革命都是第一次，而任何一种制度，甚至革命的制度，都受到历史先例的诱引。这不是说，一切都是徒劳的，没有什么事可做：斗争在每一次都是不同的，所要求的最低正义标准也都提高了；况且，根据这些相同的原则，保守主义就是一种乌托邦。但是，这意味着重新创造历史的革命是无限地延宕的；那些统治阶级作为统治阶级，那些被统治阶级作为被统治阶级，具有一种相似之处；而由于这个理由，历史的各种进步不可能像一个楼梯的踏步的相加。当马克思主义者说无产阶级专政把资产阶级的各种武器转而对准资产阶级时，他们清楚地知道这一点。但这样一来，无产阶级的历史哲学就在于假定这一奇迹：专政利用种种资产阶级武器而没有变成类似资产阶级专政的东西；即使任何一个统治着所有人的阶级在其统治中都表现出特殊性，却有一个阶级实行统治而不走向没落；一种历史形态，即无产阶级，能够被确立为统治阶级，却不会重新恢复历史角色的各种束缚；它可以聚集起过去所有革命的全部能量并把它完整地保存在它自己那里，可以不懈地维持其制度机器的活力，并且逐步消除其退化。

[①] 丹尼尔·盖兰：《第一共和国时期的阶级争》，第二卷，第368页。

这使得一切历史地实存的东西似乎不能既是运动又是惰性，这就一方面把人们称之为资产阶级的阻力原则，另一方面把人们称之为无产阶级的运动原则，作为内容置入到历史之中，然而，作为通向普遍性、通向人与人之间关系的建制的通道，它们就是历史的结构本身。救国委员会相对于 1793 年来说是进步的，也就是说，它在自己的时代是绝对进步的，尽管它只是一种混合的历史现实，尽管人们在它那里已经看出了获得自主的一些资产阶级利益。相应地，即使我们假定它的绝对使命是把如同无产阶级发现的那样的人与人之间关系移植到历史中，无产阶级专政也只能够含混地、耗费精力地实现这一任务，这些都与政权以及社会的大多数人密不可分。假定无产阶级将捍卫其专政以克服退化，就是在历史本身中假定一种实质性的、给定的原则，该原则将驱除历史的含混性、总结历史、整体化历史并封闭历史（这不过是在历史中开启一个处于纯粹运动中的将来）；无论谁假定这条原则并着手让它掌握权力，他由此本身就是在授权给一个不纯粹的政权。如果说革命在其"最终"形式已经在其最初那些萌芽中通过预示而出现这一意义上是不断的，那么，它在革命从来没有完成、总是相对的，胜利和失败在革命中只不过是同一回事这一意义上也是不断的。这是因为，我们看不出，当一个更强有力、更自觉的无产阶级得以被构成的时候，导致各种历史预示的这种"内在机制"对于各种"客观条件"的过剩怎么会被抵消掉：这是"激情"对于"技巧"、直接意志对于建制、上升阶级对于掌权阶级、市民社会对于国家的过剩，而说这些差别在一个无产阶级政权中并不存在，这只是给出了一个名义上的定义，它并没有教给我们关于事物的任何东西。相信无产阶级革命,就是武断地肯定,历史滑向它自身和过去幽灵的复现是噩梦,历史在它自己那里就包含着补救的办法,就会给予我们以惊喜;而正因为我们听从于这种信念,一种更加自主的、自认为建立在客观历史基础之上的政权建立起来了。如果我们想另下赌注,如果我们抗议说,无产阶级社会相反地是一个永远处于危机中的社会,那么,这是由于我们放弃了革命:因为,有谁会开始从事革命却不拥有创造另一个社会的信念呢——不仅因为这个社会能自我质疑、自我纠正,更因为它就是善?我们不会为了一种相对的进步而进行杀戮。革命的特性就在于它自以为是绝对的,而它之所以没有成为绝对的,恰恰因为它相信自己是绝对的。如果它自认为是相对的,如果它承认在每一刻只取得了"相对的进步",那么,它也差不多是在承认,革命与非革命构成的只不过是一个单一的历史。我们会以此为基础同情各种革命,判定它们在某些时刻是无法避免的,确证它们的进步,甚至把自己与它们联系起来:我们不像它们相信它们自身那样相信它们,我们不会从事它们,我们不是革命者。毫无疑问,在所有的革命中,都有许多这种类型的人:他们为这一事业工作,他们服务于它,他们不会对它产生疑问,但正是由于这个原因,他们不是革命者。革命包含着这种令人惊奇的角色划分:那些属于最革命的人往往走向革命的对立面,那些从事革命的人并不总是革命者。少数例外的人掌管全体,成功地进行统治,同时完全保持着他们的革命意识,而我们却说不出这是因为他们在从事革命呢,还是因为他们满足于傲慢的视点。因此,他们就产生了综合的幻觉,但二律背反依然在他们那里存在着。

这些看法利用共产主义所做的事情相对地为共产主义作了辩护：共产主义已经放弃了成为一个危机不断、动荡持续的，以革命取代统治的，并且用客观条件的"内在机制"弥补客观条件的社会。如果这种幻灭是清醒的，那么在它里面就会有某种健康的东西；但是，如果这种幻灭是清醒的并且是自己招认的，那么，苏联也就停止成为革命的故乡了。因此，苏联越是远离无产阶级政权、直接民主和国家消亡，它越是要强有力地维护关于这一切的假想：这要么是因为，在某些人那里，这种欺骗是被他们作为自己不愿意不忠的一种计划的遗产而有意地接受下来的；要么毋宁是因为，随着来自这种假想的马克思主义文化的衰落，这种欺骗不再能够被觉察到了，它越是经常被人经历到，它也就越是被人所忽视。也许没有哪个人比一位熟悉情况的苏联人更切近于我们在这里所捍卫的一些观念了：没有哪个人会更加相信，任何革命都是相对的，在革命中只存在着一些进步。今天的共产主义接近于进步主义。如果我们看到某些从来没有赞同过马克思主义的"幻想"的人越来越围绕着共产主义转了，那么这不是偶然的，这是因为，它事实上已经放弃了这些幻想。但是，如果共产主义装出它所是的进步主义的样子，那它就缺乏要求不惜一切牺牲的信念、警惕、权威和道德权力。这就是为什么，如我们所说的，进步主义者从来都不是独自的，他只能生活在共生中，在他的后面，一定有一个在工作的，在相信或让人相信无产阶级掌握着政权的坚定的共产党人。苏维埃制度在它自己那里就是一种进步主义，但是，重要的是，相对于资本主义，它仍然是一个绝对的他者，正是在它那里保留的这种东西关乎革命的声誉（这个词当然要从马克思主义的意义上来理解，因为在其它方面，这个制度显然改变了它所统治的国家）。它因此扩大化了、普遍化了那种对于任何革命政府，甚至对于任何建制来说都是实质性的模棱两可，让它成为无法改变的，把它延伸到了整个将来。它排除了认识，以致不能对它进行评判。当然，就像救国委员会一样，苏联在客观中运作，它创造了历史，赢得了战争。但是，我们大体上能够看出救国委员会所付出的代价是什么，它带来的又是什么。相反，当国家机器变得如此笨拙，以致不再有革命的"内部"时，就没有人能说出它创造了何种历史以及付出了什么样的代价了。它只能相对地获得辩护，而它通过冒充为绝对的，恰恰拒绝了这种辩护。马克思主义关于主观和客观的综合开始被拆解为两极构成：一方面是一种极端客观主义，它不再能够让我们识别系统的意义，另一方面是一种不断革命的理论，它相反高估了那些主观间因素，但它说到底排斥一切制度化的革命，并因此还有革命的观念本身。

革命政治——从1917年革命的视角来看，它应该历史地取代为组织、防御和开发等严峻问题所诉求的"自由"政治——总是更多地成为一些新兴国家的政治，成为一些半殖民经济（或一些长期停顿的文明）过渡到现代生产方式的手段。它所产生的庞大的国家机器，连同它的各种纪律和优势，在它因为建立一种工业和因为安排一个新的无产阶级就业而显出成效的时刻，退出了作为统治阶级的无产阶级的地盘，让马克思认为由西方无产阶级所支撑的文明的奥秘不再有人继承。法国、德国和意大利的无产阶级从整体上看更加期待一种朝着共产主义方向的制度，而不是他们现今所服从的制度吗？捷克的无产阶级在今天比在战前更幸福吗？这些问题的提出就足以表明，以所有国家的无产阶级政权作为其口号的宏大的历史政治，本身已经陷入了危机。这里的问题不是寄希望于先进的无产阶级的"自私"。我们在这里要问的是，就算是在终点，就算除掉了制度要求他们为帮助落后的无产阶级而做出的牺牲，他们是否能够从共产主义那里获得共产党人所期待的东西。所谓的无产阶级制度把它们的无产阶级限制在权力的某一整体中：这一权力整体的社会收益与付出，最后还有历史意义，就如同它们在前资本主义社会中的情形一样，没有获得很好的认识；关于这一权力整体的社会学还整个地有待于形成，以致当要在饥饿和共产主义机器之间进行选择时，决定也就不言而喻了。但是，相反，在现存的生产方式及与之相伴随的一些风俗存在的所有地方，问题却在于知道，对于无产阶级来说，共产主义是否与它所付出的等值；在别处因死亡的威胁而退居次要地位的关于其本性和其各种真实动力的这一巨大难题是否重新成为首要的了。两种竞争而对称的操控阻碍了我们把共产主义看作是一种有待于去认识的未知之物：一方面是那种把共产主义看作是马克思主义的继承者的操控，另一方面则是那种试图以反共产主义辩护为借口来掩盖"自由世界"的各种问题的操控；一方面，有人打算让共产主义进入到马克思的庇护之下，另一方面，有人为了有利于反共产主义辩护而企图消除马克思的那些问题。为了支持我们前面讲到过的在革命意识形态与苏联"进步主义"现实之间的模棱两可，为了在我们的信息的限度本身之内禁止任何针对这种模棱两可的直接而公开的视点，共产主义的思乡病和反共产主义的神经症联合起来了。这种处境只是随着一个非共产党人左派的诞生才得以宣告结束。这个新左派的第一个问题应该是：在美国与苏联之间的对抗不是"自由事业"与马克思主义之间的对抗。在可以追溯到一两个世纪之前的那些哲学的幌子下面，各种已经确立的政治构建了完全有别的东西。在这两种制度的缺点和优点中，都有大量的地理、历史或政治条件在起作用，以致它们所宣称的哲学显然在其中只是一些点缀。如果我们想要摆脱我们的幻想，就应该瞧瞧这些哲学掩盖着的这种有别的东西，应该把我们摆在对它们进行有条理地怀疑的立场上。我们应该对它们予以注意，但无需以对于一些模糊的伟大事业来说是恰当的尊重去注意——对它们的分析和清理尚未进行，而它们之间的冲突也是极其巨大的灾难，因为那些为它们死去的人甚至不知道他们为什么会死。因此，一个非共产党人左派把避免对立面的敌视、拆除一个为另一个设置的陷阱、挫败它们在悲观主义方面的合谋，作为持久的任务交给自己。这里涉及到的不是持中间路线或和平主义的机会主义变种。非共产主义——它是认识苏联的严格条件，因为它把我们对苏联现实的认识与它的意识形态相对照——同时也是对资本主义进行现代批判的条件，因为它独自用现代术语重新提出了马克思的那些问题。唯有它能够对这两种制度进行一种持久的对照和比较。我们可以隐约地看到它们是其特例的一种普遍化的经济学。这种觉醒以及它所要求的行动，乃是一个非共产党人左派的任务，它因此将不会是那些既有意识形态的一种折衷。

我们现在明白了应该在何种意义上谈论一种新的自由主义：问题不在于重新回到把一个社会的历史还原为关于思辨观点的一些冲突，把政治斗争还原为针对一个明确地提出来的问题的一些观点交流，把人与人之间的共存还原为在政治九霄中的各种同胞关系的那种肤浅的、乐观主义的哲学。后一种意义上的自由主义不再在任何地方被实践。因为存在着一些阶级，而且只要存在着一些阶级，就存在着阶级斗争，也必定存在着阶级斗争。对于无产阶级来说，存在着而且也必定存在着例外行动的手段，即罢工，因为无产阶级的命运也是例外的，而且从原则上说，它属于少数派。进而言之，如果它愿意的话，它有权让一个拒绝民主游戏规则的政党来代表它，因为这种游戏不利于它。共产党是，而且应该是合法的。还要更进一步地说，曾经发生过一些革命运动，也还会发生一些革命运动，它们自从存在起就是合理的，因为这证明产生它们的社会让无产者活不下去了。如果说我们谈论的是自由主义，那也是在这样一个意义上：共产党人的行动、各种革命运动，只是作为有用的威胁，作为对秩序的永久召唤才能够被接受；我们不相信通过无产阶级或其代表的力量就能解决社会问题；我们只能期待一种有意识的、与相反的评判相对立的行动的进步。正如韦伯的英雄式的自由主义一样，这种自由主义甚至使对它提出异议者也进入到了它的世界中，只有当它理解了提出异议者之后，它才在它自己的眼中是正当的。对我们来说，一个非共产党人左派就是这种双重立场：既以斗争的方式提出社会问题，又拒绝接受无产阶级专政。有人会说：可是，斗争就是为权力而斗争，这样一来，您要么判定一个非共产党人左派只是在议会制或资产阶级的意义上行使权力，这乃是社会主义的梦想；要么这种权力对他来说只是通向专政的暂时的过渡，这样，您作为左派就是一个秘密的共产党人。一个非共产党人左派针对无产阶级专政行使了如此的批评自由，以致它的行动本身就区别于共产党人的活动。为了消除任何的模棱两可，它只要提出苏维埃国家的本性这一问题就足够了，这不只是像萨特那样承认"争论是敞开的"，而且是敞开自己，或者说，让自己无论如何要参与到争论之中。至于议会斗争和民主斗争的种种局限性，它们是与制度有关的局限性，它们应该被接受，因为议会是唯一已知的保护最低限度的反对派和真理的制度。另外还有与议会的种种惯例和操纵相关的局限性，它们则是不值得尊重的。但是，它们可以在议会本身中被消除。议会的欺骗就在于没有提出真正的问题，或只是拐弯抹角或姗姗来迟地提出它们。一个非共产党人左派针对它可以做很多事情。我们已经有点丢掉议会行动的习惯了，而共产党在这个体制的衰落中扮演了重要角色：参与到了一种世界范围内的保卫苏联的战略中，它在鼓动与机会主义之间徘徊不决，它放弃了一种骚乱行动，这样就回到了非共产党人左派的立场。

这不是"一个答案"，而我们清楚地知道这一点。我们要说的仅仅是：我们才刚刚开始认识社会，另外，由有意识的生命所构成的一个系统从来都不会接受像填字游戏或算术基础题那样的答案。这毋宁说是一种把社会问题与自由作为链条之两端保留在手中的决定。这种态度的唯一设定是，政治自由不是仅仅捍卫资本主义，也不必然是捍卫资本主义。我们要说，没有自由就没有辩证法。但是，有一种伴随着自由的辩证法吗？如果资本主义连同它的政治、它的意识形态、它的专横的运转规则不再是一部僵化的机器，如果趁着它的种种矛盾，某一有别于其政治的政治会发生的话，那么，就会有这样一种伴随自由的辩证法了。一个非共产党人左派与自由事业的联系并不比与无产阶级专政的联系更多。他并不认为那些资本主义制度是仅有的剥削机制，但他也不会认为它们比光滑的石斧或自行车更加自然或更加神圣。就像我们的语言、我们的工具、我们的习俗、我们的衣服一样，它们是为了一种确定的用途而发明的，但它们逐渐地具有了一种完全不同的功能。除了关于剩余价值的著名分析之外，对这种意义变化的每一分析都还有待于进行，而一种行动的纲领也因此有待于制定。可以肯定的是，如果没有一种不仅按照计划而且也依据总结而进展的制度，那么，没有任何相似的分析可以进行。革命行动在今天是秘密的，无法证实的，而且，正因为它想重新创造历史，它就担负着从来没有被估量过的责任。与此同时，它已经放弃了无产阶级专政的各种哲学保证。这就是为什么它在我们看来比任何时候都显得更不可行。但是，我们丝毫没有因此暗示过资本主义秩序的一些永恒法则，也没有暗示过对这种秩序的任何尊重。我们呼唤一种澄清的努力，在我们看来，由于一些原则性的理由，这种澄清在共产主义体制中是不可能的，在非共产主义世界中则是可能的。如果我们高估了这个世界的自由，那么"革命的晴雨表"会给我们指出来。

* * *

自己引证自己或自己评论自己总是不得体的。但另一方面，一个人对一些至关重要的问题发表了看法，他如果后来改变了看法，那么，不论他是谁，都不得不说出其改变，并且说出为什么要改变。在这一方面，我们不会给予作者像火车头冒烟一样出示自己的观点的权利：他应该把他昨天之所思安顿在他今天之所思中。在他昨天的那些著作中去寻找他今天的全部思想（这等于承认他在此期间没有体验，毫无收获）越是错误的，越是有必要说明这种转变。这乃是他存在的主要理由。他思考过那个事情，现在思考这个事情，这与任何人都没有关系。但是，他的道路、他的种种理由、他理解所发生事情的方式，这些乃是他应该向读者予以交待的，而且，如果他仍然是他自己的话，这是他可以毫无困难地述说的。因此，大家不要感到惊异，作为结束，我们愿意把这几页与先前的一部论著联系起来。①

在战争刚刚结束之际，我们已经尝试着去表述马克思主义的观望主义态度。我们似乎看到，苏联社会完全远离了列宁所确定的革命标准，连有效妥协的标准的观念也已经被抛弃了，其结果是，辩证法面临着重新回到对立面的简单同一，也就是说，重新回到怀疑主义的危险。一种完全自愿的共产主义看起来完全建立在领袖的意识基础之上，因而是黑格尔式的国家的复兴，而不是国家的消亡。但是，不管苏联的"宏大政治"是什么，我们都会看到，各个共产党的斗争在其它国家也属于无产阶级的斗争；这种斗争因此会被重新导回到马克思主义政治的道路，这在我们看来并非是不可能的。我们说过，苏联不是无产阶级政权。但马克思主义的辩证法继续在全世界起作用。当革命只局限在一个不发达国家中时，这种辩证法就受阻了。不过，我们仍然能在意大利和法国的工人运动中感受到它的存在。即使它还没有支配我们的历史，即使无产阶级在任何一个地方都没有作为统治阶级而出现，

---

① 《人道主义与恐怖：论共产主义问题》，1947年。

这种辩证法仍然侵蚀着资本主义社会，它保持着它作为否定性的全部价值；仍然正确，始终都将正确的是：无产阶级在其中什么都不是的历史不是人类的历史。我们认为，越是不可能赞同共产主义，就越是有必要对之持一种同情的态度，这种态度保留了新的革命高潮的各种机会。我们说过，我们并非不得不在这样存在的共产主义与它的对手之间进行选择。从战略上看，共产主义处于守势。让我们利用这一停顿时期，观察无产阶级政治复兴的迹象，并且做些需要我们帮助它的事情。"如果明天苏联威胁要侵犯欧洲，并且要在所有国家都建立一种由它选择的制度，那么，另一个问题就会提出来，而且应该予以审查。这一问题如今还没有被提出来。"[1]

苏联没有入侵欧洲，但朝鲜战争提出了在1947年没有提出的"另一问题"，我们现在碰到的正是这个问题。我们知道人们就南朝鲜制度所能谈论的一切，我们并不宣称苏联期望或发动了朝鲜战争；但既然它最后结束了这场战争，它无疑也能阻止这场战争；由于它没有阻止这场战争，由于人们进入了军事行动，我们的同情态度也就打了折扣，因为其意义已经改变了。在诉诸武力的处境中，这种同情态度就成了一种掩盖起来的支持。因为显而易见的是，苏联在其境外的任何扩张，都利用了当地无产阶级的斗争，如果我们决定每一次在事件中都只看到阶级斗争的一个插曲，那么，我们就刚好为苏联的政治提供了它所期望的那种担保。马克思主义的观望主义变成了共产党人的行动。只是因为在共产主义

---

[1] 《人道主义与恐怖：论共产主义问题》，1947年，第202页。

与非共产主义之间有一缕空白，这种观望主义才保持为它自身。但战争的处境消除的恰恰是这一空白。朝鲜战争已经停止，苏联政府看来已经意识到了真正的共存所需要的条件。但是，美国无论如何已经再度武装起来，已经朝着狂热方向发展，美国和苏联之间的和平政治由于该事实变得无比地更加困难：在这种诉诸武力的处境下，第三种力量的任何倡议，都具有颠覆同盟的效用，人们应该问问这种颠覆是否不会把苏联带回到"强硬的"政治。[336]

总而言之，自朝鲜战争以来，所有问题都已经进入到了武力与传统外交关系的层面上。"同情但不支持"这个表述在一种新的处境下应该重新得到审视。朝鲜战争没有迫使我们希望所有国家被两大武装力量之一所征服，没有迫使我们把面对面的共产主义世界和非共产主义世界看作是需要在其间做出选择的两大集团，更没有迫使我们把政治问题归结为这种选择：我们过去认为，我们始终会认为，共产主义是含混的，而反共产主义更是如此。我们过去认为，我们始终会认为：一种以反共产主义为基础的政治最终是一种战争的政治，实实在在地是一种倒退的政治；有许多种不成为共产党人的方式，而当一个人说他不是共产党人时，这个问题才刚刚提出来。但在诉诸武力的处境中，批评反共产主义无法与赞同共产主义区别开来，除非这种批评毫不含糊地把自己置身于共产主义之外。选择并不总是在"做一个共产党人"和"做一个反共产党人"之间进行，而是相反，应该知道一个人曾经是抑或不是一个共产党人。只有当它也攻击秘密的共产主义时，针对反共产主义的争论才能够保持为独立的。针对这些一个依存于另一个的对立面的斗争是一场孤单的斗争。马克思主义的观望主义曾经是战后初期的一种立场，因为它有它的各种客观条件：那些贯穿整个世界——在捷克斯洛伐克，在朝鲜——的中立区域（双方的行动在这里达成了和解）。既然它们已经消失了，马克思主义的观望主义在我们这里也就只不过是一个梦想，而且是一个暧昧的梦想。有必要强调，独立本身就把我们定位在了共产主义之外。我们不再能够满足于不作选择：从战争的视角来看，干脆点说，拒绝选择成为了对一种双重拒绝的选择。在我们看来，这些乃是介入带来的束缚。

　　但是，这仅仅涉及在实践上的一种让步吗？我们能否在思想上保留有利于马克思主义历史哲学的相同成见？或者，插曲也具有经验的价值，应该从中（即使只是在理论层面上）引出其各种结果？我们可以继续认为，就算对苏联的解决表示完全的保留，马克思主义辩证法从否定方面来说仍然是有效的，历史即使不应当依据无产阶级的力量，至少也应该依据它的无能为力来看待？我们不打算把通过接触各种事件才逐渐向我们呈现的东西作为一种形式三段论推理表述出来。但是，事件已经成了觉醒的一个契机，根本不是一种扰乱而非阐明的偶然事件。朝鲜战争及其后续事件，使我们正视我们在战后岁月里只是表面上摆脱了的历史条件。它提醒我们实践与理论的同一性；提醒我们：甚至拒绝选择——为了算作是政治立场——也应该变成为论题，应该给予自己一个平台；除非直至在各种实际后果中都毫无歧义地得到承认、得以表述，双重真理才不再是伪善和共谋。正如我们曾经做的那样，说马克思主义作为批判或否定保持为正确的，而作为行动或从肯定的角度来看并非如此，这就把我们置于历史之外了，尤其是马克思主义之外了，就是在用某些并不属于它的理由来证明它，最终组织起来的是模棱两可。在历史中，马克思主义的批判和行动是一个单一的运动。不是因为对现在的批判以推论的名义产生自对未来的各种展望：马克思主义不是一种乌托邦；而是因为，相反，马克思主义行动在原则上只是持续的、并一直推进到它的各种最后结果的批判；最后因为，革命就是对政权的批判。如果我们证明说，这种行动并没有遵守批判的诺言，那么，我们不能由此得出结论说，让我们保持批判而放弃行动。在批判本身中必定有某种东西为行动的失败作好了准备。我们已经在马克思主义关于一种历史地具体化的批判的观念中、关于一个阶级（它是自身的消亡）的观念中，找到了这一因素——在这个阶级的那些代表那里，从这一因素中产生出是行动中的普遍的信念、产生出无限制地肯定自身的权利、产生出无法证明的暴力。以历史的名义判断历史、仅仅谈论历史对其自身之所谈论、以铭刻在现在中的判决来对现在进行判决、把就像预先存在于事物中的一些关系通过词和观念表达出来，这种确定性，简言之，唯物主义，在一种谦虚的外表下面，把马克思主义的批判变成了一种教条，并且阻止了它成为一种自我批判。因此，把共产主义一分为二，说它之所否定是合理的，它之所肯定是错误的，这是完全不可能的：因为，在具体的情形中，它的肯定方式已经呈现在它的否定方式中；在它对资本主义的批判中，我们说过，已经有的不是对未来的一种乌托邦式的表象，而是至少为一种否定的绝对或获得了实现的否定，是历史所召唤的无阶级社会。不管从这一视域来看它是什么，资本主义的那些缺陷保持为缺陷；但是，揭露它们的批判应该不与否定的绝对（它最终预备的是一些新的压迫）有任何妥协。因此，马克思主义批判应该被恢复、被完全展现、被普遍化；当我们说马克思主义"作为否定保持为正确的"时，我们就陷入到抽象中了。我们说过，也许没有任何无产阶级会来扮演马克思主义为它指派的统治阶级的角色，但是，没有任何其它阶级能取而代之这一点仍然是正确的，在这一意义上，马克思主义的失败就是历史哲学的失败。这本身就充分表明，我们并不是处在历史（和马克思主义）的土壤上，而是处在先天与道德的土壤上。我们想说的是，所有那些容忍一个无产阶级存在的社会都是无法获得辩护的。这并不意味着它们全都是等值的，都没有什么价值，在相继产生它们的历史中没有任何意义。这种不管干了什么都仍然正确，无需证明和证实的马克思主义，不是历史哲学，而是乔装打扮地出现的康德，我们在作为绝对行动的革命概念中最终找到的仍然是康德。那些迫使我们从外部、客观地进行思考的事件，我们的马克思主义的观望主义，最终让我们远离的只是一种作为内在生活的马克思主义。

340 ——这样说来，您放弃了成为一个革命者，您赞成这种把剥削、贫困、饥饿等等改变成轻罪的社会差距？

——我对这一点的赞同既不多于你们，也不少于你们。昨天，一位共产党人写道："将不再会有 10 月 17 日了。"今天，萨特说，辩证法是一种废话。我的朋友中的一位马克思主义者说，布尔什维克主义已经毁了革命，应该用群众的难以逆料的创造来取代它。成为一个当今的革命者，就是接受我们对它几乎一无所知的一个国家，或者就是相信我们知道得更少的一种历史恩宠，而这一切的进展并非不再有贫困和眼泪。因此，难道要求检查一下骰子就是在作弊吗？

——客观地说，您接受了贫困和剥削，因为您不再与那些无条件地反对它们的人走在一起。

——他们说自己反对它们，他们相信自己反对它们，他们客观地反对它们吗？如果他们回答说，对象是不可知的或未定形的，真理就是那些最贫苦者所想要的东西，那么就应该回应说，我们不可能因为已经向革命致敬就会摆脱贫困。它向我们要求的不是我们的善良意志和选择，而是我们的认识，我们的劳动，我们的批判，我们的偏好，我们的完全在场。今天，革命不想要这一切。

——这确实是可怕的成熟，它使人——墨索里尼①，许多其他人——从"所谓的国际社会主义"走向了"真实的国家社会主义"……

——这些人想要进行统治，而这种情况又适合于他们，他们也就激起了种种悲情。没有什么比这更威胁我们的了；如果我们能唤起一些人——或者很多人——去维护他们的自由，而不是去做丧失自由的交易，那就幸运了，因为自由不仅仅是他们的事情，他们的秘密，他们的快乐，他们的拯救，它也关系到所有其他人。

1953 年 7 月

1954 年 4 月～12 月

---

① 墨索里尼（B. Mussolini，1883～1945），1922 年至 1943 年期间任意大利王国首相，独裁者，法西斯主义的创始人。

法中人名对照表

Alain 阿兰
Althusser 阿尔都塞
Aristophanes 阿里斯托芬
Aron 阿隆

Babeuf 巴贝夫
Balzac 巴尔扎克
Barrès 巴雷斯
Beauvoir 波伏瓦
Blum 布吕姆
Bonaparte 波拿巴
Boukharine 布哈林
Brissot 布里索
Büchner 毕希纳

Calvin 加尔文
Cambon 康朋
Camus 加缪
Chaumette 肖梅特
Claudel 克洛岱尔
Coufontaine 库封丹

Danton 丹东
Darwin 达尔文

Deborin 德波林
Desanti 德桑蒂
Dreyfus 德雷福斯
Duclos 杜克洛
Dühring 杜林

Eastman 伊斯门
Epicure 伊壁鸠鲁

Fogarasi 福加拉西
Franklin 富兰克林

Galileo 伽利略
Gide 纪德
Goethe 歌德
Goldmann 戈尔德曼
Goldstein 戈尔德斯坦
Gorki 高尔基
Grünberg 格林贝格
Guérin 盖兰
Gulliver 格列佛

Hébert 埃贝尔
Hegel 黑格尔

Hyppolite 伊波利特

Jaspers 雅斯贝尔斯
Jeanson 让森
Julien Sorel 于连·索黑尔

Kamenev 加米涅夫
Kautsky 考茨基
Kierkegaard 克尔凯郭尔
Koestler 库斯勒
Kojève 科耶夫
Korsch 柯尔施
Kravchenko 克拉夫琴柯

Lagneau 拉缪
Laplace 拉普拉斯
Lefebvre 列斐伏尔
Lefort 勒福尔
Levy 列维
Liebknecht 李卜克内西
Löwith 洛维特
Lukács 卢卡奇
Luxemburg 卢森堡

Machiavel 马基雅维里
Malenkov 马林科夫
Malraux 马尔罗
Malthus 马尔萨斯
Maurras 莫拉斯
Michelet 米什莱
Moliere 莫里哀
Mussolini 墨索里尼

Oreste 俄瑞斯特

Pascal 帕斯卡尔
Péguy 贝玑
Piatakov 皮达可夫
Pinay 比内
Pirandello 皮兰德娄
Plato 柏拉图
Plekhanov 普列汉诺夫
Pourget 布尔热
Priestley 普里斯特雷

Radek 拉狄克
Revai 雷瓦伊
Ridgway 李奇微
Robespierre 罗伯斯庇尔
Rykov 李可夫

Sainte-Claire Deville 德维尔
Sartre 萨特
Sauvy 索维
Shakespeare 莎士比亚
Slansky 斯兰斯基
Socrates 苏格拉底
Souvarine 苏伐林
Stalin 斯大林
Stendhal 斯汤达

Taine 泰纳
Thiers 梯也尔
Thomas 托马斯
Tito 铁托
Togliatti 陶里亚蒂

Trotski 托洛茨基

Varlet 瓦尔列
Vergniaud 韦尼奥

Weber 韦伯

Zénon 芝诺
Zinovieff 季诺维也夫

中法人名对照表

阿尔都塞 L. P. Althusser
阿兰 Alain
阿里斯托芬 Aristophanes
阿隆 R. Aron
埃贝尔 J. Hébert

巴贝夫 G. Babeuf
巴尔扎克 H. de Balzac
巴雷斯 M. Barrès
柏拉图 Plato
贝玑 C. Péguy,
比内 A. Pinay
毕希纳 L. Büchner
波伏瓦 S. de Beauvoir
波拿巴 N. apoléon Bonaparte
布尔热 P. Pourget
布哈林 N. Boukharine
布里索 J-P. Brissot
布吕姆 L. Blum

达尔文 C. R. Darwin
丹东 G-J. Danton
德波林 A. M. Deborin
德雷福斯 A. Dreyfus

德桑蒂 J-T. Desanti
德维尔 Sainte-Claire Deville
杜克洛 J. Duclos
杜林 E. Dühring

俄瑞斯特 Oreste

福加拉西 B. Fogarasi
富兰克林 B. Franklin

盖兰 D. Guérin
高尔基 M. Gorki
戈尔德曼 L. Goldmann
戈尔德斯坦 K. Goldstein
歌德 J. W. von Goethe
格列佛 Gulliver
格林贝格 Grünberg

黑格尔 G. F. W. Hegel

纪德 A.Gide
季诺维也夫 G. Zinovieff
伽利略 G. Galilei
加尔文 J. Calvin

加米涅夫 L. B. Kamenev
加缪 A. Camus

康朋 J. Cambon
考茨基 K. Kautsky
柯尔施 K. Korsch
科耶夫 A. Kojève
克尔凯郭尔 S. Kierkegaard
克拉夫琴柯 L. Kravchenko
克洛岱尔 P. Claudel
库封丹 Coufontaine
库斯勒 A.Koestler

拉狄克 K. B. Radek
拉缪 J. Lagneau
拉普拉斯 P-S. Laplace
勒福尔 C. Lefort
雷瓦伊 J. Revai
李卜克内西 K. Liebknecht
李可夫 A. Rykov
李奇微 M. Ridgway
列斐伏尔 M. H. Lefebvre
列维 B. H. Levy
卢卡奇 G. Lukács
卢森堡 R. Luxemburg
罗伯斯庇尔 M. F. M. I. de Robespierre
洛维特 K. Löwith

马尔罗 A. Malraux
马尔萨斯 T. R. Malthus
马基雅维里 N. Machiavel
马林科夫 G. Malenkov
米什莱 J. Michelet

莫拉斯 C. Maurras
莫里哀 Moliere
墨索里尼 B. Mussolini

帕斯卡尔 B. Pascal
皮达可夫 G. L. Piatakov
皮兰德娄 L. Pirandello
普里斯特雷 J. Priestley
普列汉诺夫 G. V. Plekhanov

让森 F. Jeanson

萨特 J. P. Sartre,
莎士比亚 W. Shakespeare
斯大林 J. Stalin
斯兰斯基 R. Slansky
斯汤达 Stendhal
苏伐林 B. Souvarine
苏格拉底 Socrates
索维 A. Sauvy

泰纳 H. A. Taine
陶里亚蒂 P. Togliatti
梯也尔 M. J. L. A. Thiers
铁托 J. B. Tito
托洛茨基 L. Trotski
托马斯 N. Thomas

瓦尔列 J. Varlet
韦伯 M. Weber
韦尼奥 P.V. Vergniaud

肖梅特 P. G. Chaumette

雅斯贝尔斯 K. Jaspers
伊壁鸠鲁 Epicure
伊波利特 J. Hyppolite
伊斯门 M. Eastman

于连·索黑尔 Julien Sorel

芝诺 Zénon

法中术语对照表

abnégation 忘我
acte de refléter 反映行为
action pure 纯粹行动
aliénation 异化
alter ego 他我
ambiguïté 含混性
anarchiste 无政府主义者
antinomie 二律背反
antisémitisme 反犹太主义
apparence 显象
assignat 指券
attentisme 观望主义
autoconnaissance 自我认识
autocritique 自我批判
autonomie 自主（性）
Autre absolu 绝对他者
autre 他者、他人
autrui 他人
avant-garde 先锋队

bolchevik 布尔什维克
bolchevisme 布尔什维克主义
bonne conscience 善良意识
bonne foi 真诚
bourgeoisie 资产阶级

C. G. T 劳工总联盟
calvinisme 加尔文主义
capitalisme 资本主义
capitaliste 资本家
centralisation 集中制
centralisme démocratique 民主集中制
classes prolétares 无产阶级
class 阶级
cogito 我思
Comit de salut public 救国委员会
communisme 共产主义
communiste 共产党人
connaissance 认识
conscience de soi 自我意识
conscience 意识
conservatisme 保守主义
cynisme 犬儒主义

democratie 民主制
démystification 去神秘化
dépoétisation 去诗意化
désenchantement 祛魅
devoir-être 应当存在
dialectique historique 历史辩证法
dialectique marxiste 马克思主义辩证法

dialectique révolutionnaire 革命辩证法
dialectique 辩证法
dictature de la bourgeoisie 资产阶级专政
dictature du prolétariat 无产阶级专政
Dieu 神
dogmatisme hégélien 黑格尔式的教条主义
dogmatisme 教条主义
droit 权利
dualisme 二元论

éclectisme 折中主义
empiriocriticisme 经验批判主义
engagement 介入
en-soi 在己
entendement 知性
esprit capitaliste 资本主义精神
État hégélien 黑格尔式的国家
État 国家
éthique du travail 工作伦理
éthique protestante 新教伦理
être en-soi 在己存在
être 存在
existence 实存

fait 事实
fétichisme 拜物教
fiat 决心
formalisme 形式主义
futurisme 未来主义

gauch non communiste 非共产党人左派
gauchisme 左倾主义

gnoséologiqie 认识论
guerre d'indochine 印度支那战争

hégélianisme 黑格尔主义
héroïsme 英雄主义
horizon 视域
humanisme 人道主义
humanité 人性
humeur 性情

idéalisme 观念主义、理想主义
idéat 观念对象
idée 观念
idéologie 意识形态
image 形象
impératif catégorique 绝对命令
infrastructure 基础结构
Inquisition 宗教裁判所
intention 意向
intermonde 交互世界
intersubjectivité 主体间性

je pense 我思

la Gironde 吉伦特派
la Montagne 山岳派
le congrès de Tours 图尔会议
léninisme 列宁主义
les bras nus 赤膊汉
les enragés 忿激派
les procès de Moscou 莫斯科审判
les procès de prague 布拉格审判
les versaillais 凡尔赛分子

libéralisme 自由主义
libéral 自由主义者

magie blanche 神术
magie noire 妖术
malthusianisme 马尔萨斯主义
marxisme des antithèses 反题的马克思主义
marxisme occidental 西方马克思主义
marxisme russe 俄国马克思主义
marxisme vulgaire 庸俗马克思主义
marxisme weberien 韦伯式的马克思主义
marxisme 马克思主义
marxistes-léniniste 马克思-列宁主义者
marxiste 马克思主义者
matérialisme dialectique 辩证唯物主义
matérialisme historique 历史唯物主义
matérialisme 唯物主义
mauvaise foi 自欺
métaphysique 形而上学
militant 战士
millénarisme 千禧年说
mythologie 神话学

nationalisme 民族主义
naturalism 自然主义
néant 虚无
négation de la négation 否定之否定
négativité 否定性
nominalisme 唯名论
non-communisme 非共产主义

objectif 客观

objectivisme 客观主义
objectivité 客体性
objet 客体
opportunisme 机会主义
optimisme révolutionnaire 革命乐观主义
optimisme 乐观主义
organicisme 有机论

pacifisme 和平主义
parti communiste 共产党
parti socialiste 社会党
partie 党
pensée dialectique 辩证思维
personnalisme 人格主义
perspective 视角
pessimisme 悲观主义
pharisaisme 法利赛主义
philosophie du cogito 我思哲学
philosophie du pour-autrui 为他哲学
philosophie politique 政治哲学
philosophie synthétique 合题哲学
philosopie de l'histoire 历史哲学
plus-value 剩余价值
poésie du sujet 主体的诗学
point de vue 观点、视点
politique da la raison 理性政治
politique de l'entendement 知性政治
politique marxiste 马克思主义政治
politique 政治
positivité 肯定性
pour-autrui 为他
pour-soi 为己

pouvoir 权力、政权
pragmatisme 实用主义
pratique 实践
primitivisme 原始主义
principle 原理
progressisme 进步主义
prolétare 无产者
proletariat 无产阶级
prose du monde 世界的散文
protestantisme 新教
Providence 神意
pur devoir 纯粹应当
puriste 纯粹主义者
puritanisme 清教主义

qualification 定性
question gnoséologique 认识论问题

radicalisme 激进主义
rapport de production 生产关系
rationalisation 合理化
rationalisme 理性主义
rationalité 合理性
réalisme naïf 素朴实在论
réalisme 实在论、实在主义、现实主义
réalite 实在、实在性
réel 实在、现实
reflet actif 能动的反映
reflet extensive 延展的反映
reflet intensif 集约的反映
reflet 反映
réflexion 反思
réformiste 改良主义者

réification 物化
relativisme 相对主义
representation 表象
révolution démocratique 民主革命
révolution permanente 不断革命
revolution prolétarienne 无产阶级革命
révolutionnaire 革命家
révolution 革命

sadomasochisme 施虐受虐狂
sans-culotte 无套裤汉
savoir 知识
scepticisme 怀疑论、怀疑主义
schema 图式
sciences de l'homme 人学
scientisme 科学主义
seconde nature 第二自然
sectarisme 宗派主义
sensualisme 感觉主义
sens 意义、方向
signification 含义
signifier 能指
signifié 所指
situation 处境
socialisme scientifique 科学社会主义
socialiste de salon 沙龙社会主义者
socialité 社会性
social 社会
société sans classes 无阶级社会
société 社会
solipsisme 唯我论
soviet 苏维埃
spontanéité 自发性

stalinisme 斯大林主义
stratégie 战略
subjectif 主观
subjectivité 主体性
subjet 主体
sujectivisme 主观主义
sujet connaissant 认识主体
sujet transcendantal 先验主体
symbolisme 象征表示
sympathie 同情
syndicalisme 工联主义

tactique 战术
théorie 理论
tissu de l'histoire 历史结构

totalité 整体性

U.R.S.S. 苏联
ultra-bolchevisme 极端布尔什维克主义
union pour l'action morale 道德行动
  联盟
utopie 乌托邦

valeur 价值
vérité 真理
violence 暴力
volontarisme 意志主义
volonté 意志
vrai 真实
vue 视点

中法术语对照表

拜物教 fétichisme
保守主义 conservatisme
暴力 violence
悲观主义 pessimisme
辩证法 dialectique
辩证思维 pensée dialectique
辩证唯物主义 matérialisme dialectique
表象 representation
不断革命 révolution permanente
布尔什维克 bolchevik
布尔什维克主义 bolchevisme
布拉格审判 les procès de prague

赤膊汉 les bras nus
处境 situation
纯粹行动 action pure
纯粹应当 pur devoir
纯粹主义者 puriste
存在 être

党 partie
道德行动联盟 union pour l'action morale
第二自然 seconde nature

定性 qualification

俄国马克思主义 marxisme russe
二律背反 antinomie
二元论 dualisme

法利赛主义 pharisaisme
凡尔赛分子 les versaillais
反思 réflexion
反题的马克思主义 marxisme des antithèses
反映 reflet
反映行为 acte de refléter
反犹太主义 antisémitisme
非共产党人左派 gauch non communiste
非共产主义 non-communisme
忿激派 les enragés
否定性 négativité
否定之否定 négation de la négation

改良主义者 réformiste
感觉主义 sensualisme
革命 révolution
革命辩证法 dialectique révolutionnaire

革命家 révolutionnaire
革命乐观主义 optimisme révolution-
    naire
工联主义 syndicalisme
工作伦理 éthique du travail
共产党 parti communiste
共产党人 communiste
共产主义 communisme
观念 idée
观念对象 idéat
观念主义 idéalisme
观望主义 attentisme
国家 État

含混性 ambiguïté
含义 signification
合理化 rationalisation
合理性 rationalité
合题哲学 philosophie synthétique
和平主义 pacifisme
黑格尔式的国家 État hégélien
黑格尔式的教条主义 dogmatisme hé-
    gélien
黑格尔主义 hégélianisme
怀疑论 scepticisme
怀疑主义 scepticisme

机会主义 opportunisme
基础结构 infrastructure
激进主义 radicalisme
吉伦特派 la Gironde
极端布尔什维克主义 ultra-bolchevisme
集约的反映 reflet intensif

集中制 centralisation
加尔文主义 calvinisme
价值 valeur
交互世界 intermonde
教条主义 dogmatisme
阶级 class
介入 engagement
进步主义 progressisme
经验批判主义 empiriocriticisme
救国委员会 Comit de salut public
决心 fiat
绝对命令 impératif catégorique
绝对他者 Autre absolu

科学社会主义 socialisme scientifique
科学主义 scientisme
客观 objectif
客观主义 objectivisme
客体 objet
客体性 objectivité
肯定性 positivité

劳工总联盟 C. G. T
乐观主义 optimisme
理论 théorie
理想主义 idéalisme
理性政治 politique da la raison
理性主义 rationalisme
历史辩证法 Dialectique historique
历史结构 tissu de l'histoire
历史唯物主义 matérialisme historique
历史哲学 philosopie de l'histoire
列宁主义 léninisme

马尔萨斯主义 malthusianisme
马克思-列宁主义者 marxistes-léniniste
马克思主义 marxisme
马克思主义辩证法 dialectique marxiste
马克思主义者 marxiste
马克思主义政治 politique marxiste
民主革命 révolution démocratique
民主集中制 centralisme démocratique
民主制 democratie
民族主义 nationalisme
莫斯科审判 les procès de Moscou

能动的反映 reflet actif
能指 signifier

千禧年说 millénarisme
清教主义 puritanisme
祛魅 désenchantement
去神秘化 démystification
去诗意化 dépoétisation
权力 pouvoir
权利 droit
犬儒主义 cynisme

人道主义 humanisme
人格主义 personnalisme
人性 humanité
人学 sciences de l'homme
认识 connaissance
认识论 gnoséologiqie
认识论问题 question gnoséologique
认识主体 sujet connaissant

沙龙社会主义者 socialiste de salon
山岳派 la Montagne
善良意识 bonne conscience
社会 social
社会 société
社会党 parti socialiste
社会性 socialité
神 Dieu
神话学 mythologie
神术 magie blanche
神意 Providence
生产关系 rapport de production
剩余价值 plus-value
施虐受虐狂 sadomasochisme
实存 existence
实践 pratique
实用主义 pragmatisme
实在 réalite, réel
实在论 réalisme
实在主义 réalisme
世界的散文 prose du monde
事实 fait
视点 vue, point de vue
视角 perspective
视域 horizon
斯大林主义 stalinisme
苏联 U.R.S.S.
苏维埃 soviet

素朴实在论 réalisme naïf
所指 signifié

他人 autrui, autre

他我 alter ego
他者 autre
同情 sympathie
图尔会议 le congrès de Tours
图式 schema

忘我 abnégation
韦伯式的马克思主义 marxisme weberien
为己 pour-soi
为他 pour-autrui
为他哲学 philosophie du pour-autrui
唯名论 nominalisme
唯我论 solipsisme
唯物主义 matérialisme
未来主义 futurisme
我思 cogito, je pense
我思哲学 philosophie du cogito
乌托邦 utopie
无产阶级 proletariat, classes prolétares
无产阶级革命 revolution prolétarienne
无产阶级专政 dictature du prolétariat
无产者 prolétare
无阶级社会 société sans classes
无套裤汉 sans-culotte
无政府主义者 anarchiste
物化 réification

西方马克思主义 marxisme occidental
先锋队 avant-garde
先验主体 sujet transcendantal
显象 apparence
现实 réel
现实主义 réalisme

相对主义 relativisme
象征表示 symbolisme
新教 protestantisme
新教伦理 éthique protestante
形而上学 métaphysique
形式主义 formalisme
形象 image
性情 humeur
虚无 néant

延展的反映 reflet extensive
妖术 magie noire
异化 aliénation
意识 conscience
意识形态 idéologie
意向 intention
意义 sens
意志 volonté
意志主义 volontarisme
印度支那战争 guerre d'indochine
英雄主义 héroïsme
应当存在 devoir-être
庸俗马克思主义 marxisme vulgaire
有机论 organicisme
原理 principle
原始主义 primitivisme

在己 en-soi
在己存在 être en-soi
战略 stratégie
战士 militant
战术 tactique
折中主义 éclectisme

真诚 bonne foi
真理 vérité
真实 vrai
整体性 totalité
政权 pouvoir
政治 politique
政治哲学 philosophie politique
知识 savoir
知性 entendement
知性政治 politique de l'entendement
指券 assignat
主观 subjectif
主观主义 sujectivisme
主体 subjet
主体的诗学 poésie du sujet
主体间性 intersubjectivité
主体性 subjectivité
资本家 capitaliste

资本主义 capitalisme
资本主义精神 esprit capitaliste
资产阶级 bourgeoisie
资产阶级专政 dictature de la bourgeoisie
自发性 spontanéité
自欺 mauvaise foi
自然主义 naturalism
自我批判 autocritique
自我认识 autoconnaissance
自我意识 conscience de soi
自由主义 libéralisme
自由主义者 libéral
自主（性）autonomie
宗教裁判所 Inquisition
宗派主义 sectarisme
左倾主义 gauchisme

初版译后记

这本译著是我和张尧均博士合作的成果。我本人翻译了"萨特与极端布尔什维克主义"部分，其余部分则是由他完成的。该项工作是在两年内断断续续地进行的。我逐字逐句地校对了张尧均的全部译稿，他则校对了我的部分译稿。全书的最后统稿工作、主要的中译者注、译者序和译后记是由我完成的。考虑到风格统一等方面的因素，许多重要术语的中译甚至句式最后都是由我定调的，如果出现重大的错误，我本人应当承担主要责任。恳请各位专家和读者批评指正，多提建设性和批评性意见。

本翻译获得了法国国家图书中心（le centre national du livre）提供的"外国译者留法奖学金"（bourses de sejour aux traducteurs étrangers）的资助。利用这一资助，我在法国巴黎访学三个月，在进行其他工作的同时，完成了本人负责的主要翻译工作（另有一部分是在牛津大学做访问学者期间完成的），同时做了部分校对工作。感谢法国驻华大使馆文化处的支持和法国国家图书中心的资助。这个译本也是国家社科基金"现象学在二十世纪法国哲学中的主导地位研究"暨教育部新世纪人才支持计划"二十世纪法国哲学的现象学之旅"项目的阶段性成果，我尤其要感谢两个项目的管理机构以及评审专家的大力支持和信任。

感谢上海译文出版社的信赖和支持，尤其是要感谢张吉人先生的辛勤劳动。

杨大春
2008.7.5

修订版译后记

  由我和张尧均博士翻译完成的《辩证法的历险》于2009年在上海译文出版社首次出版，借完成国家社科基金重大招标项目"《梅洛-庞蒂著作集》编译与研究"之契机，由我对译稿进行了认真的修订。虽然花费了不少时间和尽力，但依然不甚满意。恳请方家和读者不吝指正。本版修订和增加了一些注释，同时新增了法中术语对照表。

  再次感谢初版译后记中提到的相关机构和朋友，同时要感谢陈小文先生、关群德先生以及相关编辑为出版包括本书在内的《梅洛-庞蒂文集》付出的辛勤努力。

杨大春
2020年2月

图书在版编目（CIP）数据

梅洛-庞蒂文集. 第6卷, 辩证法的历险 /（法）梅洛-庞蒂著；杨大春，张尧均译. --北京：商务印书馆，2025. --ISBN 978-7-100-24985-0

I. C53

中国国家版本馆CIP数据核字第2025QL2476号

权利保留，侵权必究。

梅洛-庞蒂文集
第 6 卷
辩证法的历险
〔法〕梅洛-庞蒂 著
杨大春 张尧均 译

商 务 印 书 馆 出 版
（北京王府井大街36号 邮政编码100710）
商 务 印 书 馆 发 行
北京通州皇家印刷厂印刷
ISBN 978 - 7 - 100 - 24985 - 0

2025年5月第1版　开本710×1000　1/16
2025年5月北京第1次印刷　印张 20½
定价：90.00元